卓越中学教师研究性学习丛书

有效课堂教学的组织与实施

陈殿兵　杨新晓　著

本书系 2017 年浙江省教育科学规划项目“智慧教育环境下学生学业评价模式研究”（2017SCG344）的成果之一

科学出版社
北京

内 容 简 介

本书从有效教学组织与实施的哲学思考、教师观、学生观、有效学习环境的构建、课堂经营——组织与实施策略、智慧教育环境下的教与学等角度探究了当下有效课堂教学组织与实施过程中应该注意的问题。本书坚持实践导向，以一线教育教学过程中所面临的具体问题为出发点去寻找原因、构建模式。同时本书坚持研究导向，通过研究国内外及国际组织有关教育教学的具体文件，收集数据来探究解决实际教育教学中所面临的问题和挑战，并给出了相应的建议。

本书面向有志于探究有效课堂教学组织与实施方法和策略的一线教师，适合师范类高校学生以及从事课堂教学组织、教学法的研究者阅读参考。

图书在版编目（CIP）数据

有效课堂教学的组织与实施/陈殿兵，杨新晓著. —北京：科学出版社，2018.5

（卓越中学教师研究性学习丛书）

ISBN 978-7-03-057252-3

Ⅰ. ①有… Ⅱ. ①陈… ②杨… Ⅲ. ①课堂教学-教学研究-中学 Ⅳ. ①G632.421

中国版本图书馆 CIP 数据核字（2018）第 079580 号

责任编辑：乔宇尚 / 责任校对：王瑞

责任印制：张 伟 / 封面设计：华路天然设计工作室

科学出版社 出版

北京东黄城根北街 16 号

邮政编码：100717

http：//www.sciencep.com

保定市中画美凯印刷有限公司印刷

科学出版社发行 各地新华书店经销

*

2018 年 5 月第 一 版 开本：720×1000 1/16

2025 年 3 月第十次印刷 印张：12 1/4

字数：250 000

定价：39.00 元

谨以此书献给所有的孩子

你们的痛苦和挣扎驱使我们

去探索有效教育教学的新路径

总　序

卓越教师的培养依托于高质量的教师教育，教师教育质量的高低取决于是否有良好的教师教育政策、培养方式及评价标准。《教育部关于实施卓越教师培养计划的意见》（教师[2014]5 号）指出，各高等院校应“针对中学教育改革发展对高素质教师的需求，重点探索本科和教育硕士研究生阶段整体设计、分段考核、连续培养的一体化模式，培养一批信念坚定、基础扎实、能力突出，能够适应和引领中学教育教学改革的卓越中学教师”。

浙江师范大学作为教育部推行卓越中学教师培养的项目承担单位，同时也是浙江省 2011 卓越教师培养协同创新中心与浙江省教师教育质量监控中心，肩负着浙江省乃至全国的教育科学研究、教育政策咨询、中小学校长和教师的培养与培训。教师教育已成为浙江师范大学重要的学术品牌之一，社会影响力不断扩大，美誉度日益提升。“卓越中学教师研究性学习丛书”正是在这样的背景下策划组织编撰的。

“卓越中学教师研究性学习丛书”由《解码学习动力》《有效课堂教学的组织与实施》《多元视角下的高校学生学业评价》《班级经营实践教程》《构建生本课堂》《构建质的研究——理论、教学与实践》六部著作构成，分别从学习动力、教学组织与实施、学生学业评价、班级管理、生本课堂、教育教学的研究方法六个方面阐述了卓越教师应当具备的知识和能力。此六部著作在广泛吸收国内外教育理论最新研究成果的基础上，结合本国本校对于卓越教师培养的具体实际，选取了具有针对性的系列案例加以深入辨析，开发学生的探索意识和思维能力，为相关课程的研究性学习提供了配套性的资源支撑。

该套丛书基于浙江师范大学教师教育方面多年的理论积累与实践经验，在充分调查论证的基础上设计丛书的内容及结构。前期经教务处领导与教师教育学院教师的多次讨论、修改，在各方面专家的指导下对丛书展开了科学的规划。丛书从课程和教材建设的角度出发，以卓越教师培养、教育研究能力提升、班级经营方法出新为抓手，致力于系统提升中学教师关于课堂教学、课程开发与建设、教学评价研究的综合学术能力。我们希望通过不懈的探索与努力，打造一套提升一线教师教育理论水平和实践能力的精品丛书，从而为新时代的卓越教师培养提供有益的借鉴与启示。

赵雷洪

2016 年 8 月

前　言

如果不是因为长期与学生和教师的近距离接触，我想我们是不会写一本有关教育教学方面的书的。一线教学使我们有了与学生、教师、家长建立起一种独特关系的宝贵机会。这种关系中有关切，有质疑，更有坦诚的沟通；有信赖，有温暖，更有解决问题之后的释然与欢愉。这种关系不但充实了学生与家长，也充实了我们。带着这份充实，我们开始了本书的编写。

教师是教育目的的实施者，是教育教学活动的设计者和组织者，更是教育实践的主导者、变革者和推动者。因此，教师的教学观和价值观、教师的资质和专业素养对学生的成长和发展起着至关重要的作用。如果说推动着整个教育发展的教师教育是教育事业的工作母机，那么高质量的教师教育、高水平的教师队伍就是这一母机正常运作的关键前提。高质量的教师教育和教师能力不是天生的，而是通过理论探究、实践检验、现实反思的辩证、反复过程来实现的。在一个中外教学理论、实践快速发展的时代，单纯的知识传授已经不能满足教师教育及教学实践的需求。通过教师教育展示、探讨、指导、说明卓越教师的思维特点和卓越教法的实践特性，成为诠释“授人以鱼不如授人以渔”的最佳途径。

近年来，我国教师教育体系不断完善，教师教育改革持续推进，教师培养质量和水平得到提高，但也存在着教师培养的适应性和针对性不强、课程教学内容和教学方法相对陈旧、教育实践质量不高、师资队伍薄弱等突出问题。从专业的角度剖析，现有的许多教材都引进了国外的一些教学理念和教学方法，生搬硬套了一些概念、方法特点等，缺乏对教师教育实践及动手能力的要求；在编排方式上因循守旧，难以突破传统束缚，缺乏教育者对学生认知过程的思考。另外，教师是一个实践性很强的职业，而当今大多数的专著中却缺少专门的章节来展示如何具体实践相关的教学理论和教学方法，尤其是教师如何在智慧教育环境下有效实施教育教学设计及学生学业评价。

本书就是在这样的背景下产生的，是我们一线教育教学实践与研究的最新成果。本书从分析有效教学组织与实施的影响因素入手，采用鲜活的实例，结合具体的教育教学实践从教育观、教师观、学生观、学习环境的构建、课堂经营、智慧教育环境下的教与学、有效教学的评价，以及学校领导力和合作力等维度阐述了有效教学组织与实施过程中应予以关注的问题、策略及路径。我们希望能营造一种引人思考的环境，给大家的工作增加一些乐趣和激情，帮助大家回想起从事这项职业的初衷。

然而，借来的火点不亮自己的心灵。课堂教学组织与实施的有效性人人可以学，但却无人无书可教；可以学会，但不可以被教会。我真心希望读者在读本书的时候去学习、思考，在实践中去反思问题背后的问题是什么，不断探索教与学的新路径。企图找一条捷径或者等待一本或几本书教给自己一个现成的教学理论或模式，这样的心态持有者一定与有效、高效无缘。如果您是带着思辨力、学习力、创新力而非走捷径的心态来读这本书，那将是本书的幸事，也是我的最大幸福。

本书在编写过程中获得了来自教育一线的广大师生的鼎力相助。我们忘不了与学生热烈讨论的场面，忘不了研讨会上同行的质疑与肯定，忘不了走在路上的反复探究，更忘不了学校领导对我们教学改革及出版书目的悉心指导与支持。对此，我们深表感激，因为这一切都是我们坚持不懈的源泉和动力。

陈殿兵

2016 年 9 月于浙江师范大学

目　录

第一章　有效教学组织与实施的哲学思考

所有在自己行业内达到卓越的人，对于本行业本质的思考、理解的深刻程度也必将超过常人。教育教学作为一门科学，也概莫能外。哲学作为追求事物本质的特殊思维运动，是人们认识事物、探究世界的重要工具。教育教学的哲学思考往往包含着本行业中最具挑战性、亟待澄清和解释的问题，对教育教学有着不可或缺的作用，使教育教学有了目标和归宿。如果说教学组织与实施的方法指引着教育的方向和结果，那么对于有效教学组织与实施的哲学思考将规范教育教学的内容和深度，影响教育教学的灵魂和信念，让教育者在遭遇教学困难和挑战时多一份笃定和从容。因此，本章将对有效教学的组织和实施进行一次深入的哲学思考。本章重点探究以下焦点问题。

（1）教育教学的本质是什么？

（2）教育教学理论如何与教育教学实践相结合？

（3）在教学的组织与实施中，应当如何理解和贯彻人文主义与行为主义教育思想？

（4）学习本身是一个什么样的过程？

（5）有效教学中的教师应当如何构建适合的教育教学观？

第一节　教育教学的本质

一、探讨教育教学本质的原因

一位网络朋友，2015 年刚刚毕业入职做了一名小学教师。与所有的准教师、刚入职的教师一样，她陷入这样一种情景：所在学校的老教师经常对她在教育教学哲学方面的探究嗤之以鼻，认为一线的小学教师不需要探究那么深奥的理论，也没有探究教育教学本质的需要，应当多去听听有经验的老教师的课，从他们身上学习上课所需要的技巧和本领。于是，她通过微信问了笔者这样一个问题：讨论教育教学的本质有必要吗？这个问题成为本书要解决的第一个问题。尤其是在探究有效课堂教学的组织与实施方面，有必要探究教育教学的本质吗？这是一个很有趣的问题。于是笔者把这个问题抛给了学习者，以下是他们中比较有代表性的几个观点。

吴同学的观点：我们需要了解什么是教育哲学。①从定义来看，教育哲学是哲学的应用学科。②从研究关系来看，教育哲学研究教育领域中思维与存在的关系。③从研究的方法和途径来看，教育哲学是对各门具体教育学科知识的概括总结。④从研究的目的和成果来看，哲学要揭示世界的本质和发展规律，教育哲学则要揭示教育的本质和发展规律。由此可见，高效课堂的组织与实施是与之紧密相关的，如果教师在授课过程中没有牢记教育哲学观，那么这样的课堂始终无法达到让每位学生都能切身体会、真正领悟的效果。教育的过程一旦脱离了哲学，将是空洞而脆弱的，它无法达到教育的目的，因此高效课堂的组织与实施要进行教育哲学观的思考。

周同学的观点：首先，从教育哲学观的形成来看，教育哲学观并不是空想家想出来的，它是教育家在大量实践的基础上或者研究了大量的课堂实例的基础上得出来的。其次，教育哲学观对于整个教育的方向有一定的规划与指导作用。很多时候，教育哲学思想中所提出来的，正是当前教育所欠缺的。最后，教育哲学观在不断发展与变化，它始终走在教育领域的前沿，都说教师要“细水长流”，正是要不断吸收这种教育理念与方式，才能更好地把控课堂教学。在以前，很多年长的教师理论知识都比较薄弱，他们不了解教育哲学观，他们对课堂的把控、课堂效率的提高依赖于他们的教学经验。但是一代要比一代强，我们志在教书育人，而不是当一名平庸的教书匠，在积累教学经验的同时，也要运用教育哲学观所培养的思维。在组织与实施高效课堂时，面对不同的学生，在不同的课堂环境中，综合运用多种教育哲学观点，才能更好地在以学生为主体的前提下主导课堂。教师学习教育哲学能够反思教育实践背后的理念，追问自己当前的教育方式，形成独特的教育风格与教育智慧。

石同学的观点：高效课堂的组织和实施必然需要学生的配合，学生是课堂的主体，而教师担任的是辅助、引导的角色。在教学过程中应该更加注重学生学习的过程，鼓励学生独立自主而多样性地思考。思想是行为的先导，教师以教育哲学观为指导，立足于课堂教学，对传统教育思想、教育理念进行扬弃，与时俱进，才能够促进学生的发展，组织与实施高效课堂。

燕同学的观点：既然问到为什么，那必然要先知道是什么。从字面意思来看，高效课堂与无效性、低效性相悖。一个教师通过自己的方式与主张利用贴切的案例为学生传道授业解惑，必然是希望学生通过教师的点拨，有自己的思考，形成独特的思维方式，从而领悟教师教授的本质目的，而并非那些传授死板的模板套路提升表面成绩或者让学生压根提不起兴趣的、不想也懒得去思考的直接照搬甚至什么都不做的低效乃至无效课堂。这是我对高效课堂的组织与实施的片面理解。既然知道了它是什么，那现在就可以真正地思考，高效课堂的组织与实施要进行教育哲学观的考虑的原因。真正有意义、有效的课堂必然是有思想的，是能够透过课堂来看出教师的一些教育观念、教育方式和个人品质的。而一个教师对教育的观点、对教育方式的观念，以及怎样引导学生、带动学生、启发学生的自我思辨，正是教师的教育哲学观。教师通过对自身教育的思辨探讨，形成具有独树一帜的观念，将之融入课堂，才能达成自己的理想课堂——独特、高效。举个例子，我希望自己未来的学生在学会知识之前，先学会做人。对于一个学生来说，在课堂上，将基本素质（为人处世、带着思考去看问题等）逐渐渗透，学生带着自己的思想，带着一份团结，带着一份对知识的基本尊重和应有的探究思想去学习，而不是纯粹地“听”课，这样通过我自己对教育的思考来组织实施的课堂才是我眼中的高效课堂。

学生的回答让笔者很欣慰。其实任何教师都应当对教育教学的本质进行思考，因为毕竟在成为教师的学习和实践过程中，每一位教师都接受来自不同学者、教授教育教学理论及论断，又或是自己亲身体验而产生的思考和反思。而这些具体的理论及体验，究竟在多大程度上能够与自己的具体教学情境相适应，或者当这些理论与自己的教学实践出现错位时，应当如何处理？往往在这个时候，经过哲学思考而升华的理论就是解决这些问题的利刃。换句话说，学生所学与教师所教的应当是具体教育教学方法背后的思维方式，即教师应引导学生学会学习和思考。

德国教育学家赫尔巴特说：“我不承认任何无教育的教学，同样我也不承认任何无教学的教育。”正常情况下，教育与教学理应是两个相向而动的过程，而并非单向的枯燥行为。教育教学的过程是施教者与受教者双向互动的和谐共振的过程。有效教育教学的最终表现形式是一种合力，这种合力不是一种或者几种力的简单相加，而是一种共振后的聚变和裂变，最终形成一种教育的爆发力。这就决定了有效教育教学具有两个基本特质：一是渐进性；二是质变性。

渐进性是指教育教学结果的最终显现是一个缓慢的过程。这需要教育者必须有耐心。现实教育中，人们往往抱着不切实际的幻想，希望受教育者在几天、几周的时间里就可以无所不知，学会一切应对生活的知识和技能。于是课堂上，教师用填鸭式的教学方式或采用题海战术来满足人们的这种欲望。教师在教师技能的学习中，希望能学到一种或者是几种教学模式，这样就可以解决课堂技能构建中的所有问题。然而，教育教学是马拉松而不是百米冲刺，教育教学的价值取向不应只是考试，教师更应关注的是其所给予的一个学生十年之后在生活中用得着的东西。

质变性是指教育教学最终要引起学生学习的兴趣，学会自我完善，实现自身的成长和发展。这就要求教育者以学习者的能力培养为中心，权衡人文主义和行为主义等不同流派理论和实践的利弊，以正在接受教育的学生及其学习的特点为出发点，组织、实施有差异的教育教学方式，从而促进学生知识、能力的综合发展，形成核心素养。

二、教育教学本质的解读

（一）避免两种倾向

什么是教育教学的本质？这是任何教师都要回答的问题。在对这个问题的回答过程中，要注意避免两种倾向：偏执和偏离。

偏执倾向是指在回答教育教学本质的问题上，固执地认为一种“哲学流派”或“主义”能够解决所有的教育教学问题，对于其他流派和哲学思想持敌视的态度，在教育教学的实践过程中采取非此即彼的态度。诚如美国著名的教育家、哲学家杜威曾经指出的那样：人们在思考问题的时候总是喜欢走极端。总是采用不是这样就是那样的解决方式，好像没有需要妥协的中间路线。从理论上，这种思维方式好像可行，但是在具体的教育教学过程中，教学环境、教学资源及学生个性的多元化总是要求教育者去妥协，寻找可以促进学生学习、成长的中间路线，而这种中间路线往往是多样的，不是单一的。偏执倾向是对教育多样性的扼杀，持有这种倾向的施教者往往局限于一种教学理念和教学方式，并试图形成一种模式和理论，在长期的教育教学过程中年复一年地使用。这样的教师从本质上讲，其教龄可能是十几年甚至几十年，但其教育教学经验仅为几年而已。真正的教育者应当不再满足于“给学生一杯水，自己要有一桶水”的传统理念，而应坚持“细水长流”的教育理念，即不断地通过阅读、学习、践行、反思、汇集当下的教育教学理论和实践，形成符合自己教学环境和施教对象的方法，从而使自己的“教学之水”长流、常新。

偏离倾向是指在回答教育教学本质问题的时候，脱离教学的具体实践，不加反思地照搬别人或者别国的教育理论和教育模式。偏离倾向是对教育本土化、教育教学策略模式接地气的反动。在具体的教育教学中表现为不加批判和反思地借用、剽窃别人（国）的教育教学计划、目标、案例、大纲甚至是课件。这样的思维方式，从国家层面来说，会造成教育教学资源的重大浪费。因为教育是一个缓慢的过程，在照搬别国模式之后，一国投入教育教学的成效要十年甚至是几十年之后才能显现，而这种照搬的模式经常会以失败告终；从学校层面来说，这种脱离具体教学实践的方式，也会造成学生的不适应，从而导致失败。真正的教育借鉴是在分析自身教育教学的环境、了解学生基础上的有益探究。要在分析所借鉴对象的基础上，了解对方在设计教育教学计划、目标、案例、课件等背后的理念，寻找教育对象的共性，这样才能保证借鉴的成功。诚如著名的比较教育学家库伯和法苏姆曾经一针见血地指出：教育教学借鉴很大程度上是找到适合的模式而不是最好的模式。

（二）警惕教育教学的反动性

为什么要谈教育教学的反动性？给大家分享一个真实的故事：在支教的过程中，陈老师发现学生的书桌上堆满了《必备单词》、“新课标丛书”、《考试词汇大全》、“×××复习指导丛书”等，每个学生都在一堆书中埋头用功学习。他发现书桌上的书无一例外地都是教材和辅导资料。于是，陈老师就根据自己的读书经历给大家推荐了中外的一些经典文学作品。当他还在介绍书单上书的大体内容时，一个学生站起来说：“老师，这些书对我们考试有用吗？我们老师说了，要抓紧时间学一些有用的东西。”陈老师的心当时颤抖了一下，因为孩子们竟然在如此年轻的时候传递出这样的理念。忽然间，他又想起了学校门口各种各样的补习班的口号和标语。这一切打着“有用”旗帜的口号，行的却是“急功近利”的违背孩子天性和教育规律的反动教育。想到这，陈老师更加坚定了自己推出书单的信念和讲解要多读书、多读“无用”书、多学“无用”知识理念的重要性。

教育教学的反动性是指教育教学过程中对基本人性，如好奇心、探究欲及多样性等层面的扼杀，其具体表现在教育教学中的管理主义、功利主义倾向，以及教育教学的产业化，最终导致了教育教学鸿沟的无限扩大，违背了教育正义性及公共性的基本原则，加剧了社会的不公及社会资源的浪费。教育教学的反动性不仅制约着教育教学正向功能的实现，而且遮蔽甚至是扼杀了教育教学的本真追求。

1. 管理主义倾向

教育教学由于其教导功能和管理功能而得到教育管理者的支持和重视。各国的管理者希望通过教育的教导引导教育者和受教育者，从而实现管理目标，推动教育工作的顺利正常进行，提高管理效率。当管理在支撑教育导向功能的同时，也将管理的思维特性和行为特点带入教育教学的理论和实践之中。

管理主义倾向的特征体现在：①强调服从性、规范性。这是管理者将自己意志和价值取向强加给教育教学过程的体现，不管在家庭还是在学校，这种倾向导致学生不愿或不敢发出自己的声音。学生很大程度上还是被视为家长、教师的依附者，一旦坚持自己的意见就会被贴上“叛逆”“不听话”“不良行为”等标签。教育教学过程中的管理主义倾向主要体现在施教者对自身中心地位的认定及对教育教学模式化的培养。同时，教育教学领域内的服从和规范性还体现在教师对某一种或者某几种教育教学模式的追求，认为只要学生学到了知识就可以万事无忧了。例如，在具体的教育教学中，施教者不熟悉受教者的具体心理和认知阶段而制订教育教学计划，并以自我为中心，强行推行教育教学目标。再如，关于教育教学过程中的标准化答案，曾经有一个真实的案例：小学的老师给学生出了一道填空题目：雪化了，______。学生们的答案分别是：化成了水；春天来了；温度提升了；变成了春天。而老师却按照标准答案（变成了水）来进行点评。教育教学领域内强调服从性、规范性，容易扼杀学生的好奇心和创造力。施教者应当慎重考虑，根据学生的学习特性，采用不同的回应方式，来引导和培养学生的思维和学习能力。②强调效率优先。效率优先的管理主义倾向要求每一个教育教学目标和策略的实施都要尽快产生效果。持这种倾向对教育教学缺乏足够的耐心，很容易产生急功近利的心态。然而，教育教学最基本的规律就是：它是一个“慢”的过程。施教者必须要有耐心，学习是马拉松式的过程而不是百米冲刺。教育教学很大程度上是学生学习习惯和思维模式的形成，这种形成需要的是教育者足够的耐心和引导。

管理主义倾向对教育教学造成的危害有以下两方面：①教育教学的产业化。教育教学的产业化将无视教育教学基本规律和特点，将教育视为产业，追求商品化及利润最大化。该倾向极度漠视教育教学的引导功能，无视教育教学过程对学生终身发展应产生的积极影响，将学校等同于工厂，将学生视为产品；讲求的是投入产出比，讲究的是投资回报率。有些学校甚至把高校变成了培训基地，将教师当成社会培训机构的培训师，拿学生的考试、考证、考研通过率作为教育教学的唯一考核指标，致使教师工作程序化、机械化、庸俗化，而关注学生发展、培养优良品行变成了空话。②应试教育教学。应试教育教学以现实的利益追求为动力源泉，为实现单位个体的欲望追逐，不遵循事物发展的客观规律，忽视发展过程的行为选取，仅仅为达成目标而求快求成的一种心理方式和行为模式。应试教育的背后是不肯踏踏实实提升教学质量、不肯耐心积累办学经验、不肯扎实发展学术精神培养校园文化，而只想快点出成果、追求短期利益的虚荣的浮躁心理。如果施教者没有十年磨一剑的恒心和毅力，没有耐心浇水施肥静待花开的爱心与沉着，那么他们培养出来的并非真正的人才。任何层次的教育都是一个“慢”的过程，任何知识和技能的形成和发展都有其固有的规律。世界各国在 21 世纪的教育都是以素质教育为理念，以实践能力为导向的培养模式，其核心是培养具有创新能力的人才，中国的教育教学应当顺势而为，为社会的发展提供高素质的全面的人才。

2. 功利主义倾向

功利主义赢利观导向对于教育教学反动主要体现在其对两个教育基本问题的定位上：一是教育教学要培养什么样的人？二是教育教学目的与教育教学内容的辩证关系是什么？

教育教学要培养什么样的人？著名教育学家陶行知提出，要培养的人必须具备三种要素：健康的身体、独立的思想、独立的职业。美国著名哲学家努斯鲍姆深信教育教学首先是育人，其次才是授业。她主张教育培养的人应具有三种能力：批判思维能力、想象能力、同情能力。新形势下，中国的素质教育也倡导德智体美劳的全面发展。而功利主义倾向的教育教学观从根本上是反教育的，其强调做题、应考思维导向的培养阻碍了学生的全面发展，更不利于学生创造力和想象力的发挥。功利主义教育教学的本质是赢利。因此，在功利主义教育教学观中，分数是最重要的，学生只不过是取得分数的工具，是教师拿到绩效的工具，是学校炫耀的工具。

教育教学目的与教育教学内容的辩证关系是什么？教育教学目的和教育教学内容相辅相成：教育教学的目的是教育教学内容的指导，对教育教学内容的选择、实施、评价起着决定性的导向作用，是教育教学活动的最终归宿；而教育教学内容应当体现教育教学目的的直接要求，是教育教学目的有效实施的保障。功利主义赢利观的倾向割裂了教育教学目的和内容的辩证关系，屏蔽了教育教学目的对内容的指导作用，阻碍了教育教学内容在理论和实践中完美结合进而实现教育教学目的的基本功能。以学生为中心、以能力培养为目标，提升学生学习动力和兴趣，促进其全面发展和综合素质的提升是功利主义最不愿探究的话题之一。

3. 违背教育教学的正义性

美国著名学者奥恩斯坦曾经指出，同公平合理完全相反，那些最没有社会地位的人们往往享受不到普遍受教育的权利，在这方面现代文明过早地引以为荣了。在一个贫穷的社会里，他们是首先被剥夺权利的人；而在一个富裕的社会里，他们是唯一被剥夺权利的人。教育教学的正义性取向是世界各国面临的重要社会问题之一。以美国的罗尔斯为代表的自由平等主义者所代表的正义性原则包含了两个基本观点：一是社会所有的机会应向所有的人开放；二是给处境最不利者以最惠待遇。教育教学领域内的正义性应体现在两个方面：一是所有的教育机会、资源应当被所有的学生平等地分配；二是要给有学习和发展困难的学生以额外的关注，帮助其发展。

教育教学的反动性在实践中不断践踏教育正义性得以明证。教育教学的状态应该是陪伴、倾听、发现、引导、唤醒。然而在实践中，各级各类学校为了提高升学率、为了成为重点学校，在课程安排上，将不同科目按照考试的分数比重划分为重点学科和非重点学科，将学生按照三六九等划分为不同的类别。于是，实验班、特重班、宝塔班等应声而出，在学校，重点班与非重点班的学生就出现了师资、学习资源、硬软件的天壤之别，同一个班级里，学习好的学生就会受到老师的青睐，学习不好的学生就只能遭受冷遇。教育教学应当遵循和履行其正义性，实现其培育人、发展人的功能，而不应成为学校谋利的工具和手段。

（三）也谈教育教学的本质

之所以要谈教育教学的本质，原因有二：一是在各国教育数量飞速发展的大背景下出现了一种令人担忧的情况，即在教育历史上，第一次出现了社会开始拒绝任用学校的毕业生，开始拒绝制度化、产业化教育所产生的成果；二是教育教学实践者在很大程度上忘记了或者说选择性抛弃了教育教学的真谛，教育教学违背自身发展规律的现象层出不穷。对于教育教学本质的探究，不同的学者从不同的角度和着重点进行了阐述，现如今要对教育教学的本质进行探究。从宏观层面来讲，要关注：①如何使教育教学民主化并富有正义性？②如何使教育体系结构多样化？③是否有能力（愿意）供给学校体系所需要的巨大资源？④教育教学体系是否符合全世界对教育教学的基本要求？⑤教育教学是否可能沿着目前的发展速度和制定的既定路线前进？从微观层面来讲，要关注：①教育教学如何保证在数量扩充的同时，达成高质量的效果？②如何使教育教学内容和方法现代化？③教师、学生、学校三者在教育教学中的辩证关系应当如何合理、有效地安排？④家庭、学校、社会在学生成长过程中的角色应如何界定？对这些问题的辩证思考，会对教育教学本质的阐明提供指导。

基于对上述问题的思考，本书尝试对教育教学的本质做出如下阐述：教育教学的本质是通过教育者正向的引导与唤醒，帮助受教育者学会学习、学会思考、学会生活，进而改善个体，从而摆脱现实的奴役，促进个体的成长、发展与幸福，实现社会的和谐统一。

1. 教育者的正向引导，改善个体

教育不是解决之道，而是改善之本。教育者通过正向的引导，唤醒学生自我发展、自主学习、自我约束、自我驱动的改善模式，从而不断实现自我素养的提升和完整人格的实现。该层面背后的思维是实施人本主义的教育教学理念，强调维护和增强学生在他人和自然面前的尊严、能力和福祉。以学生为本不是对学生的要求无限制的妥协，更不是无原则、无秩序的施教，而是要坚持以学生的学习为基本前提，以学生的发展为目的和归宿。这就要求教育教学的实施者成为学生的正向向导，通过（从幼儿时期开始，贯穿整个教育过程）唤醒、浸润、熏陶、影响等方式，向学生传递正能量，引导其通过不断地处理信息和知识的传输、传播和获取，从而改善自身的知识体系来实现自己的发展和进步。

2. 学会学习、学会思考、学会生活

真正的教育教学不应拘泥于某个知识点或技能的讲解，而应包含思维方式和理念建构的解析。这也就决定了真正的教育教学要关注学生是否学会了学习、学会了思考、学会了生活。无论是在信息技术不是很发达的过去，还是信息技术快速发展的当下和将来，教会学习者获取知识和技能，鉴别和评估信息内容的可靠性和有效性，质疑信息的真实性和准确性，以及将学到的新知识和技能与以往所学的内容联系起来更好地服务学习和生活至关重要。社会的发展需要教育教学体系为学生的学习、思考和生活做好基本的思维准备。

3. 摆脱现实的奴役

当下的教育教学过度关注“有用”和适应现实的竞争。教育教学被“升学求职、教辅应试”的思维所占据，社会人心浮躁，成功学盛行。著名的古罗马哲学家和教育家西塞罗曾经说过，教育的目的是让学生摆脱现实的奴役，而非适应现实。这说明，一切教育教学的最终目的是发展人和解放人，而不仅仅是被动地适应外界环境。教育教学要通过不同的方式和过程导向来帮助培养学生自我引导、自我负责、自我决定、自我控制和自我评价，形成独立人格和独立思考的能力，从而发展个人内在的精神动力，进而在外部实现面前获得自由。这样学习者才能获得无限的自由，可以在未来的生活中决定获取何种知识和技能，以及为什么及在何时、何地、如何使用这些知识和技能，而这种状态是个人成长和社会发展的基本问题。

4. 促进个体的成长、发展与幸福

教育教学的过程对“立竿见影”的技巧给予了太多的关注。衡量教育教学的尺度是以国内和国际各类考试的分数、级别、升学、就业为标准，有助于此的教育教学经验被视为有用的经验。在教育教学的过程中，很少有人关注学生的体验，也很少有人问学生：这样的教育教学方式你们觉得有助于你们的成长、发展和幸福吗？教育教学从本质上来讲要关注的不是某一种教法或某一类教师，而应该是学生的感受和态度，应该是学生未来的发展、成长和幸福。而现实中，教育者往往关注的是学生知识和信息的掌握程度，是学生的短期目标或具体学业任务的完成情况。于是，在完成不同阶段的目标或考试结束之后，学生撕毁课本、试卷，任纸屑漫天飞舞，这其实就是对当下教育教学忽视其体验、忽略其感受和态度的最大反叛与抗争。

5. 个体发展与社会的和谐统一

从个体发展与社会的和谐统一角度来谈教育教学的本质，其实是想探究教育教学对学生责任感的培养和实现。教育教学应当是促进受教育者生成公民意识，积极参与地方、国家乃至全球范围内事务的重要途径。任何国家的教育教学活动在关注学生个体发展、成长的同时，要警惕极端竞争和利己主义的两种思想对学生的危害。这就要求教育教学必须关注学习者价值观、伦理道德和社会责任的正向形成。学校应当采取相应的课程手段和项目设置来关注、认可、表扬那些帮助和关爱他人，为社会做出贡献的人，教育学生心怀善意，使学生展现人的“善性”，成为有人性、有责任感的良好公民，实现个人发展与社会发展的和谐统一。

三、教育教学本质思考的实践反思

1. 教育教学并重

曾经有一位纳粹集中营的幸存者给所有的老师写了一封信，内容如下。

亲爱的老师们：

我是集中营里的幸存者。我目睹了一般人看不到的事情：毒气室由有学识的工程师建造；孩子们被受过教育的医生毒死；婴儿被训练有素的护士谋杀；妇女和孩童被受过高中或者大学教育的毕业生射杀。所以，我怀疑教育。

我的请求是：希望你们帮助学生做一个有人性的人。永远不要用你们的辛勤劳动，去栽培孕育出学识渊博的怪兽、身怀绝技的疯子，或者是受过教育的纳粹。阅读、写作、数学等学科，只有在用来把我们的孩子教育得更有人性时，才显得重要。

短短的一封信却道出了教育教学在实践中的价值取向：教、育并重。长久以来，各国的教育侧重于学生知识和能力的积累，却忽略甚至是抛弃了学生基本人格、道德品质和情感的培育。环顾当下世界各国的教育，人们看到的是学校内暴力、枪击事件的频发，冷暴力事件的层出不穷，学生被教育成了有知识、有技能但却冷漠、冷淡的个体，缺乏对其他生命体的基本尊重，更别提敬畏了。所以，教育教学中要教、育并重，甚至要强调“育”的作用。如果教育不能孕育出德才兼备的孩子，那么请至少关注孩子的德能。有德无才，社会就多了一个负责任的公民；有才无德，社会就多了一个大奸大恶之徒。

2. 设计教育教学

在对中小学教师和准教师的培育（训）过程中，最常见也是最让人哭笑不得的要求就是：培训老师不讲原理和理念，直接告诉被培训者他们自己教育教学的具体设计来让大家借鉴一下。然而，不幸的是，世界上没有包治百病的良药，也没有解决一切课堂组织与管理的良方。有效的教育教学活动是一项艰辛甚至是劳心的幸福之旅。教育教学没有捷径可走。作为施教者的家长、教育工作者都明白一个基本的道理：每一个学习者在学习需求、学习方式、学习速度、学习动机等方面都是不同的。然而，通常情况下，家庭教育和学校教育的做法是采用统一的教学模式、同样的授课内容教授不同的学生。更为恶劣的是，学校通常通过借用一种或几种模式来进行示范课、公开课，让教师学习皮毛而不是背后的设计理念。而大部分的施教者也乐在其中，认为自己得到了真传，却忘记了最应反思的就是自己这种行为背后的懒惰思维。

3. 人文主义与行为主义融合

先请大家看一则来自一线的案例。

案例

我是一名刚毕业的师范生，在一所学校做英语老师，教学对象是小学三年级的小朋友，以授课的形式教学。当时在学校学习的时候，学过人文主义的相关理念，于是我就用该理念为指导，想着应该和小孩子当朋友，以一个姐姐的方式去和他们相处，所以不管是课上还是课下，我都表现出了很宽容、友善、容易沟通的一面。刚开始的效果特别好，每次下课小朋友都会舍不得我走，有几次上课来的时候他们也会送我他们喜欢的手链，我也会买点小零食给他们吃。后来情况就不是这样了，我发现课上小孩子变得越来越皮，有时候会叽叽喳喳说个不停，就算我严肃地叫他们停止说话、做小动作也徒劳无功。最严重的一次，有三个学生甚至集体罢课，自己玩了起来。我当时很生气，但是还是想要继续从事教师这份职业，因为我真的很喜欢跟小孩子们打交道。我该怎么办?

这个案例的本质是关于人文主义和行为主义在具体教育教学中的实施问题，这个问题也是困扰很多一线教师的问题之一。素质教育和人文主义对教师的要求是要关心、关爱每一位学生。而很多教师往往将此做相对片面的理解，认为人文主义就是无限度地对学生妥协。其实，在具体的教育教学中，一线的教师不妨试着将人文主义和行为主义的优势融合起来，发挥两者的重要作用。一方面，通过行为主义的策略为学生“立规”，建立合理的课堂秩序，将课堂的治理权牢牢掌控在自己的手里。也就是说，教育者应当明确自己的教育教学目标和步骤，通过时间策略及不同的激励策略，让学生随着自己的节奏有序地实现教育教学目标。另一方面，在学生完成相应的学习目标时采用人文主义的策略，鼓励学生积极思考、大胆创新，通过学生之间的相互协作，来展现学习成果。教育者要通过不同的教育教学方式赢得学生的信任，而不是学生的喜欢。

4. 改革还是改善

教育教学只能是改善。教育教学改革或者是变革是当下比较流行的口号。改革是指改变旧制度、旧事物，是对旧有的生产关系、上层建筑作局部或者根本的调整。从教育教学的发展历程来看，教育教学领域内的变化仅仅是对师生关系、教学形式、教学方法、评价方式等层面进行了改善，而并非改革。教育教学领域所关注的根本关系仍然是师生关系。尽管随着社会的发展及信息技术的变革，教育教学环境发生了重大的变化，教学方式呈现出更加多样、更加丰富的手段，但是教育教学的本质未发生根本性的变化。

5. 为未知而教，为未来而学

“教师为什么而教”“学生为什么而学”这是有效教学组织与实施要解决的

两个基本问题。在日常的教育教学实践中，施教者和受教者却往往忽略了这两个基本问题。甚至人们会反问：“为什么需要知道为什么而教，为什么而学？”再有甚者会给出一些简单的答案，如考试要考、这是这一章节的知识和技能目标。细想起来，好像这些答案都不能很好地回答上述两个问题。

联合国教育、科学及文化组织（简称联合国教科文组织）于 2015 年发布的《反思教育：向“全球共同利益”的理念转变？》中，将可持续发展列为全球教育发展的核心关切点，并提出了两个相互关联的概念：学习型社会和终身教育。这就表明，在当今社会，随着科学、信息技术的快速发展及与教育的深度融合，知识和技能正在以前所未有的速度递增、更新，全球知识格局正发生着翻天覆地的变化。传统教育教学的理念受到了新的挑战。教育教学不再是仅仅满足学生当今的需求，更重要的是要教会学生如何学习，如何在未来尤其是离开学校教育之后更好地学习，实现终身教育。教育教学的理念将秉承为未来而教、为未来而学的理念，帮助学生掌握如何学习及获取资源的技能。

第二节　适合的教育教学观

本节的任务是探索用更好的方式去思考、探究教育教学观这个命题。编写本章的时候，在“正确的”教育教学观与“适合的”教育教学观之间，笔者进行了认真的思考，最终选择了“适合的”。原因有二：第一，教育教学观的思考应该提供一种思考方式，而不是企图提供一个教条式的答案；第二，在具体的教育教学中，鉴于学生、教学环境、教辅资源等不同，教育教学方法也必定会不同。因此，只有适合的教育教学观才能满足不同学生的需求。适合的教学观应该具备科学性、前瞻性、时代性和本土性的特点。

一、科学性

科学性要求教育教学的理念和实践要符合学生及学习的发展规律。这就要求教育者在进行理论和实践的思考和创新时要形成证据导向的思维模式。这里的证据导向主要是指任何教育教学的理论和实践必须通过对教育教学的对象、环境、影响因素等实地取证，收集相应的数据资料，并在分析资料的基础上进行科学论证，才能展开实施。科学性是对传统教育教学中“人治”现象的反对。

（一）符合学生及学习的发展规律

教育教学的科学性原则要求在教育教学的实践中能从教育教学的客观实际出发，研究和发现其本质和内在规律，从而使理念和实践活动符合学生及学习发展的规律。同时，科学性的原则还要求教育教学实践活动的开展一定要按照客观规律办事，正确处理主观与客观、理论与实践、传统与现代教育理念的关系。要以教育教学发展的先进理论为指导，运用好当代教育技术与信息技术，更好地服务于现代课堂教育教学的组织与实施活动。

（二）证据导向

证据导向要求教育教学的理念及实践要建立在合理的证据链之上。教育教学为什么要采用这样的而不是那样的哲学思想和设计理念，组织者和实施者都要有明确的思考。这就要求，在教育教学的治理中，不能单凭行政命令，也不能单凭领导的意志或主观愿望，更不能单凭个人的或者局部的狭隘经验进行管理，而是要在调查取证的基础上，形成相应的证据支撑，从而更好地服务于教育教学。

证据导向要求施教者关注教育教学理论与实践的热点和难点问题，通过阅读已经发表的研究成果并结合自身的教育教学实践，不断地进行探索、研究，更新自身的教育理念，从而使自已的教学设计更加符合现实的教育教学环境及学生不断发展变化的现状。

二、前瞻性

前瞻性要求教育教学理念和实践的构建要具有敏锐的洞察力和预见性。这就要求教育者及教育政策的制定者要善于学习、勇于探索，了解国内外教育教学领域发展的新动态，并根据新动态用发展的眼光来看待整个领域的发展趋势。

（一）预见性

预见性是对未来发展趋势和可能出现的某种趋势的预判与假设，对实践者的思维和实践往往起着指导和调节作用。预见性并不是一成不变的，而是应当随着现实环境的改变不断做出调整，从而提升预见的准确性和科学性。教育教学中的预见性可以帮助教育教学的参与者更好地对教育教学中的发展趋势做出预判，从而更好地处理过程中的相关因素，提高教育教学实践的成功率。例如，当下互联网技术与教育的融合必将带来教育教学方式、内容、评价等一系列的变化，这就要求教育者对教育教学的理念和实践模式都要有预见性的思考，从而帮助受教育者更好地应对“互联网+教育”的智慧环境。在具体教育教学实践中，参与者可以通过以下途径提升预见性：①加强自我学习，优化知识结构，拓宽自身的预见能力；②以身作则，增强主人翁意识，提升决策的有效性；③注重调查取证，发挥多元思维，提升预见的科学性、可行性。

（二）发展性

发展性来源于教育教学的动态性。教育教学的环境是动态的、不断发展变化的，而这种变化必然带来其参与者思维方式和行为方式的变化。这就不仅要求教育教学观具备动态的、协调的、全面可持续发展的特性，尤其要求教育教学理念要促进参与者的发展。这种发展不仅是认知能力的发展，还要求促进学生理解学习过程，帮助他们形成适合当下和未来的学习方法、思维方法，激发所有学生的学习动力，从而在发展中学会学习、学会生存、学会与人相处、学会生活，实现人格的完善。

三、时代性

时代性要求教育教学的理念和实践要根据时代和科学技术的发展而不断发展。随着社会的发展和科技的进步，教育教学在内容、教学方法等不同层面都取得了显著的发展。这就要求教育者必须采用反映时代的方法，承认、实施、认证和评估教育教学，从而提升对于教育政策和办学方法的认识，促进学生的发展和成长。

（一）现实的考证

现实的考证要求教育教学参与者的哲学观念要符合教育参与者及其周边环境的基本特点，能够经得起教育教学实践的检验。这就要求教育者要坚持一切从实际出发的基本理念，从具体的教学环境、学生特点、学生日常的生活环境出发，使教育教学的内容、方式符合当时当地的学生的特点。中国是一个地域广阔的国家，学生的生活环境及文化环境决定了教师教育的内容、方法不能以逸待劳，更不能生搬硬套。在具体的教育教学实践中，很多教师从网络上、教师用书所附带的光盘上直接将课件拿来使用，这就是缺乏现实考证思维的“懒惰”的教育教学观的表现。

（二）历史的批判继承

强调教育教学观的时代性并不意味着对过往教育教学理念和方式的抛弃，相反，对于历史上形成的优秀教育教学观要采取批判继承的态度。中国历来重视教育，从孔子到陶行知，在不同历史阶段积累了大量的可供借鉴的教育教学理念。教育教学的参与者要从中继承有益的理念，并在继承发扬中赋予其时代的特征，从而达到传统服务于时代的要求。

四、本土性

本土性要求教育教学的借鉴要基于中国学生的具体特点及中国教育教学发展的特征，来探究教育教学思想、理念及模式，以更好地适应中国学生学习的教育环境。教育者一方面要大胆引进国际最新学术成果，与国际上的教育评价研究发展接轨，另一方面更要紧密结合本土的教研实际，从学生学习环境出发、从具体课堂出发、从具体评价实践出发，不仅仅重视知识的介绍、理论的传承，也应该始终贯穿培养学生成为未来智慧教育者和学习者的精神。

（一）批判借鉴

教育教学观不能用简单的“好”与“坏”进行区分，只能通过教育参与者的思考和借鉴来寻找适合的理念和方法来促进受教育者的发展和成长。当今世界，随着全球一体化的发展及人员之间的相互流通，世界范围内的教育教学理念在相互影响中发展前进。在批判借鉴过程中，教育活动的参与者要坚持“适合的就是最好的”的理念，摒弃“外来的和尚会念经”的不加思考、全盘接受的“拿来主义”，要通过借鉴发展自己，不断增强教育教学理念的自信心，培养符合我国国情又顺应世界教育潮流的国际化人才。

（二）实践导向

实践是检验真理的唯一标准。这一命题在教育教学观的形成和践行过程中尤为重要。教育教学观的实践导向就是以受教者的实际生活环境为基本实践场景，将教育教学的内容、目标融入整个过程中，让学生增强体验感。这就要求在国际教育教学理念的借鉴中，坚持以实践为导向，认真研究和考证所要借鉴的国家相应的教育教学理念、目标、内容、实践方式的具体情形，然后考证其与中国具体教育教学环境的适合度，决定是借鉴还是放弃。

第三节 几种错误的实践倾向

1. 快乐教育论

快乐教育论背后的一个基本问题是，学习的过程究竟是怎样的一个过程，是快乐的还是辛苦的。快乐教育认为学习的过程应当是快乐的，学生不应当有负担，知识和技能的学习应当在玩乐中掌握。近些年来，快乐教育在中国教育教学界尤其是基础教育阶段得到了很多学者的赞同，而且这些学者会拿日韩甚至欧美的教育为例，说明这些国家的教育是在轻松愉快的氛围中进行的。

然而，我们认为快乐教育的理论是不可行的，原因有三个，具体如下。

一是，因为学习的过程本身就是要付出大量艰辛的体力和脑力活动的。学习者要达到融会贯通、学以致用都需要不断地去认知事物的规律，探究其脉络，在实现知识和技能由少到多、由浅到深的过程中，可能还要承受自身或者外部的质疑与挑战。虽然在学习的过程中可能会达到废寝忘食的境界，在知识和技能获取的一瞬间会体会到无上的满足感，但是学习的整个过程是一个辛劳的过程。例如，王国维在《人间词话》中将学习、求知的过程分为三种境界来说明求学的漫长与艰辛及千百度求索之后的顿悟：昨夜西风凋碧树，独上高楼，望尽天涯路；衣带渐宽终不悔，为伊消得人憔悴；众里寻他千百度，蓦然回首，那人却在灯火阑珊处。

二是，日韩甚至欧美国家的教育氛围也并非那么快乐。以美国为例，学生也要通过学习去争取更高的学分。如果学生想要进入比较好的大学甚至常春藤大学学习，除了要在各学科中拿到较高的学分之外，还要参加不同的课外活动和社区活动，以证明其在领导力、责任感等方面的能力。同时，近几年的国际学生评估项目（Program for International Student Assessment，PISA）也显示出中国学生的综合能力超出了日韩及欧美学生的水平。这都说明了在任何国家，教学都不是轻松的。在基础教育阶段，学生还要通过努力去实现基础知识的积累。缩短在校时间、降低教材难度的快乐教育取向不值得提倡。快乐教育的另一个立论基础是知识和技能可以通过游戏等活动设计来实现。但是，这要求教师有极高的课堂设计水平和极高的理论修养，而目前绝大多数的教师还尚未达到将所有知识和技能融入有效的课堂设计之中的水平。

三是，所谓的快乐教育实际上是通过商品化过程来完成教育机会和教育资源的筛选和淘汰的，会进一步加剧教育的不公。根据我们的观察和研究，所谓的快乐教育在中美基础教育阶段都扮演着拉大教育差距的角色，家庭条件比较好的孩子，放学之后会受到良好的辅导教育。例如，很多家庭都会安排读书、旅游、亲子活动等，如去博物馆，而家庭条件较差的孩子放学回家，可能家长还在工作，孩子能做的就是自己安排活动。诚然，有的孩子自制力比较强，会合理安排自己学习和玩乐的时间，但是大部分的孩子还是缺乏必要的自制，放学后完全处于游戏或者电视、电脑的放纵之中。因此，所谓的快乐教育就变相地拉大了原本就存在的阶层区别，充当了不同教育教学阶段的筛选工具，最终也就拉大了教育鸿沟，使教育不公平的现象进一步扩大。

2. 成功与学历无关说

成功与学历无关说在当下的社会和教育中呈现出不同的表现形式。社会中有这样的传说：上过大学的在给初中同学打工，小学毕业的学生在给博士当老板。成功学会告诉你成功跟学历没有任何关系。学习无用论的荒谬之处有二：一是用小概率事件来得出很宽泛的结论；二是没有将小概率事件的前因后果向大众披露。成功与学习无关说经常采用的一个例子就是美国的比尔·盖茨，更有甚者将盖茨的成功归结为他大学辍学，然后创业成功，殊不知，盖茨之所以成功有两个基本前提：一是其对于计算机领域内知识的研究和探索所达到的高度，盖茨之所以选择退学是因为他的探究已经达到了相当的高度；二是其父母的经济实力，盖茨的父母给予盖茨极大的经济援助，为其发展创建实验室。而这两个基本前提都满足的情况下，全世界范围内才仅仅出现一个盖茨。试问，那些说着成功与学历无关的人们，有多少人可以满足以上两个条件呢？

不同层次的教育将影响受教育者不同层面眼界的开拓、思维能力的发展及整体素养的提升。教育教学的经历从来没有承诺，也不应当将培养成功人士当作标准，而应致力于大众整体素质的提升，应当为大众在开放的学习环境中促使其思考，为其打开未来之路的大门，打开进一步探索生活和生命之路的大门。而这个过程中，蕴含着无限发展的前途和希望。

3. 变味的教育教学实践

变味的教育教学实践是指国家教育教学政策、法规执行过程中出现的问题。这些问题主要集中在政策执行偏离、政策执行缺损、政策执行表面化等层面，而这些“上有政策、下有对策”的教育教学实践，造成了教育资源的浪费，有时候甚至会打击学生学习的积极性，进而影响教育教学的有效组织和实施。在当下的教育领域内，出现了下面几种不良的倾向。

1）变味的创业论教育

创业与创新是当下教育教学的一个新的潮流。创业的首要前提是资金，其次是能力，并且只有同时具备了这两个前提，创业才有可能成功。基于中国的教育现状，创业教育不应当成为各类各层次教育的主流，毕竟中国学生的主要学业经费来自家庭，而创业资金应当来自众筹和风投，家庭不应当承担学生个人梦想的成本与风险。另外，创业和自谋职业是有区别的。创业的本质属性是带有创新理念的。例如，看到别人开网店赚钱，自己就去开网店是自谋职业并非创业。

然而，教育教学中的创新教育是可以倡导并大力鼓励的。创新和创业的最大区别是创新可以在自己正在从事或即将从事的行业中展开。而创业首要的条件是资金，没有资金，创业就是空谈。创新的首要前提是能力，其次才是资本。例如，中小学教师可以进行创新探究，提出适合不同教育教学层次的教法和学法；中小学生、大学生可以在各自不同的层次、领域内进行不同的创新研究。

2）变味的博雅教育

任何教育教学的最终指向应当而且只应该是促进学习者的发展和成长，这个过程中不应当掺杂其他成分。博雅教育重视受教育者的人格和人文素养的培育，旨在培养具有广博知识和优雅气质的人。博雅教育过程中最应避免的是不主张专业知识的学习，将博雅捆绑于学校教育的体系中。因为这样学生除了平时的课程之外，还要涉及其他的知识和技能。这样的教育方式培养出来的学生貌似什么都懂，而实际上是广而不精、只知皮毛。同时，在中小学推行这样的博雅教育，让学生进行儒家的礼、乐、射、御、书、数的学习，会给学生造成负担，而且由于知识过多并且过于简化，学生学过的知识容易忘记，这就更加重了学生的负担。在具体的教育教学实践中，学校往往用所谓的博雅教育打造自己的特色教育，追求名利，而忘记了教育的本质和基本的价值取向。家长也往往抱着功利的心态送孩子去才艺班学习，让学生在课余参加各种各样的素质提升班，这就变相地增加了学生的负担，使博雅教育变味了，最终在博雅教育过程中，学生往往不是出于自身的兴趣接受博雅教育，而是“被博雅”，反而对博雅教育产生厌学的情绪。

3）变味的国学教育

国学是一门精致的学问。同任何知识和能力的发展形成一样，要经过长时间的浸润与熏陶才能形成。因此，国学的目标不应也不可能通过速成班来达成。国学也不能简单地等同于从《三字经》到《弟子规》的背诵，单纯地让学生死记硬背、全然忽略理解，会加重学生的负担，扼杀学生学习国学的兴趣，使学生对国学产生恐惧感，从而远离国学。

学习国学的目的是让学生热爱读书，善于思考，形成独立的人格。简单的、知其形不知其意的、通过反复记忆的形式来背诵《弟子规》等古代经典不应该成为学校所谓国学教育的正统形式。诚如北京师范大学国学经典教育研究中心主任徐梓所指出的国学教育中的低俗化、功利化、非教育化的方式，不仅给国学的健康发展埋下了隐患，而且对当前国学教育造成了严重的伤害。真正的国学教育要进行系统的准备，根据学生的年龄和心理发展状况设置课程和教学内容，通过小故事、容易上口传颂的诗歌激发学生学习国学的兴趣，从而保证国学向着健康、有效的方向发展，让受教育者真正感受国学的真谛、热爱国学。

思考问题

1. 什么样的哲学理论才能够服务于现实的教育教学实践？
2. 如何思考教育教学的科学性与艺术性？
3. 作为施教者，你是如何理解自己的施教行为的？

第二章 教 师 观

教师作为教育者，在学生受教育过程中是重要的参与者，是与教育活动同时出现和并存的。教师自身所持有的哲学观、教师观会决定其在向学生传播知识、技能、生活理念的教育活动中所采用的方式和方法。在长期的教育教学实践中，人们往往忽视了一个简单而普通的道理——不仅“善”在育人，“恶”也在育人。因此，有必要探究涵盖教师职业特点、基本素养、职责、教师角色等内容的教师观，以促进教师自身专业发展，不断促进教师由合格走向卓越，从而为改善教育教学现状做出贡献。

为了更好地了解本章内容，请读者首先尝试做这样一件事情：将一张 A4 纸对折，分成两部分。在上部分画一张笑脸，代表对你产生正向影响的教师及对教师行为的肯定；在下部分画一张哭脸，代表对你产生不愉快经历的教师及对教师行为的否定。然后大家一起来探究以下核心问题。

（1）如何理解教师的职业特点？

（2）教师的角色有哪些？

（3）教师的职责及素养应如何界定？

（4）合格教师与卓越教师的核心素养是什么？

（5）由合格教师到卓越教师的路径有哪些？

第一节 教师的职业特点

教师尤其是高质量的教师是人类文明传播和人文素养提升的重要保障，更是各国教育事业发展、教育质量提升、学生健康成长的关键基石。教师的定义有广义和狭义之分。广义上的教师是指一切传授知识、技能和经验的人；而狭义上的教师是指接受过专门教育和训练的人，并在一国教育体系中承担教育、教学工作的人。从狭义上来说，教师是一种专门的职业，是通过其教育教学工作，促进社会成员不断实现其个体发展的专业人员。教师的职业特点呈现出以下八个特点。

一、教（书）育（人）性

教书育人是教师职业的第一特点。教师的根本任务就是教书育人，培养和提升教师的教育教学能力应该以育人能力为核心。教师的职业对象是成长中的、具有不同个性的、鲜活的生命体。中国古代韩愈在《师说》中指出“师者，所以传道授业解惑也”；习近平总书记也曾指出，“教师重要，就在于教师的工作是塑造灵魂、塑造生命、塑造人的工作”。这就充分说明了教师在教育教学中负有教书育人、对学生提出的疑问做出解释的义务。教师的教育性体现在教师对于学生来说不仅是知识的传播者、智慧的启迪者，更是情操的陶冶者。教育性要求教师不仅要对学生进行“教”，即知识、技能、经验等的传授，更要注重“育”，即引导学生形成优良的品质、良好的素养。

《中国学生发展核心素养（征求意见稿）》指出，通过学校教育，学生应具备能够适应终身发展和社会发展需要的必备品格和关键能力，形成以社会责任、国家认同、国际理解、人文底蕴、科学精神、审美情趣、身心健康、学会学习、实践创新为核心的九大素养。这些素养以德育为先，能力为重，坚持全面发展，从不同层面说明了学生发展的目标，要实现这些目标，教师必须深刻了解和解读该征求意见稿，从而引导学生实现发展目标，这是教师教书育人特征在当下的教育教学中的具体体现。

二、示范性

示范性是教师职业的显著特征。示范性是指教师是示范性的源泉，教师的一举一动都对学生有榜样和示范的作用和影响。俗语中的“师者，人之楷模也”“学高为师，身正为范”等都是对教师职业示范性的描述。教师职业区别于其他职业的最大特点是教师除了借助于教具之外，其本身的言行举止直接影响并作用于其工作对象。教师是学生最直观、最有教育意义的模仿对象。不管教师是否意识得到，学生都会观察、模仿其为人处世的方式和态度。因此，教师的言传身教对学生良好的习惯、品格、情操、人生观乃至世界观的形成都会产生潜移默化的影响。

教师示范性的特点在中小学阶段尤为显著。心理学中的向师性现象是教师示范性特征在该阶段的重要体现。其主要表现为学生会因为喜欢某一门课程教师而喜欢该门课程，并在该教师讲授的课程中表现出极大的学习兴趣和强大的学习动力；同样，学生也可能因为不喜欢某位教师而不喜欢某门课程，从而对该门课程丧失学习兴趣。在具体的研究调查过程中，曾经有一位大三的学生分享了自己的经历：在小学，他特别喜欢数学，但是由于他指出了数学老师黑板上的错误，老师用红色的粉笔在他的脸上画了一个大写的“×”，从那以后他再也不喜欢上那个老师的课了，并对数学开始厌恶起来，这就导致了他偏科，以致在考试中没有考好。

每一个孩子在第一次跟教师接触的时候，都认为教师是他们心中的天使，教师在日常的教育教学过程中，通过自己的言行，不断修改着自己在学生心目中的形象，或者更加美丽，或由天使变为恶魔。这就要求教师要具有良好的人格魅力，以良好的学养和德行影响学生，从而赢得学生的尊敬和信赖，对学生的人格塑造、志趣培养形成正确的引导，促进每个学生的发展、成长。

三、专业性

一般认为，作为专业人员应具备八个标准：运用专门的知识和技能完成本职工作；专业成长过程中有较丰富的知识储备和较长时间的专业训练；所从事的工作是社会可持续发展不可或缺的；工作对象是社会中大多数人，有责任感；有自己的职业道德规范；必须通过持续的学习和继续教育来保障自己的专业地位；专业人员要在自己的工作岗位上拥有自主权，并能进行自主管理；有相对高的社会评价。教师是一种需要经过严格训练并持续学习、训练才能获得并维持专业知识和专门技能的职业。教师的专业性是教师完成教师使命所需要的重要特征，是教师不断由合格教师走向卓越教师的重要因素，也符合专业人员应具备的标准。

教师的专业性通过专业知识、专业能力和专业品质三个层面表现出来。专业知识是指教师这一职业所需要的专门的综合性知识。它具体包括教育知识、学科知识、学科教学知识及通识性知识。教师的专业能力是指教育教学能力，具体包括语言表达能力、知识组织能力、获取和处理信息的能力、更新教学方法和提升教学艺术的能力、课堂内外的组织管理能力、教育教学过程中的人际交往能力、利用现代教学手段的能力，以及制作课件的能力在内的教学设计、教学实施、班级管理与教育活动、教育教学评价、沟通与合作、反思与发展等六大层面。需要指出的是，随着社会发展和教育现代化的发展，作为对教师“教什么”专业知识和“怎么教”的专业能力的要求会不断提升。教师的专业品质是教师专业精神的体现，它包括专业理念与师德两大层面，具体体现在对职业的理解与认同、对学生的态度与行为、对教育教学的态度与行为，以及个人的修养与行为上。

四、创造性

教师职业的创造性源于教师劳动对象、工作环境的特殊性。

首先，教师劳动的对象是鲜活的，有着不同背景、不同兴趣爱好、不同能力、不同气质和性格，甚至不同文化的个体，而且这些不同总是处于不断的发展变化过程中。教育教学是双向的、相互促进的过程。这就要求教师要根据学生的发展、变化去进行探究和发现，创造性地探究教育规律，寻找适合自己学生发展的策略，从而促进学生的成长成才。在教育教学过程中，教师不是简单地、机械地、一成不变地执行教育方针和教育培养目标，更不是照本宣科地诵读教材，而是通过发挥自己的主观能动性，将教材的内容在解读的基础上进行创新，把自己对教育方针和培养目标的理解贯穿于教育教学过程中，针对教育对象的不同特点来选择最有效的方法和途径来实现教育目的。在这种以教育对象为目标，不断地分析、解读、制定、筛选、决定的过程中，教师因事、因人、因时、因地制宜地创造和创新，这些都是教师职业创造性的具体体现。

其次，教师工作环境的特殊性也是教师职业必须具有创造性特征的重要原因。社会及社会分工的发展、知识经济的到来，尤其是信息技术的发展与教育融合都要求教师这一职业要紧跟时代的步伐，随时关注科技发展的动态，了解知识的信息，掌握最新的教学理念，更新教育教学手段，从而使教师的教育教学活动迎合时代要求，符合社会对人才的新标准。而这些不同领域内的创新正是教师这一职业创造性劳动的真实体现。

五、相对独立性

教师职业的独立性是指教师作为教育教学的主体，按照自己的意愿确定教育教学理念目标、教育教学方法并进行教育教学评价。教师职业的相对性是指教师在做出上述决策时必须考虑社会、社区、学校的价值取向。也就是说教师职业的相对独立性是建立在责任的基础之上，要对自己的决策和行为负责，更要对别人的信任负责。随着教育现代化的发展，当下的教师正拥有越来越多的参与学校管理和决策的权利，这也是教师职业独立性的表现。

教师职业的独立性还表现在教师在教育教学改革中对自己所奉行的教育教学理念和实践的坚持和努力。教师教育正经历着前所未有的变革，变革中教师的坚持和努力是一个孤寂、困苦甚至是牺牲个体利益而谋求改革成功的过程。每个教师在这个过程中都会做出自己的选择：有的教师选择不作为，继续采取传统的教育教学方式，推行填鸭式教学和题海战术；有的教师选择观望，采取两条路线走路的战略；还有的教师选择义无反顾地投身于教师教育改革的洪流之中，以教育教学的实践为基础，不断探究素质教育规律和发展学生核心素养的方法和策略，从而促进学生的发展。这种对于改革的态度和行为也是教师职业独立性的最显著特征。当然，教师职业的独立性是一把双刃剑，如何用好，还有待于教师对自己教育教学的反思和纠正。

六、前瞻性

教师职业的前瞻性是由教师教育的特点决定的。教师教育是帮助学生形成未来学习、工作、生活中所需要的能力，即教育教学要为未来而学、为未来而教。教师要在学习借鉴国内外教育教学的理念和实践的基础上，反思当下自己的教育理念和实践，发现不足，及时改善，在思考未来的基础上筹划自我教学行为，使自己已有的发展水平反映和影响未来教育教学的发展方向和理念，这样才能更好地促进行业的发展。

学校能发展的关键因素在于教师。教师能发展关键看教师是否具有前瞻性，即制定和规划近期、中期和长期的教育教学发展目标。学校应当鼓励教师根据自身的知识结构、职业素养和思维方式制定具有前瞻性的规划，形成反映现实、展望未来的目标，即“脚踏实地、仰望天空”的教育教学理想。

七、研究性

研究性是教师这一职业的显著特性。教师只有进行教育教学理论和实践的研究才能掌握教师教育活动的特点、规律和方法，以提升自己开展教育改革探索、校本研修的自觉性、能力和水平，从而为学生全面发展和教育改革进步作出自己的贡献。随着现代学校教育的发展和世界教育教学的交流日益频繁，研究能力将成为考量教师职业能力的重要指标。学校要提升教育教学质量，形成自己的教育特色，不仅仅需要广大教职工的经验，更需要其研究能力。可以肯定地说，各国的教育都在走靠科研、寻思路、求改革的发展道路。教育教学政策不再是领导拍脑门做出的决策，而是依靠研究收集准确的数据，并在分析数据的基础上形成相应的改革方针、政策，从而推动学校的发展。

教师可以通过相应的研究方法尤其是行动研究，通过集合教师、校长及其他教辅人员，收集学校管理体制、教师教学方式及学生学习情况等不同层面的信息，并在收集相应信息的基础上得出相应的策略，增长自己的见识，通过数据反馈的信息对教育教学的实践进行反思，从而改进学校环境和教育实践模式，改善自己的教学方式和学生的学习环境，以提升学生的学习水平。因此，各类学校应当将教师的研究能力融入新教师培养机制和有经验教师的职业发展规划中，使教育教学研究成为职业教师实践中不断促进教师成长的重要因素。这将帮助教师不断研究教育教学中的课程设置、学业评价、课堂管理策略、教学方式及师生交流等重要因素，并使教师在研究中不断创新，从而更好地适应教育教学领域内的变革。

八、互动性

互动性主要是指人与人、人与群体或者群体与群体之间借助语言、文字等符号进行的交互活动、交互影响。教师职业的互动性源于教师职业对象的特殊性。

教师职业中要处理四种重要关系：师生关系、家校关系、同事关系和上下级关系。而存在于这些关系中的不是物，而是活生生的人，这就决定了教师职业必须而且只能在互动中进行。在具体的教师职业生涯中，通过互动，一方面可以实现工作模式和工作策略的交流，提升教育教学质量，另一方面可以促进教育教学中的情感交流，使学生、教师及其他教辅人员愉快地学习和工作，相互间传递正能量，提升工作和职业的幸福感和满意度。

有效的互动是教师提升课堂教学效果和教学质量的有力途径，也是教师处理好四种关系的必备素养。课堂中教师可以组织不同的活动，师生互动、生生互动、不同小组之间的群体互动可以激发学生思维，促进学生思考和学习，从而实现教学内容和教学结构的有效安排和实施；在家校关系的处理过程中，教师和家长定期的互动可以实现信息的共享，从而更好地了解学生的情况，帮助学生及时解决日常学习及生活中的问题，从而建立起家校互信、互通的沟通机制；同事之间的互动可以促进科研、教学的沟通，更好地促进教育教学工作，从而提升学生学习的效率和学校整体的教育质量。

第二节　教师的角色

教师的角色主要是指教师所具有的与其社会地位、社会身份相联系的期望与被期望的行为。从具体来看，教师角色既代表着教师个体在社会群体当中的地位和身份，同时也包含着社会所期望于教师个体表现的行为模式。它既包含着社会、他人对教师的行为期待，也包含着教师对自己应有责任的认识。教师的角色意识在教师教育教学观念中占据重要的核心地位。它影响着教师的心理体验与感受，支配着教育教学行为，从而影响着学生的成长。只有增强教师的角色意识，才能提高教师专业素养，从而促进教师自身专业的发展。结合新一轮基础教育课程改革（简称新课改）背景和国内外具体的教育教学理论与实践，教师的角色应该从以下几个层面进行解读。

一、引导者

教师引导者的角色要求教师以多元智能为理论基础，在对学生的现有知识和能力分析的基础上，激发学生的学习动机，为学生的主动学习提供支架。教师通过及时的鼓励、支持和示范来引导学生学习，使学生学习逐步深入。教师在随着学生自主学习能力增强的过程中，逐步减少干预，培养学生适应未来终身学习应具备的基本的学习思维和学习方法。

教师引导者的角色是对传统教师职业角色的改革。传统教学环境中，教师处于绝对的权威地位：教师是教学内容的组织者、教学过程的实施者、教学氛围的创造者、学生学业成绩的评判者。教育教学是教师个人的独角戏。教师成为教育教学的独裁者。教师通过自己的权威将学生框架于一定的模式中，这种高压下的模式无视学生多样性的能力和需求，忽略学生的感受，剥夺了学生自主发展的机会，扼杀了学生的思考力和探究力，从而让学生对教育教学产生了厌恶的心态。只有改变这种权威课堂，建立起一种引导式的教学模式，才能更好地形成师生之间的平等、互助、共同进步的教学氛围，使教师和学生在探究的学习氛围中体验学习的酸甜苦辣。

教师引导者的角色在当下知识和技能快速发展的大背景下尤为重要。当今世界由于科学信息技术的发展，教师和教室已经不是学生获得知识和技能的唯一来源和场所。学生可以通过课堂之外的，如网络和实体书籍来获得知识和技能，而且这种学习信息获取的速度、范围、内容、渠道在很多情况下已经超出了教师、教室和教材的范围，这就要求教师紧跟时代发展的趋势，做学生的引导者，引导学生如何对海量的信息进行去伪存真的筛选，如何使所学的知识和技能更好地服务于自己的学习和生活，从而促进学生的发展和成才。

二、传递者

教师传递者的角色要求教师发挥“火炬手”的作用。虽然学生的学习方式、学习机会和学习内容随着电子学习、移动学习和其他数字技术得到了前所未有的扩展，但是教师所开展的学校教育的重要性并没有削弱。教师仍然肩负着向学生传递学习方法、学习态度和学习责任等重任，从而帮助学生学会学习、学会做人和学会生存。

首先，学会学习是每个学习者应该获得的最基础、最重要的终身技能。信息时代“知识爆炸”的特点决定了学生在学习教学内容的同时，学会学习成为其不可或缺的一项关键技能和任务。教师要向学生传递学习的技能，帮助学生学会学习。例如，教师要帮助学生了解不同的学习模式及有效学习的基本要素，从而帮助学生建立属于自己的学习模式；教师要帮助学生学会时间管理和制定学习规划；引导学生进行笔记记录并有效地构建、整理和复习笔记；与学生一起探究读书的意义和阅读的技巧，等等。总之，学习伴随我们终身，学会学习是教师应向学生传递的第一种技能。

其次，帮助学习者树立良好的学习态度。学习态度是学习者对待学习比较稳定的具有选择性的反应倾向，是由认知因素、情感因素和意向因素组成的有机联系的统一体。简单地说，学习态度就是解决学生为什么而学习的问题。教师可以通过榜样示范等方式向学生传递正确的学习态度，帮助学生树立积极的学习动机和兴趣，培养坚强的学习意志，从而产生积极的学习效果。

最后，培养学生的学习责任。学生学习责任是在学生学会学习和建立良好学习态度之后，教师要向学生传递的又一个信息，是解决学生在掌握了知识和技能之后对其利用的问题。教师要坚定这样一个理念：如果不能培养德才兼备的学生，那么首先要培养学生的德行。教师要向学生传递这样一种信念：要对自己学习什么样的知识和技能负责，更要对如何使用自己所学的知识和技能及其产生的后果负责。

三、设计者

教师设计者的角色体现在其根据教学目标、学生的特点及现有的教学资源对教学内容和教学过程进行构思的过程中。教师要改变传统教书匠的角色，要把自己变成一个教育教学的设计者，要注重个体的创新精神，要在借鉴和思考的基础上进行创新，努力设计出具有自己特点的教育教学方式。教师在这个过程中，要像设计者一样思考四个基本问题：教学目标是什么？现有的教学方法是什么？如何设计符合现有学生特点的教学方法以便更好地实现教学目标？如何更有效地检验教学效果?

首先，设计者要对自己的教学目标有一个清晰的了解，这样才能使教学设计有的放矢。教育教学的设计具有较为严格的目标规划。虽然教育教学的设计可以多样化，但是要以实现教学目标为最终目的，即人们常说的“条条大路通罗马”。

其次，教育教学的设计要符合学生的特点。教育教学设计的最终目的是帮助学生学习。因此，教育教学的设计一定要考虑所在地区学生的特点。教育心理学的理论和实践表明，不同阶段、不同性别的学生，不同家庭背景、社会阶层、文化背景的学生也会呈现出不同的学习特点和学习需求。例如，游戏教学设计是帮助学生以游戏的方式学习和掌握相应的知识和技能，因此游戏的设计必须具有可行性。游戏的可行性有两个要求：一是游戏规则必须清晰明确、通俗易懂，学生能掌握并知道如何进行游戏；二是游戏必须公平，没有附加条件，以保证所有的学生都能自由、平等地参加游戏。然而在现实中，教师经常因为没有考虑游戏的可行性，设计的游戏太难或太简单或门槛太高，使学生产生厌倦情绪，从而导致游戏教学的失败。游戏难度的正确设定应该是略高于学生整体的知识和技能水平，学生可以通过团体的力量或借助于辅助工具完成嵌入在游戏环节的学习任务，从而培养学生探究、解决实际问题的能力。

最后，教育教学的设计要经得起教学效果的检验和教育教学评价的质量考核。设计不能流于形式，为了设计而设计。教育教学设计的评价要看设计是否实现了既定的教学目标，是否建立在对学生需要、个性特点、兴趣等的分析基础之上，是否反映当下对学生核心素养培养的目标取向。只有满足这些基本的要求，教师才能展现出其优秀设计者的特性。

四、经营者

教师经营者的角色是通过其对教育教学的有序管理体现出来的。俗话说，有什么样的班级经营者，就有什么样的班级，就会有什么样的学生。由此可见，教师作为经营者有着重大责任。在具体的教育教学工作中，不管是新入职的教师还是已经积累了数年工作经验的教师，都必须认识到自己在班级经营过程中应当承担的角色与职责，并不断学习和培养自己班级经营的能力与素养，从而成为一名有效的班级经营者。

优秀的经营者会借鉴人文主义和行为主义的合理因素，对教育教学环境进行掌控和管理，结合适当的惩戒艺术，处理偶发事件，实现教育及课堂教学过程的有序性。在具体的班级经营中，教师可以通过以下理念和途径实现有效经营。

首先，教师要审视自己课堂经营的哲学。一线的教师有时候会发现，一味地对学生进行人文关怀会导致课堂秩序处于混乱和无序之中。因此，有效课堂的经营哲学应该汇集各类哲学思想尤其是人文主义和行为主义的积极因素，来实现学生的有益成长。一方面，教师要对学生施以道德感化和人文关怀，引导和鼓励学生发挥人性中善的本性，实现个性发展，体验成功和温暖；另一方面，要通过一定的规则对其进行教育和引导，激发相关的情感，培养责任感、规则意识和法治意识，帮助其养成良好的行为习惯。

其次，了解有效课堂经营者的行为特征。研究表明，有效课堂经营者一般具备以下共同特征：①良好的班级氛围；②有条理的常规管理规则；③良好、互动的师生关系；④有序的班级秩序；⑤良好的教学技巧及准备；⑥有效的课堂时间管理；⑦明确、有序的活动程序。教师可以对照这些特征，通过不断的学习、反思及实践，提升自身作为经营者的技能与水平。

五、贩卖者

教师角色的起点是培养人的促进者、生命希望的点燃者与培养具有专业知识、公共情怀和社会批判精神公民的社会发展推动者。这就决定了教师是希望和梦想的贩卖者。教育教学现实的复杂性和真实性告诉我们，教师在很多情况下是在对抗无知和绝望。教师要唤醒学生心中的希望和对未来发展的渴望，从而激发学生学习的热情。

在教育教学的实践过程中，教师要从知识的传授者到生命希望的点燃者。教师首先要热爱教育教学、关爱学生成长，享受教书育人的过程；教师要关注不同学生的需要和兴趣，帮助学生建立安全感和归属感，让学生热爱学校，对学校教育充满希望；教师要善于发现学生的优势，鼓励学生自我发展，帮助学生认识到自身的优势，点燃其发展和努力的火苗；教师要抛弃分数导向的教育赢利观，帮助每个学生去体验成功的喜悦，感受努力之后的欢乐。

六、合作者

教师教育的最大特质就是可以参与到一个鲜活、独立生命体的成长和发展中。这一特质决定了教师合作者的角色定位。合作者的角色问题探究涉及素质教育理念和现代教育教学理念在实践中对教师地位的合理评定，其中心是要解决教育教学中的中心地位问题及教师与学生关系是平等还是等第关系的问题，目的是对传统思维中的“教师中心论”和“学生中心论”两种极端思想进行纠正。教师合作者的角色体现在教育及课堂的教与学的构建活动之中，与同事和管理层的校园文化的形成、发展之中，更体现在与家长关系的处理之中。

首先，在具体的教育教学实践中，教师合作者的角色是对教师和学生两者的尊重。两者的地位是平等的，都是教育和学习活动中独立的、有思想的个体。两者的互动合作可以完善学生的人格，培养学生与人合作的能力，形成新的学习方式及知识、技能构成模式，从而形成新型和谐的师生关系，促进学生的学习和发展。教师在相互的平等合作中，不断改进和完善自己的教育教学方式，在教育教学中与学生共同构建内容丰富的教育教学模式，让课程变成一种动态的、发展的、创造的过程，从而使教育教学成为一种享受。

其次，教师合作者的角色还体现在教师同事关系及与管理层互动所形成的校园文化关系中。和谐、互助的校园文化有利于教育教学研讨的顺利开展和教育教学活动的有效进行，而紧张、各自为战的校园文化则会阻碍教育教学活动的顺利开展，从而不利于学生心理的健康发展和学业的进步。例如，在具体的调研中，给同一个班级上课的语文老师和英语老师关系不和谐，只要其中一个老师看到学生在预习或复习另一个老师的课程，就会大发雷霆，甚至惩罚学生，结果学生两门课最终都受到影响。

最后，教师合作者的角色还体现在家校互动中。学生的健康成长和发展离不开学校教育和家庭教育的密切配合。教师要与家长进行平等的、面对面的沟通，分享学校的教育教学理念，解释学校教育教学中的改革发展趋势，赢得家长的支持与合作，形成家校一体、合作共建的模式。

七、反思修正者

优秀教师=教育教学过程+反思修正。反思修正是教师作为教育教学主体对自己教育教学活动的体察，是教师自觉地不断反思与总结教师职业发展的经验，同时传播、发展这些经验，从而促进教育教学发展的活动。教师在教育教学的过程中成为反思者是教师不断审视自己，进行自我总结、自我提高，实现自我发展的必然要求，也是教育教学不断完善的重要方法。教师反思修正者的角色是通过教育教学的具体实践和过程来实现的，是教师专业成长的体现。

首先，教育反思修正能力的养成。教师教育反思修正能力是教师对教育理论知识和教育实践策略的反思与修正，是教师个体教育哲学观、学生观、师生观得以与时俱进的重要途径。教师教育反思修正能力的养成要求教师要注重教育理论与实践的结合，通过阅读先进的教育理论来指导自己的反思，并运用反思的结果来修正自己的教育实践，从而使自己的教育能力不断提升。

其次，反思修正性教学的实施。教学是教师职业生涯中的重要工作之一。要实现教学的有效性，促进学生的发展，教师在教学方法的形成、实施过程中主动构建开放式的反思、修正自我评价体系。教师可以通过教学督导、学生评价、同行听评课等方式，开放自己的课堂，通过形成性评价、总结性评价及发展性评价等不同的评价维度，坚持发现问题—形成策略—解决问题的反思修正路径，不断地发现和探究教学中的问题，使自己的教学能力不断提升。

八、学习者

教师学习者的角色定位源于教育教学活动的动态性、发展性、多元性。联合国教科文组织在《反思教育：向“全球共同利益”的理念转变？》中提出了新的全球学习格局正在形成，学会学习和终身学习的理念从来没有像今天这么重要的论断。教师作为教育教学的组织者和实施者，认识到自身学习者的角色尤为重要。

首先，教师学习者的角色源于教育教学活动的动态性和发展性。教育教学是一种社会实践活动，其内涵是随着社会的不断变化而变化、发展而发展的。教师要真正地理解和有效地实施教育教学，就必须随着时代的发展去学习、了解社会的发展对教育教学提出的新要求、新观点和新常态，在持续的学习过程中发现问题、解决问题，并不断尝试用新的方式去创新教育教学。只有这样才能对教育教学做出符合时代的认识与理解，并指导自己的实践。

其次，在新的知识、能力体系下，教育教学所面临的挑战是教会学习者如何学习，如何理解他们每天面临的多元化信息，鉴别可靠的来源，评估信息内容的可靠性和有效性，质疑信息的真实性和准确性，并将相关的信息与自己已有的和未来要探索的内容联系起来，这一切都需要学习。而教师要教会学生学习，自己首先要学会学习，做一个学习者。终身学习在教师角色中不再是一个理念，而是一种需要身体力行的行动规则。

第三节　教师的职责

教师的职责是什么？如何才能成为称职的教师？每个教师尤其是新教师经常会问自己这样两个问题。由于教师教育工作的复杂性和特殊性，这两个问题看似简单，不同的教育者和学者却往往给出不同的答案。本节的目的不是对教师的职责做出范围界定，更不是要试图对教师职责做出教科书般的解读。相反，本节旨在向读者介绍一些实践中教师比较认同的教师职责，与他们共同构建自己认同的教师职责的含义与范畴。

一、认识自己，了解学生

教师的首要职责是认识自己，了解学生。只有认清自己，教师才能更好地完成教师教育角色，帮助学生发展和成长；同样，只有了解学生，才能更好地实施差异性教育教学方法，从而实现教育教学的目标。

（一）认识自己

认识自己是任何人职业生涯能够快速步入正轨和发展的第一步，教师职业也不例外。认识自己可以提升自身对于教师教育行业发展的判断，抓住行业发展的机会从而提升自身综合素养。很多教师尤其是新教师在教师职业生涯开始的时候，根本就没有时间来认识自己，了解自己对教师教育职业的感受和认同。教师认识自己的过程中经常会面临以下几个问题：①我是谁，即自我身份的认同问题，②我作为教师的优势和不足是什么，即教师的自我反思问题；③我作为教师的驱动力是什么，即自我动力问题；④我作为教师的价值在哪里，即自我价值问题。对于这些问题的不同回答会影响教师对教育教学过程中自身职责的认识和履行，更会影响教师对教育教学过程中所面临的不同挑战的应对策略。

对自我的认识不是与生俱来的本领，需要在具体的实践中学习、体会。一般情况下，教师可以采取以下四步来尝试自我了解。

1. 了解自身的性格特性

与其他职业一样，教师在成长和发展的过程中，会有来自其他人（学生、同事、学生家长、学校领导等）对自己的评价。但是这些评价有时候并不能全面、真实地反映教师个体的性格特征。教师要在自己独处的时候去思考自己的性格特征：自己究竟是什么样的性格？在学生、同事、领导等出现的公共场合中，自己想要呈现出什么样的自我形象？这种形象是自己想要展现的吗？自己在面临挑战和奖赏时，内心是怎么想的？对这些问题的回答可以帮助教师更好地了解自己。

2. 了解自己的价值取向

教师自己可以在纸上依次列出在日常生活和工作中会影响自己的决定或做出决定时要进行取舍、妥协的价值取向和准则，哪些是自己不能妥协的准则，哪些是自己可以妥协的准则。教师在解读自己价值取向时可以问自己以下问题：这些价值取向是自己真诚、真实、合乎现实的回答吗？这些价值取向可以变化吗？这些价值取向是否会对周围其他人产生不利影响？会不会影响到自己的发展和成长？在思考这些价值取向时，是否考虑到忠诚与优秀、雄心与责任、创新与提升的不同关系？

3. 了解自己的身体状况

良好的身体状况是履行任何职责的必备条件。教师职业要求教师有敬业和奉献精神，这就要求教师要对自己的身体状况有足够的了解。这里的身体状况包括身体和精神两个层面。教师要合理安排自己的工作、家庭、生活三者的关系，避免出现长期超负荷工作而导致的亚健康状态。要合理地调整自己的状态，以积极和乐观的情绪去感染学生，传递正能量。

4. 了解自己的梦想

每个人都有自己的梦想和追求自己梦想的权利。梦想是人们对于未来生活的渴望，是人们自我存在的价值所在和个体引以自豪的动力。成为一名光荣的教师一直以来是每一位教师的职业理想。教师要了解自己的梦想，孜孜不倦地朝着自己的梦想努力，从而为教师职业增光添彩。

（二）了解学生

教育教学工作不仅仅是简单地将知识和技能传递或者灌输给学生，相反，教育教学工作是教育工作者与学生之间通过互动来实现的。在很多的教育教学场景中，教育者往往会发现这样的情况：在相同的教师、教学内容、授课方式和授课时间下，学生所取得的学习效果大相径庭；有的学生总是想学习新的内容，而有的学生却不愿上学；有的学生总是主动地学习，做额外的课后作业，而有的学生却一点课后作业也不完成。教育者要对这些现象进行解读，改善教学和学生学习现状，就必须通过不同的方式和方法来了解学生的个体差异，了解他们的经历和学习历程，了解他们的家庭状况，从而更好地促进学生学习。

同时，多元智能理论（图 2-1）也是教育工作者应当了解学生的重要理论依据。多元智能理论认为，在人的成长和发展的过程中会形成不同种类的智能，并且不同的人的智能结构会呈现出多样性。通常情况下，每个个体会在一两项智能方面表现得特别突出，而其他智能层面较弱或者很弱。教育工作者应当摒弃传统的以智商（学习成绩或者考试成绩等）作为评价学生的唯一标准，在多元智能理论的指导下，全面地了解学生、理解学生不同的学习和发展特点，将每个学生都视为可塑之才，从而正确地引导学生，促进学生的个性发展。

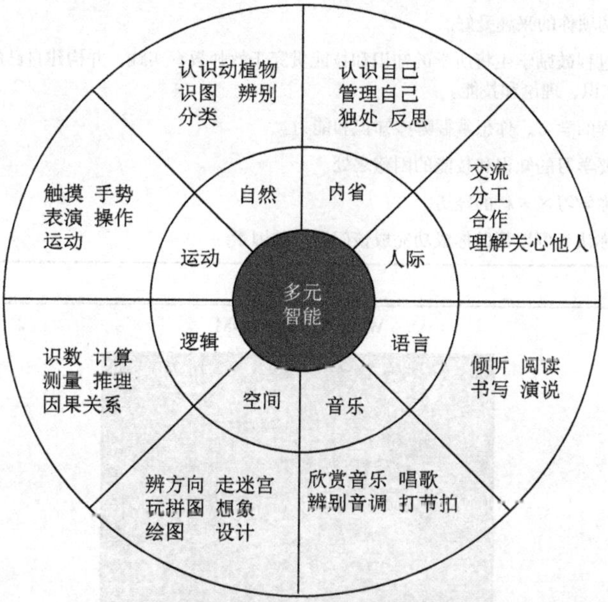

图 2-1 多元智能结构示意图

教师教育者在日常的教育教学工作中，可以采取以下方式来了解学生。首先，教师教育者可以采用填空的形式来了解学生的基本状况（图 2-2）。教师教育者可以根据自己学生的年龄及心理特征来设定不同的填空题从而达到了解学生的目的。其次，教师教育者可以让学生填写学生信息表（表 2-1）。信息表内容可以由基本信息，如姓名、联系方式、学习习惯、学习方式、学习兴趣、学生建议等内容组成。通过信息表的填写，教师教育者就可以对学生的基本状况有一个很好的了解，从而进行有目的、有计划的指导。最后，教师教育者还可以通过诗歌、散文、绘画等不同的形式让学生来介绍自己（图 2-3）。

请完成下列句子：

我喜欢这门课是因为______。

在______情况下，我的学习效率最高。

我认为老师会喜欢我做________，因为_______。

我希望老师________，因为___________。

我希望老师不做__________，因为______。

图 2-2　填空形式了解学生

表 2-1　学生信息表

姓名:___________性别:___________ 民族：________联系方式:________

1. 请至少列出两项你的兴趣爱好。

2. 本课程的全过程鼓励学生将所学的知识和技能贯穿于教师教育实践，并构建自己的综合素养。请分享你所感兴趣的相关知识、理论和技能。

3. 通过该门课程的学习，你想掌握哪些知识和能力。

4. 分享你对将要学习的知识和技能的困惑之处。

5. 请简要描述你学习××科的经历。

6. 请列出其他你认为可以帮助你成功完成该门课程的因素。

WHERE I'M FROM

I am from a farmer's house.
Hills covered by apple trees.
Creeks wondering around far to the remote.
From Chenjiayao.
A diligent, happy and loving family is where I'm from.

图 2-3　诗歌形式了解学生（英语课）

I am from a medium-size city.
Blessed with rich natural resources.
Producing apples, pears and peaches.
From Yantai.
Home of fruits is where I'm from.

I am from a big province.
Being a pivotal cultural and religious site.
Counting on education.
From Shandong Province.
The center of Confucianism is where I'm from.

I am from a nation with one of the world's oldest civilizations.
Treasuring our traditions, learning from outsiders.
And be ready for the challenges.
From China.
The amazing wonderland is where I'm from.
If you did family research, and dug deep into my genes, you'd find diligence and happiness, courage and ambition, and much more.
That's where I'm from.

图 2-3　诗歌形式了解学生（英语课）（续）

上述不同了解学生的方式最大的特点是在保护学生隐私的情况下了解学生。由于采用的是书面形式，学生就会脱掉“保护衣”，为教师提供真实的信息，从而为教师教育者制定不同的指导意见提供有效借鉴。

二、培养学生对社会责任感、人际关系的理解

今天的学生的社会责任感和道德水平将决定未来的社会形态和人际关系。教育教学应该超越单一的学术水平的追求，去帮助学生提升个体和社会责任感，强调人与人之间的关爱、尊重及友善，从而达到较高的道德目标。学生社会责任感的缺失和人际关系的紧张是世界各国教育所面临的共同问题。校园欺凌、校园暴力，甚至是校园枪击案的出现都是该问题的具体呈现。要培养具有社会责任感、能够有效处理人际关系的公民，教育者的角色不可或缺。因此，培养学生对社会责任感及人际关系的理解是教师的重要职责之一。教师应当思考怎样能够在教育教学中创造一种培养学生责任感和处理人际关系的氛围，以及怎样处理责任、品格发展和教育之间的关系；教育教学应该怎样将道德的内容包含在内，在帮助学生学习的同时，帮助他们观察、思考、践行那些能够推动社会发展，形成良好的道德品质和公民责任的世界观、人生观和价值观。

在具体的教育教学中，教师首先要鼓励学生阅读有关社会责任感和有效处理人际关系的书籍，并进行讨论。在读书的过程中，首先，教师要引导学生透过现象去看本质，从有意义的读物中提出发人深省的问题，从而升华学生对责任感的认识，将人际关系的处理上升到道德层面。其次，教师应该鼓励学生对过去和当下最棘手的社会公德和责任感的话题进行公开的讨论、辩论。很多时候，公众对于社会中存在的不道德、缺乏责任感的行为虽然有所知晓，但是常常采取无动于衷、明哲保身的态度。选择性沉默、回避真相往往成为群体性的行为。通过公开的讨论和辩论，教师和学生对相应的社会现象进行审视，从而减少或防止违背责任感的行为。

三、与家长合作

与家长合作是每一位教师在教育教学工作中的重要职责之一。在现实的教育教学实践中，教师与家长的合作主要是通过家校合作的方式来展开的。研究表明，教师与学生家长的合作不仅是提高学校教育质量和提升家庭教育的重要保障，更是现代学校制度和教育制度的重要组成部分。诚如苏联著名的教育学家苏

霍姆林斯基所指出的“没有家庭教育的学校教育和没有学校教育的家庭教育都不可能完成培养人这样一个极其细微的任务”。通过教师与家长的密切配合，共同培养孩子的教育目标就可以顺利地实现，反之，就会导致学校教育与家庭教育的脱节，甚至对立。

在具体的与家长合作的过程中，教师要注意以下几个层面的问题。首先，教师要认识到与家长合作的重要性。教师与家长的合作不仅是现代教育管理制度的要求，也是国内外教育教学的重要经验，是各国政策甚至法律所规定的。例如，我国的《基础教育课程改革纲要》及《中华人民共和国义务教育法》中均有对于家校合作的规定。前者指出，要建立教育部门、家长及社会各界有效参与课程建设和学习管理的制度；后者指出，在教育教学过程中，学校、教师可以对学生家长提供家庭教育指导。美国的学者也提出学校、家庭、社区三者相互结合使家庭、学校、社区、教师、家长和孩子都从中获益。第四十四届国际教育大会颁发的《综合行动纲领》中也发出“采取措施以鼓励家长参与学校各项活动”的倡议。其次，教师要认识到，在合作的过程中，双方的地位是平等的。教师与家长地位的平等性是教师与家长建立互信、沟通渠道的基本前提。这就要求教师和家长各自做好自己的角色工作，而不是混淆教师和家长的角色，相互“跨界”工作。实践中不难发现，很多情况下，教师在做家长的事情，而家长在干老师的活。教育不等于取悦，教师与家长应形成互相尊重、相互借鉴的平等关系。例如，教师在教育教学过程中，不能当着学生的面指责家长，而家长也不能当着孩子的面指责教师。最后，在合作的过程中，双方要通过学校搭建的平台，及时沟通和交流，建立互信，形成教育教学的正向合力。教育教学的有效性取决于学校家庭教育的一致性，如果缺乏一致性，学校的教育教学不可能顺利实现。

四、提供和接受书单

多读书、读好书是学生学习成长的最佳方式之一。学生只有自觉地去多读书，读各个领域的书，才能为自身的修养和素养的形成与发展提供长足的储备和动力。在读书的过程中，学生会发掘生活的乐趣和意义，会感受人情的冷暖，会通过书中的世界去思考。当他们的一些想法和感受被书中的思想唤醒时，他们的另一个世界可能就会被打开。当下，学生群体中出现的功利化读书倾向和简单的刷微博等读书方式值得引起教育者的关注和思考。优秀教师应该是喜欢阅读并能够推荐帮助学生成长的书目给学生的，让他们从中受益，从而引领学生的发展。

教师应当针对学生发展的不同阶段适时地给学生推荐适合他们年龄、心理特征的书目，并通过举办读书会、读书俱乐部等不同形式来讨论、分享学生们所读过的书，从而激发学生从阅读中学习、在阅读中分享的兴趣。

在为学生开具书单的同时，教师也可以要求学生将自己阅读过的书目向教师推荐。这种接受书单的方式，一方面可以帮助教师了解学生感兴趣的读物，从而更好地引导学生的阅读兴趣；另一方面可以丰富教师自己书架上的图书数量并提升质量，从而更好地服务于学生。从具体的教育教学实践来看，当学生意识到自己推荐的书目得到老师和同学们的认同时，会更加地激发其读书的兴趣和动力。

五、赋予课程以生命、学科以意义

教育教学是师生交往互动、共同发展的过程。在这个过程中，教师面对的是一群年轻人，而不仅仅是一门学科或者知识的接收者。这就要求教师应当以学生发展的促进者和引导者的身份设计教育教学的方法和策略，创设引导学生主动参与教育教学情境，促进学生主动地、富有个性地学习和发展。而这一切要求教师在备课的过程中赋予课程以生命、赋予学科以意义，使学习和知识生命化、生活化，让课堂充满生命力。

教育教学要贴近学生的生活，关照年轻人的生活和梦想，让他们感受课程和学科的魅力。教育教学正处于一个极具挑战性的时代，以教师为中心、以“讲”为主要方式的课程设计已经不能满足学生的需求，在很多情况下还会受到学生的挑战。这就要求教师一方面要贴近学生的生活，使课程和学科能够满足学生多元化、多背景的日常生活，另一方面要提出一些具有争议性的问题，推荐一些具有争议性的书给学生看，引发他们的思考和讨论，从而深受启发，更加认真地思考和生活。

六、创造安全的环境

创造安全的教育教学环境是每个施教者的重要职责。这里的安全包含两个层面，一是教育教学实体环境的安全，二是学生心理上的安全。

教育教学实体环境的安全是指教育教学环境应当为学生的人身、财产安全提供保障，保障其不受到威胁，没有危险、危害及损失。教育教学实体环境的安全是学校安全工作的重要组成部分。它决定着学生能否安全、健康地成长，更是学生心理安全的前提和基石。

学生心理上的安全是指学生应当感受到教育教学环境是充满温暖和关怀的，学生在相应的教育教学环境中能够寻找到归属感，体会到成就感。学生在与同学和老师的交流过程中，不会因为自己分享的故事和经历而遭受同伴或者教师的嘲讽和苛责。检验教学环境是否为学生营造了安全的心理环境有一条非常简单的原则：学生在回答问题或分享自己的观点时，是否需要考虑“如果我回答错了怎么办”这样的问题。如果学生需要考虑这个问题，那么就说明该环境是不安全的。教师在教育教学中应该帮助学生形成尊重和倾听的习惯，帮助学生秉持兼容并蓄的态度，积极寻找其他同学身上的闪光点，在学生中营造一种聆听、关爱、互助的氛围。让学生明白大家聚在一起的目的就是相互帮助，共同解决生活和学习中的困难。

七、树立法治理念

法治理念在教育教学中的贯彻实施是现代教育制度的重要保障和体现。依法执教是依法治校在教育教学过程中的具体体现。依法治校，即教育的全部活动都应当符合教育法律的有关规定，所有的教育法律关系的主体在从事各类教育教学活动时都应当遵守或不违背教育法律的规定和精神。依法治校是我国适应教育改革和发展的新形势，提升教育管理水平与效益的重要举措，也是依法维护学校、教师、学生各方合法权益，有效处理师生关系、生生关系、家校关系、同事关系、教工与管理层关系的重要尺度，更是实现教育现代化的重要标志。

依法治校要求教帅及教育管理者牢固树立依法办事、尊重章程、法律面前人人平等的基本理念，建立公正合法的制度与程序，保证学校的各项活动都符合社会主义民主法治、自由平等、公平正义的要求，形成教师依法执教、管理者依法治教、家庭及社会依法支持和参与学校管理的格局。同时，学校要在多媒体、自媒体的环境下，增强运用法治思维和法律手段解决学校改革、发展及日常治理中出现的问题及矛盾，全面提升学校依法治理的能力和水平。依法治教还要求全面贯彻和落实师生的主体地位，大力提高自律意识、服务意识，依法落实和保障师生的各项合法权益，积极建设法治校园。

随着我国社会经济的发展，社会主义政治文明和民主法治的发展和推进，依法治国理念的提出，以及 2014 年 10 月党的十八届四中全会通过的《中共中央关于全面推进依法治国若干重大问题的决定》的实施，为我国各领域的依法治理提供了顶层理念设计。在 2003 年《教育部关于大力加强依法治校工作的通知》的指导下，各级各类学校开始探索全面推进依法治校、加快建设现代学校制度的有益尝试。在过去的十多年的探索过程中，成就与挑战并存。一方面，各学校依法办学和依法管理的意识和能力得到提升；另一方面，一些地方和学校对依法治校的理念和认识还不到位，学校管理者和教师运用法律手段保护自身权益，依法对学生实施教育与管理的能力、意识还存在不足，教育管理者的“权”本位还未转移到“法”本位，对学校治理的法度还缺少必要的敬畏，在现实中还存在人治等阻碍依法治校理念及改革深入发展的因素。在此背景下，教育部于2012年再次印发《依法治教实施纲要（2016—2020年）》的通知，提出到2020年形成系统完备、层次合理、科学规范、运行有效的教育法律制度体系，形成政府依法行政、学校依法办学、教师依法执教、社会依法评价、支持和监督教育发展的教育法治实施机制和监督体系，从而促进法治校园、和谐校园的建设；教育部门领导干部、校长、教师法律素质与依法办事能力显著提升，在全社会遵法守法的进程中发挥表率和模范带头作用。国家依法治教的顶层设计为各级各类学校依法治教提供指向，各级各类学校应当在日常的管理中呼唤法治理念的回归。

八、脚踏实地、仰望天空

脚踏实地、仰望天空从本质上是探究教师是如何把握教育理想和教育实践的问题。教育理想是无垠的天空，代表着希望，是教育者前行的动力；而教育实践是广阔的大地，代表努力的方向，需要用敬业与奉献来耕耘。

随着科学技术及经济的发展，教育领域内出现了消费主义、实用主义、功利主义、技术至上主义等思潮。于是现实的教育教学过程中，经常会遇到的问题是“教师需不需要有教育理想”。我们认为教育教学是需要信仰的事业，它是一种具有崇高使命感的诉求。古往今来，真正的教育者都怀揣着对教育的信仰，探索着教育教学的本质，为教育事业的发展奋斗终身。因此，教育理想是每个教育者都应具备的品质，是每个教师的基本职责之一。教师只有树立崇高的教育理想，才能成为“不安分”的思考者，去思考自己的教育教学工作，从而产生强烈的冲动、愿望及使命感，不断地给自己的教育教学工作寻找不足，思考新的方法和策略，在不断的革新之中寻求教育之乐、教育之美。有教育理想的教师不会被一时的教育改革和教育中出现的不完美状态所打击，而是会以积极的生活态度和生存心境去面对失败和挫折，在不断的学习和探索中追求卓越。

仰望天空不意味着盲目自大，或是不切实际的空想，而是要脚踏实地。这个实地是教育者面对的教育教学的现实，是学生的真实现状，是要把握教育的症状，对症下药，这就要求教育者要分析自己的学生，了解具体的教育现状，分门别类地开展教育教学工作，做到不脱离当时当地的教育实践。这就决定了每一个教育者不能想当然地照搬照抄别地、别国的经验，而应当以研究者的态度审视每一次教学改革和教育探索。要从学生出发、从教育的实际情况出发，不盲目、不迷信、不想当然地顺从，而是有学习、有思考、有借鉴、有反思，在思维的碰撞和智慧的交锋中不断前行。

第四节 由合格到卓越

一、卓越教师的国际启示

卓越教师培养计划是世界各国教师教育体系不断完善，教师教育改革持续推进，教师培养质量和水平得以提升的进程中，为了解决具体教育教学实践中出现教师适应性不强、教育实践质量不高、教学质量下滑、师资队伍薄弱等问题而提出的引领性、示范性的，体现教师教育最新价值取向的一种培养计划。卓越教师的培养依托于高质量的教师教育，教师教育质量的高低取决于是否有良好的教师教育政策、培养方式及评价标准。随着全球化的不断深入及国际竞争的持续扩大，世界各国都纷纷提出要适应国内外经济社会发展的总体要求，培养一批信念坚定、基础扎实、能力突出，能够适应和引领教育教学改革的卓越教师，全面提升教师培养质量，从而提升本国的竞争力。因此，对于卓越教师培育的研究可以促进教师教育理念和实践的发展及提升。

卓越教师培育的价值取向不仅是世界各国及国际组织对培养什么样的教师、如何培养教师及教师培育质量的重要指标和依据，体现了教师培育的基本理念和实践过程，而且也是相应国家和组织在审视自身教育、地区教育乃至全球教育的基础上，经过反复论证和修改而形成的体现现行经济、社会发展对教师教育总体要求的纲领性的文件。本节通过对芬兰、美国、欧洲联盟（简称欧盟）及经济合作与发展组织（Organization for Economic Co-operation and Development，OECD）教师培育文件的分析和研究，从师范生的入学标准、准教师的培养、教师资格的认证、卓越教师评价指标等层面总结出卓越教师培育国际层面的路径及趋向，以期为我国正在进行的卓越教师的培养提供理念和实践层面的借鉴。

本节采用定性研究中实物分析的数据资料分析方法来探究卓越教师的价值走

向的国际标准。实物分析是研究者通过对与研究对象相关的实物资料如文字材料、实体物品等进行收集，然后将其作为研究的证据加以分析，以获得相关信息的一种定性研究方法。该研究主要通过对卓越教师培养的政府文件、区域性及国际性组织发布的报告进行分析和解读，从而探究卓越教师培育的发展路径及取向。

根据研究资料的可获得性和样本的代表性原则，我们以芬兰、美国、欧盟及经济合作与发展组织的体现卓越教师培育层面的文件为研究样本（表 2-2）。样本的选择体现了多元性和层次性，样本中芬兰是从教育体系的有效性进行选择的。芬兰教师标准入选是因为其教育体系的有效性。在教育体系的有效性的全球排名中，芬兰一直以来都位居全球教育前列，并且芬兰的基础教育在国际学生评估项目中成绩斐然。美国作为当今世界最发达的资本主义国家，其教育政策及教师教育的价值取向一直受到其他国家的关注。因此，其卓越教师培养也是研究样本的重要组成部分。欧盟作为区域性的重要组织，教师培育的趋向体现了欧洲的动向，也是其入选本次研究样本的原因，而联合国教科文组织作为全球重要教育政策和方向研究、报告发布的组织，其相关的价值取向为本次研究提供了全球化的视角，该独特的视角也是其成为研究样本的重要原因。

表 2-2 研究样本的信息概览

样本	实物名称	国家/组织	入选原因
1	芬兰教师标准总纲 （Towards Quality Teacher Education in General）	芬兰	教育体系有效性排名高居全球前列
2	美国国家教学专业标准 （National Board for Professional Teaching Standards，BPTS）	美国	最发达国家
3	欧洲教师能力和资质的共同标准 （Common European Principles for Teacher Competences and Qualifications）	欧盟	区域性组织
4	建设高质量的教师专业：来自世界的经验 （Building a High-Quality Teaching Profession: Lessons from around the World） 培养 21 世纪教师及学校领导 （Preparing Teachers and Developing School Leaders for the 21st Century）	经济合作与发展组织	国际性组织

在遵循教师培育基本逻辑的基础上，我们对样本中各国及国际组织卓越教师的相关文件在师范生的入学标准、准教师的培养、教师资格的认证、卓越教师的评价等方面进行解读的基础上，透析卓越教师培育的基本价值取向。首先，初步分类，对各国及国际组织的教师教育体系的各自特征进行解读，以核心词的方式归纳出政策文本所呈现出的具体特点。其次，简单编码，对所呈现出的具体特征分别进行编码得出更高一级的编码。最后，进行归类整理，在坚持卓越教师专业素养构成是全面、动态、开放及发展的基础上，按照教师专业素养发展的规律进行编码，并对简单编码中的特征进行归类整理，从教学、研究及个体素养等层面构建出卓越教师发展路径基本指标的信息库。

研究结果显示，通过实施卓越教师计划，全面提升教师质量，从而支撑和引领本国教育质量已经成为世界各国及国际组织的共识理念。当前各国及国际组织卓越教师的发展路径和走向虽有一定的侧重点，但是也体现出以下几个层面的共性。

（一）卓越教师法律、政策改革的常态化趋向

各国及国际组织对建设高质量的教师队伍有着迫切的要求，纷纷出台不同的政策文件，在教师教育发展的不同阶段和层面，以追求卓越进行教师教育法律政策的顶层设计，并以可持续、动态、国际化的视角实现教师教育发展理念和路径的常态化，从而为教师教育的发展提供政策保障。芬兰政府于 1995 年通过《基础教育法》统一中小学教师的入职标准并对教师教育质量提出了高要求。例如，规定中小学教师必须具有硕士学位。同时，芬兰的《教师教育发展计划》中强调了教师选拔的性向测试，以提升教师的能力、积极性和责任感。美国政府为了提升教师的质量，实现其以国际教育构建国力的目标，先后实施了《不让任何一个孩子掉队法案》（No Child Left Behind Act）、《每个孩子都成功法案》（Every Student Succeeds Act）及“让所有人拥有优秀教育者”（Excellent Educators for All Initiative）项目。其中，《不让任何一个孩子掉队法案》因为其通过严厉的教师教育问责而提升教育质量而被称为“有牙齿”的法案。

欧盟作为区域性的组织意识到高素质人才对欧盟发展及其一体化进程的重要性，在教师教育领域内不断进行改革，先后通过《欧洲教师能力和资质的共同标准》《欧盟教师教育课程》《反思教育：社会经济的更好发展所需要的能力》等政策文件，对教师质量、教师教育课程、教师专业发展、教师评价及教师教育的改革都做出了具体的规划。例如，《欧洲教师能力和资质的共同标准》对教师的

职业标准和核心能力培养都给出了具体的建议。

经济合作与发展组织作为国际性的经济组织，近些年来也通过发布关于教师教育的政策性文件，对成员国及合作伙伴的教师教育的改革和创新提出指导。例如，该组织在 2011 年发布的《建设高质量的教师专业：来自世界的经验》中提出了提升教师教育标准、培育高质量教师、改善教师待遇等方针政策，并提出通过分层的问责制来提高教育质量和教育绩效，改善学生的学习效果。

（二）卓越教师培育（养）目标的能力导向

从培养目标来看，样本中的各国及国际组织坚持多轨能力导向，在强调传统的学科能力和教学能力的同时，提出了教学思维能力、教学创新能力及理论与实践的融合能力。例如，芬兰优秀教师培养的目标中强调，培养教师的教学思维，以研究方法的学习为根基，注重研究与探究的能力。最终教师要通过持续不断的学习和实践，能够分析教学环境、诊断学生学习困难，并根据教学环境的变化及学生的需求和学习风格进行教学设计，实施差异化教学。

美国卓越教师的评价目标中，明确指出了五大理念：①卓越教师要对学生的个体发展及其学习尽职尽责；②卓越教师要精通所教科目的知识和技能点，并以最有效的教学方式教学；③卓越教师要对学生学习负责，善于管理和监督学生学习过程；④卓越教师懂得系统地反思自己的教学行为，善于从教学实践中汲取真知；⑤卓越教师要使自己成为学习共同体的参与者。这五大理念不仅涵盖了基本理论知识的要求，还包括实施差异教学的能力、教学实践与学习环境、教学的有效性及教学反思过程等三大层面的能力考核标准。

《欧洲教师能力和资质的共同标准》中，除了提出成员国卓越教师培养文件中的学科能力、教学能力、理论与实践融合能力之外，还提出了通过培养教师的终身学习能力、反思能力、职业发展能力来保证教育教学质量。《欧洲教师能力和资质的共同标准》中指出，有效的教师培育项目应当帮助教师形成反思能力，从而对当下教与学过程中出现的新知识、新技能及文化不同层面对教育带来的挑战进行积极、有效地应对，以更好地帮助学生成为具有自主学习能力的终身学习者。同时，基于欧盟内部国家的多元文化性，《欧洲教师能力和资质的共同标准》还把培养教师互信能力、文化包容能力作为重要的指标进行考核。

经济合作与发展组织作为一个国际性的组织，从其教育组织和研究机构建立以来就强调教师的能力导向。该组织在其报告《建设高质量的教师专业：来自世界的经验》中指出，教师教育必须帮助教师具备以下能力：①精通自己的所教科目；②善于采用多样化的教学方式和策略，帮助学生获得最好的学习效果；③通过团队或者网络形成高度协作的工作方式，研究教育教学；④具备将信息技术融入教学、学生评价及追踪学习过程的能力。另外，经济合作与发展组织在 2012 年发布的《培养 21 世纪的教师及学校领导》报告中指出，21 世纪的教师及学校领导要关注学生终身学习能力和复杂性思考能力的培养。为此，教师的评价标准要从四个大方面进行：①思维方式包括创新、批判思维，以及问题解决、做决定及学习能力；②工作方式，即沟通和协作的能力；③工作工具包括使用现代信息技术和获取信息知识的能力；④生活技能包括公民意识、生活和工作协调、自我及社会责任的培养能力。

（三）卓越教师培育（养）过程的质量走向

研究显示，教师效能是影响学生学习的最主要因素。选择合适的人进入教师培育专业（项目），把适合的人培养成高效能教师，为不同阶段的学生提供高质量的教育是各国及国际组织的共同追求。样本中的文本显示，虽然教师教育的培养组织形式有所不同，但是培养过程中的高质量走向是各国及国际组织实现卓越教师培养目标的共识。

芬兰教育体系是世界范围内最有效的教育体系，高质量的教师团队是其有效性的重要保障，芬兰的教师教育从入学门槛到准教师的培养，再到之后教师的培训都坚持了高标准。首先，坚持严格的师范生入学标准，确保最优秀的人进入教师教育专业中来，严把入口关。在芬兰，学生一般要经过全国范围内和每个师范院校的两轮选拔，而每年申请大学师范生专业课程的录取率为 10%左右。其次，设定科学、务实的教师职业素养培养目标，集研究性学习和教师教育于一体，守住教师职业的出口关。芬兰教师标准中要求中小学的教师必须完成至少 180 个学分和相应学术领域的论文以获取硕士学位。在学位的获得过程中要形成研究导向的教育教学思维模式，以便时刻对教育教学中出现的问题保持敏感性和充分认识，从而不断地在教育教学理论与实践中提高主动思考解决问题的能力，形成良好的学术和思维素养及教育教学哲学体系，从而形成专业的判断和解读。最后，构建需求导向的职后培训项目，促进教师专业的高质量发展。芬兰的职后培训以教师持续学习和研究能力、运用新技术的能力为目标，根据教师的不同需求和教育教学中出现的热点和新挑战而设定不同的培训项目。

美国卓越教师是通过美国国家教学专业标准委员会评定而产生的。评价认定的标准包括专业能力、培育学生、专业精神和社区服务等几个维度，以“促进学生学习发展、教师知识与技能成长、与其他教师协作能力形成”为基本理念。文本分析显示，卓越品质的衡量指标蕴含着“学生为本、重视知识与能力发展、强调合作”的内涵。评价的过程坚持自愿原则，但是申请人必须同时具备以下资质：①申请人必须在申请开始前已经获得学士学位。如果申请者的学士学位是从美国境外的教育机构获得的，那么申请者必须提交相应的材料证明该学位具有同等效力。②申请人必须拥有至少三年的教学经验或心理辅导教师经验。从事行政管理工作（校长等）的服务时间不得计入该项，实习、见习的时间不得计入该项，助教或者作为教师助理的时间不得计入该项，在非基础教育领域内的任教或者心理咨询工作时间不得计入该项。③申请人必须已经合法持有州政府颁发的教师资格证书或心理辅导师证书。

欧盟要求其成员国对于教师的培育过程坚持专业技能与能力的双标准，同时还强调教育见习对于教师成长的重要性。《欧洲教师能力和资质的共同标准》中指出，各国各级教师教育应当将教师职业能力的发展贯穿于教师教育课程的全过程，并且教师从高校毕业之后，要具备学习能力和终身学习的理念，从而不断提升自身作为教师的素养。一般来说，欧盟各国在国家层面上要出台评价教师学科能力、教学能力、理论联系实践的能力及教师质量保证能力的标准，而其他能力标准则由高校或教师教育机构进行制定。同时，作为区域性的组织，欧盟还要求教师要具备多元化回应能力，并要求教师应当具有相应的知识和经验储备，以更好地教育学生具备欧盟公民的意识和能力。

经济合作与发展组织在《建设高质量的教师专业：来自世界的经验》报告中指出，高质量的教师离不开规范和高效的教师教育课程和教师专业发展项目。为此，经济合作与发展组织认为，卓越教师的培训应该从以下三个层面入手：①建设高质量的教师教育课程提升教师的技术和能力；②加强高等学校与中小学的联系，让准教师多进入课堂，了解课堂，以适应新环境、新知识和新需求；③鼓励教师将个体素养的发展与其他教师的合作结合起来，共同提升教育教学质量；④改革教师评价方式及标准，从监测核心转向促进教师专业发展，改善学生学习效果的评价标准——从学生成绩的一刀切转向包括教师态度、行为在内的综合评价方式，从校长等管理层的单一评价主体转向教师自评、家长参评、能力测试等多元主体的评价。

（四）卓越教师培育（养）质量认证的证据取向

证据为本的教师教育意味着教师能够用研究方法或其他系统的方法来获得新

信息。卓越教师培育（养）质量认证的证据取向是指教师能够通过一定的方法来研究教育教学生态环境中所出现的新现象、新问题、新挑战，通过个体或者协作研究提供解决问题的策略和方法。证据取向是教师教学与思考多轨能力的体现。样本中的国家及国际组织通过成长档案袋、实习见习、独立的硕士论文设计、数据收集、分析等不同的方法和方式来呈现卓越教师在处理理论与实践、研发课程、问题处理等方面的能力。

芬兰卓越教师培养证据取向是通过其研究型教师教育的实施来体现的。研究型教师教育要求所有的师范生在其学习的过程中都要开展一项独立的研究，以提升准教师发展理论与实践结合的能力。为此，芬兰在课程设计、教学法的学习、教育实习、硕士论文等不同层面进行了改革。例如，准教师建立个人成长档案袋，记录自己的学习过程和学习结果，最终搭建自己的教学理念和教学观点的基本框架；通过每个单元研究性的学习，全面掌握研究方法，从而去收集数据，最终形成基于研究数据思维的教育教学思想；在教育见习中，准教师要通过阅读文献，与其他准教师及见习教师进行探讨，从而收集相关案例和数据，并通过对数据的收集来评估教学的有效性。

美国卓越教师的最终认定的佐证材料由学科背景的测试和电子档案袋两部分组成，其中学科背景的测试要求参与认定的教师在规定的时间内完成与其所教学生年龄段相对应的主观构建题（每题限时 30 分钟）和选择题（不低于 60 题，限时 40 分钟）。该测试主要供教师了解学生心理成长与学习规律，熟悉学科知识与学科教学法知识，提高融会贯通、实施多元化教学策略的专业能力。同时，参与认定的教师要完成电子档案袋申请材料的递交。电子档案袋由三部分实证材料组成：①学生作业及教师对不同学生作业所采取的不同教学方式缘由的说明书，这一材料用于证明教师具有实施差异教学的能力；②真实的教学影视材料及课程实施的说明书，这一材料用来证明教师如何通过自己的教学影响学生的学习行为和学校效果；③其他的电子辅助资料，辅助资料主要证明教师能够从经验中学习，对教学进行有效反思，在实践中不断学习、研究及提升自己的教学能力。

欧盟在《欧洲教师能力和资质的共同标准》中明确指出卓越教师发展的两个重要依据：①研究和证据导向的评价取向应当成为成员国教师质量提升的重要依据；②追求卓越，以提升欧盟范围内教师资格认证的可信度和透明度，促进互信和交流。为此，欧盟建议成员国从三个层面要求教师提供证据，显示其卓越标准：①定期参加提升专业技能培训；②以课堂为依托，开展研究性导向的教育教学改革；③将专业提升与自身素养发展结合起来。在欧盟成员国内，相应的评价主要通过教师专业发展总结会议、学校评价体系中的教师评价来实施。

经济合作与发展组织对于面向 21 世纪的卓越教师的评价标准源于对其成员的综合考量。尽管各国有不同的标准，但是从相关的文本材料中可以解读出其以证据为本的认证取向。例如，《培养 21 世纪的教师和学校领导》提出了教师应通过不同的方式展示四个层面的认证标准：①开展探究性/研究性教与学的能力；②将评价融入教学的能力；③提升教与学过程中的协作能力；④运用先进信息技术的能力；⑤多元、差异教学能力。这些认证标准都坚持以一线教师的实践为关注点，对教师在具体的教与学环境中不断考证，以证据链为导向，引导教师不断走向卓越。

同时，在对世界各国卓越教师的分析过程中，不难发现，卓越教师享受课堂，乐见教育教学中的困难和挑战，并千方百计地去探究解决这些困难和挑战的方式和方法，在动态中实现教育教学理念和策略的升级、创新。在他们身上，卓越及追求卓越已经成为一种习惯。他们具备以下品质：①不急于对学生做出快速的评判，而是根据他们自身的经验和内在的感受进行综合评判；②倾向于根据教学活动来解读学生各方面的信息；③乐于按照自己的方式安排课堂教学，经常改变常规的教学内容和教学方法；④教学中有很多直觉的成分和即兴的临场发挥；⑤很了解自己的学生，清楚所教学生的类型并知道如何更好地教育这些学生；⑥对自己的教学很自信，同时又很少以自我为中心，而是善于学习，善于总结自己和别人的优秀经验；⑦有明确的意识将学科知识与艺术的教学结合起来，将理论与实践结合起来，成为课堂教学的艺术家。

二、何以卓越：卓越教师发展指标的初步构建

不同国家及国际组织的卓越教师发展路程呈现出多角度、多维度的视角和维度，为我国卓越教师的发展及评价标准提供了重要的借鉴。基于对以上入选本次研究国家及国际组织的文本分析，本书初步从“乐教”“研教”“善教”三个层面提出我国卓越教师发展的指标及实施路径。

（一）改善教师地位，让教师乐教

教师乐教是教师在职业选择和发展过程中实现自我，认同教育和教师本身的价值，并充满热情和动力的一种状态和情怀，是用职业实现生命价值的重要体现。教师乐教源于教师对教师这一职业的认同感和责任感，通过教师对教育教学

的信念、激情与创新得以体现，并最终形成教师教育的幸福感与忠诚感。教师乐教是卓越教师的应有之义，即他们不仅仅是知识的贩卖者，而且将教师教育作为一生的事业，具体体现在两个方面：①自主探究，卓越教师能够发现教育教学工作的意义与价值，对工作充满了热情，积极主动去探究教育教学中出现的问题，并不断通过教育教学创新去寻求解决问题的方式和方法；②自我发展，卓越教师对自己有充分的了解，对个体的职业发展有目标、有方向，不断地创造条件来完善自己，通过不同的学习途径来提升自主发展的能力。

教师乐教离不开教师地位的改善。社会各界要为教师乐教的形成和发展创造适宜的环境，激发教师内在动力。首先，要在全社会倡导尊师重教的理念，促进尊重与信任氛围的形成。诚如芬兰前教育科技部部长克里斯塔·基乌鲁指出的，优质的教育，就应该给教育者充分的信任，信任是芬兰教育公平和高质量的基础。社会、家长要相信教师能够完成教育教学任务，能够帮助孩子成长、成才。当教师职业成为受人尊敬和信任的职业时，就会吸引更多的优秀人才投身教育事业，这样国家就可以招募高质量的教师，从而形成高素养的教师队伍，实现良性互动。其次，赋予教师教学自主权。国家可以制定核心课程教学大纲范围，但是教师教什么、怎么教、用什么教科书都应该由教师根据具体的教学环境和学生的具体特点自由选择。最后，建立有效的激励机制和薪酬制度。一方面，国家要保证教师基本工资制度的合理性；另一方面，要持续不断地奖励那些帮助学生不断取得进步的教师，激励教师不断从合格走向卓越。

（二）优化教师教育培育体系，让教师研教

研教是以研究方法课程为根基，以培养教学反思能力为目标，强调教师在教育教学过程中运用研究方法展开研究，从而实现理论与实践的动态融合的一种培养取向。研教是卓越教师必备的价值取向，是教师专业素养提升的法宝。卓越教师的研教取向包含以下五个层面：①研究学生；②研究教学；③研究教育教学发展趋势；④研究理论与实践的融合；⑤在研究总结的基础上，做出创新决定，形成领导力与示范力。

教师研教能力的形成，离不开教师教育培育体系的优化。研究型教师教育培育体系应当从培养目标、培养内容、培养模式及培养标准四个层面得以彰显。首先，从培养目标的设定来看，要培养教师如何通过研究做出教育教学决定。这就要求教师通过相应的理论学习和实践训练，将研究内化于心，外成于行动，形成善于反思与研究的习惯，通过对研究数据的分析，做出最适合的决定。其次，从

培养内容的设定来看，研究能力的形成离不开具体的研究方法的学习和开展。这就要求教师教育培育体系重视研究方法课的开设，赋予他们能够利用所学的研究方法，设计、实施研究，收集、分析数据，得出研究成果，并将研究成果转化为具体的教育教学实践的能力。再次，从培养模式来看，要强调教师的学习能力和可持续发展的能力。帮助他们形成终身学习的理念，通过讨论、见习、反思、修正等不同的与研究相关的活动，培养教师的思维能力、元认知能力、问题解决能力和理性进行教育教学决策的能力。最后，从培养标准来看，要关注教师理论学习、学科学习、教学实践三个环节的研究能力，引导教师将理论实践化和实践理论化的"实践—研究"的融合能力。

（三）完善教师评价标准，让教师善教

从国际卓越教师的专业评价标准来看，教师善教是重要的指标。以下四个层面应当是善教的应有之义：①学科教学法的知识，即教师将学科知识加工转化成为学生能够理解的表征方式；②教师的教育教学方式应遵循多元、差异的趋向，在关注所有学生发展的同时，促进学生的个性发展；③积极进行教学反思，善于改革完善教育教学；④对团队学习与终身学习理念秉持始终如一的态度。

教师的评价标准是引领教师发展的根本和核心。卓越教师要善教，就要完善卓越教师的评价标准。教师评价体系的构建应当抛弃学习成绩一刀切的评价标准及评价过程中管理主义、科学主义和功利主义等对教师教育评价的困扰倾向，坚持多维度、多主体、多形式的理念，积极促进教师专业发展，改善学生学习效果。多维度是指教师评价可以从不同层面教师资格的获取、教师专业发展的主动性和参与性、教师能力测试等层面进行；多主体是指教师评价可以采用自评、学生评分、管理人员评分、同事之间评分等多种测量方法；多形式是指可以采取教师描述性的质性评价方式，结合教师专业能力发展档案袋的形式，以发展、全面、卓越的思路构建卓越教师的评价标准。

第五节　当代教师的核心素养：追求卓越

教师的素养可以分为基本素养和核心素养。教师的基本素养是指作为教师所具备的基本的素质和修养，是教师成为一名合格教师的基本要求，世界各国都会对本国教师任职资格进行基本的界定。而教师的核心素养是指教师成为卓越教师所应具备的品质和修为。一般来说，教师的核心素养可以从教育观、教学

观、人际关系、个人素养、职业生涯发展、社会责任等六个层面呈现卓越教师的基本特征。

1. 卓越教师的教育观

教育观是人们对教育者、教育对象、教育内容、教育方法等教育因素及其属性和相互关系的认识及教育与其他事物之间相互关系的看法。教育观指导着教育者在教育活动中的方向和目标、传递的内容和方式，更影响着教育目标的最终达成。在教育观的选择上，美国著名的教育学家杜威指出，人们在思考问题的时候总是喜欢走极端，总是对于问题的解决方式采用不是这样就是那样的解决方式，好像没有需要妥协的中间路线。从理论上讲，这样的思维方式好像可行，但是在具体的教育教学过程中，教学环境、教学资源及学生个性的不同，总是要求教育者去妥协，寻找可以促进学生学习、成长的中间路线，即多样的而不是单一的教育教学方式。当下卓越教师的教育观应当具备下列特征：为未来而教，与时俱进的教育理念；坚持以人为本，增加人文关怀，以学生成长为工作中心；教会学生如何学习的方法而非单纯知识和技能的灌输；给学生自我探索的机会而非“大包大揽”地为学生做好一切；为学生设立高目标，给学生以希望，激发学生潜能，帮助学生一步一个脚印地去实现；将不同的评价方式作为诊断学生学习问题、改善教育教学的手段。

2. 卓越教师的教学观

教学观是教育者对如何实现教育目标的方式和方法的哲学思考。学生学习动力的激发和维持离不开教师有效的教学观和课堂教学方式。在现实的教学中，很多教师还延续着“新课标，新课本，旧教法”的现象，出现了教学行为与教学理念不符，甚至是背离的模式，而这些现象和模式严重地背离了当下学生学习、求知的特点，打击了学生学习积极性，从而挫伤了学生的学习动力。教师只有不断更新教学观，以极大的热情思考教学、创新教学，采取有效的教学方式，才能有效地引导和激发学生的学习动力，从而引导每一个学生进步、成长。诚如美国2013年年度教师杰夫指出的，教学需要激情和创新精神。当下卓越教师教学观的品质集中体现在：有效、多元的课堂教学经营模式的创设；充满激情、保持好奇、设置高期待；创设情景，让学生获得真实的学习体验；实施差异化教学策略，让每个学生在课堂教学过程中成为关注对象；等等。

3. 卓越教师的人际关系

教师在教育教学过程中要处理师生关系、家校关系、同事关系、上下级关系、社区关系等。构建和谐、互助、互尊的人际关系是教师成为卓越教师的重要标志。教育是相互联系和相互渗透的，要想促进学生的成长，必须构建家庭教育、学校教育和社会教育三位一体的教育生态理念，实现三者的有机结合。只有整合三种教育形态，使三者紧密结合、相互协调，实现教育在时空上的有效对接，才能更好地满足学生的全面发展和进步的需要。当下卓越教师的人际关系应当呈现出以下思维特点：与学生、家长、同事、校长、社区建立良好的关系；了解学生现状、尊重学生差异、全方位关注学生；重视家校互信关系的建立，引导家长参与到学生的成长教育中；懂得成长与回馈的重要性，积极向其他教师学习的同时，热心帮助其他教师；具有校外社区服务的奉献精神。

4. 卓越教师的个人素养

教师素养是在教育教学活动中表现出来的，决定其教育教学效果，对学生身心发展有直接而显著影响的思想和心理品质的总和。教师个人的素养是教师个人内在品质和教养水平的重要体现，也是卓越教师这个团体呈现的最显著的特质。离开个体自我素养的教育与塑造，教师不可能优秀，卓越也就无从谈起。富有激情和同情心、积极乐观、传递正能量的、不断自我提升的教师才能具有成为卓越教师的潜能。同时，教师要通过教育教学过程将自我素养转化为外显行为，释放人格魅力，感染学生和其他教师，用实际行动在无形中对他人产生积极影响，从而实现其价值。卓越教师的个人素养主要包括以下几个层面：全身心投入，将教育视为事业，而不仅仅是糊口的饭碗；心态积极乐观，充满激情；独具特色的个人人格魅力；努力、高效率地工作；主动对自己的教育教学工作进行反思，践行终身学习理念。

5. 卓越教师的职业生涯发展

教师教育工作是一种以人育人的事业，这就决定了教师要为自身的素质和工作质量的不断提升而持续学习、追求卓越，不断地设计出适合自身特点的职业生涯规划，从而实现自身的价值。教师在规划职业生涯中，要与时俱进，根据时代、社会的要求和所处的教育教学环境的愿景，对自身专业发展和人格成长做出预期性和系统性的计划和安排。诚如美国 2015 年年度教师莎娜所分享的那样，“教师在教育教学工作中常常会经历感到孤独、焦虑、遭到疏远和被辜负的情景，但是教师要以积极的心态，不断学习、研究提升自身的能力，从而更好地应对突发事件或不利事件”。卓越教师在职业生涯发展过程中应体现出以下的特质及趋势：主动、持续地学习，努力提升自身素质，实现全面发展；积极参与教师教育的专业论坛、团体及培育、培养项目。

6. 卓越教师的社会责任

社会责任是个人对自己所从事行业应履行的各种义务及应承担的责任的自我意识，是卓越教师重要的基本素质。社会责任的教育贯穿美国教育的全过程，美国卓越教师一个显著的特点就是都来自“非重点甚至是问题学校”，这些教师都具有强烈的感恩与奉献精神，不断用自己的努力去激励学生、奉献学生和社区的建设。例如，美国 2014 年年度教师肖恩指出，要通过自己的榜样示范，指导学生通过自己的努力去让世界变得更美好，为此他积极参与学生课外活动及社区的各项志愿者项目；2015 年的贾汉娜组织学生参与清理社会卫生、为特殊人群呼吁甚至是选民登记等活动。而美国年度教师评选的理念之一就是教师必须是模范公民的榜样人物，让学生知道一个负责人、合格的公民是什么样子的，并教导学生如何成为一名合格的公民，如何去为社区、国家做出贡献。美国卓越教师社会责任的品质主要体现在全方位地深入学生生活的各个层面；积极参与到社区各项活动中去；帮助学生了解、参与到自己应承担的社会责任活动中去等。

思考问题

1. 在目前的环境下，教师是否真正能够影响学生的学习成效及成长过程，如果是，那么这种影响的程度有多大？

2. 如果你是教师，你认为谁有资格对你的教育教学进行评价，为什么？

3. 教师走向卓越的方式和方法是什么？

第三章 学生观

学生观是施教者在认识和反思教育教学过程中对施教对象的地位、主体性、独特性、情感和特点等层面的基本认知和根本态度，是直接影响教育目的、内容、方式和效果的重要因素，更是教育观的重要组成部分。同时，学生观也是教师素养形成和发展的核心因素，它对教师的教学目标、价值取向、情感态度和自我发展产生着决定性的影响。树立正确的学生观是教育教学取得成功的重要保障。

具体的教育教学实践中往往会出现这样的情景：在同一所学校里，接受过相同教育教学理论和实践的教师被分配到学生能力和兴趣基本类似的班级中进行教学。在经历一段时间后，学生的发展却呈现出不同的状态，这往往源于教师的不同表现：一些教师可能对学生有较好的了解，而另一些教师可能对学科知识有更为深刻的把握，不同的教师往往对学生有不同的看法，从而表现出不同的教学行为，布置不同的学习任务，提供不同的教育资源。教师的不同做法作用于学生的不同个性，从而形成不同的学习氛围和理念，影响着学生对于学习的理解和对于成功的定义。显然，教育教学的动态发展受到教师所持的学生观及由其指导的教育教学理论和实践经验的影响。本章将以学生观为主线，从以下三个问题来探究当代教师所了解的学生观相关理论知识和实践经验。

（1）当代学生的特点是什么？

（2）当下学生观有哪些不同流派？

（3）教师应构建怎样的学生观？

第一节 认识当代学生

一、当代学生所处的国内外背景

良性学生观的树立离不开教育工作者对当代学生特点的把握，而对学生特点的把握离不开当代学生所处的国内和国外的大背景。从国内层面来看，我国社会的发展已经进入了新的阶段，以经济、政治、信息技术等为核心的综合国力不断提升，教育迎来了前所未有的重要转型发展时期，如何改善教育教学成为当下教师教育工作者和研究者的重要关注点，教育以体验性和全民性的方式朝着个性化、智慧化、社会化、终身化的方向发展；从国际层面来看，国际经济、政治持续在动荡中前进，以国家综合实力为基础的国际竞争继续呈现出白热化的趋势。在教育领域内，世界各国都意识到教育在国际竞争中的重要作用，纷纷推出不同的教育教学政策和理念，推进教育的发展。当下，以学生的核心素养培养和教师的卓越取向研究为两大趋势，世界各国纷纷将学生的发展与信息技术的发展相结合，反思师生关系，探究新的学生观，以促进学生的发展，从而增强学生的国际竞争力。

二、当代学生的特点及表现

以上述当代学生所处的大背景为前提，当代学生大多情形下呈现出一种多元、矛盾甚至是迷茫的特点，需要教育教学的正向引导。因此，教育教学者应当对这些特点和表征有足够的认识，从而形成适合的学生观。

（一）多元

当代学生多元的特点是指学生处于一种多元文化、多元背景、多元信息时代中，学生所接收的信息不再局限于教师或者教室里的学习渠道，而是全方位展开；学生之间的交往已经超越了地域、民族甚至是种族的界限，呈现出多元背景的现状；学生的发展已经开始进入崇尚自我、探索和追求自我兴趣和职能发展的阶段。

1. 多元智能

多元智能是每个学生与生俱来的一种特征，是指每个学生在成长过程中所展现出来的独特能力，是对传统的一元智能观的有力挑战。多元智能认为，智能主要是解决问题或制造产品的能力，这些能力对特定的文化和社会环境是很有价值的。人的八大智能虽然各自独立平等，但每个人的智能组合会呈现出多元性（表 3-1）。在多元的背景下，学生的智能发展也呈现出多元的趋势，但是由于传统的学生观的影响，多元智能受制于具体的教育教学实践。我国在实施新课改以来，给予学生更大的选择自由权，学生的多元智能得到更多的理念和展现。这就要求教师一方面必须了解多元智能理论，树立多元人才观，建立多渠道的人才培养模式，打通学生成长的通道并以此为指导开展教育教学工作；另一方面，在课程开发的过程中，要协调好国家课程、地方课程和校本课程的关系，构建结构合理、质量可靠、特色鲜明的课程体系，提升课程与学生需求的契合度，为学生提供可供选择的课程（课程群）。

表 3-1 多元智能的含义简介

智能维度	含义	擅长及职业
语言智能	主要是指有效地运用口头语言及文字的能力，即听说读写能力，表现为个人能够顺利而高效地利用语言描述事件、表达思想并与人交流的能力	创意写作、幽默/喜剧、讲故事；作家、演说家、记者、编辑、节目主持人、播音员、律师等职业
逻辑智能	主要指有效运用数字和推理的能力。表现为学习时靠推理来进行思考，喜欢提出问题并执行实验以寻求答案，寻找事物的规律及逻辑顺序，对科学的新发展有兴趣。他人的言谈及行为也成了他们寻找逻辑缺陷的好地方，对可被测量、归类、分析的事物比较容易接受	测量、归纳、分析、推理；数学家、科学家、侦探等职业
空间智能	空间智能强调人对色彩、线条、形状、形式、空间及它们之间关系的敏感性很高，感受、辨别、记忆、改变物体的空间关系并借此表达思想和情感的能力比较强，表现为对线条、形状、结构、色彩和空间关系的敏感及通过平面图形和立体造型将它们表现出来的能力。这类人能准确地感觉视觉空间，并把所知觉到的表现出来，在学习时是用意象及图像来思考的	绘图、设计、想象、走迷宫；设计师、建筑学家，航海员、雕刻家等职业
运动智能	主要是指善于运用整个身体来表达想法和感觉，以及运用双手灵巧地生产或改造事物的能力。这类人很难长时间坐着不动，喜欢动手建造东西，喜欢户外活动，与人谈话时常用手势或其他肢体语言。他们学习时是透过身体感觉来思考的。该智能主要是指人调节身体运动及用巧妙的双手改变物体的技能，表现为能够较好地控制自己的身体，对事件能够做出恰当的身体反应及善于利用身体语言来表达自己的思想	表演、操作、运动等；运动员、舞蹈家、外科医生、手艺人等职业
音乐智能	主要是指人敏感地感知音调、旋律、节奏和音色等能力，表现为个人对音乐节奏、音调、音色和旋律的敏感及通过作曲、演奏和歌唱等表达音乐的能力	音乐欣赏、辨别音乐、打节拍等；作曲家、指挥家、歌唱家、乐师、乐器制作者、音乐评论家等职业
人际智能	主要是指能够有效地理解别人及其关系及与人交往的能力，包括四大要素：①组织能力，包括群体动员与协调能力；②协商能力，指仲裁与排解纷争的能力；③分析能力，指能够敏锐察知他人的情感动向与想法，易与他人建立密切关系的能力；④人际联系能力，指对他人表现出关心，善解人意，适于团体合作的能力	分流、分工、协调、调节等；销售人员、心理咨询师等职业
内省智能	主要是指认识到自己的能力，正确把握自己的长处和短处，把握自己的情绪、意向、动机、欲望，对自己的生活有规划，自尊、自律，吸收他人的长处。这类人会从各种回馈中了解自己的优劣，常静思，以规划自己的人生目标；爱独处，以深入自我的方式来思考；喜欢独立工作，有自我选择的空间	认识自己、自我管理、反思等；优秀的政治家、哲学家、心理学家、教师等职业
自然智能	主要是指能认识植物、动物和其他自然环境的能力。自然智能强的人，在打猎、耕作、生物科学上的表现较为突出。自然探索智能应当进一步归结为探索智能，包括对于社会的探索和对于自然的探索两个方面	观察、感知、认识动植物、辨别等；细胞学生物学家、攀岩者、探险者等职业

2. 多重心理需求

随着我国经济、政治的发展和社会文明程度的提升，学生行为习惯、生涯规划能力、生活适应能力、人际交往能力、心理调适能力已经发生了巨大的变化，并对提供和从事教师教育的学校和教师提出了新的挑战。教育教学应当转变理念，从以往单一的关注考试、升学的观念转向包含学业成长、心理成长、道德成长和精神成长的多重学生发展观，呵护学生的心理健康和生命成长。这就要求教育教学者了解学生不同阶段的心理特征和诉求，具体分析研究学生心理，以正在发生的学生心理为着力点，梳理、思考教育教学的心理价值功能（表 3-2）。

表 3-2　各阶段学生的心理特征、行为表现及沟通建议

段位	心理特征及行为表现	教育教学建议探讨
小学一年级	学生虽然已经开始小学生活，但还保持着幼儿园的很多习惯。在对小学生活充满了好奇和新鲜感的同时，会产生不适应感，对规则和责任的意识还未完全形成。学生的思维呈现出直观、具体、形象等特点。具体表现为好奇、好动、喜欢模仿，但很难做到长时间的专注	该阶段的学校及家庭教育应当以培养学生的习惯和兴趣为主，一方面帮助学生逐步建立起对规则的认识和尊重，形成良好的行为习惯；另一方面，要引导、培养学生的观察能力和学习兴趣。教师和家长可以通过鼓励和奖励等言语及行为的奖励帮助学生形成独立自主、热爱学习的品性
小学二年级	学生已经熟悉学校生活，并形成了自己相对独立的学习和生活习惯；开始发展并逐步形成自信心和自尊心。此时学生往往呈现出急躁、情绪不稳定、自控力较弱的外在表现	该阶段的学校和家庭教育应当以学生学习行为的可塑性为主，通过不同形式的有效沟通，对学生的不良行为进行引导和规范，重视良好的学习和生活习惯的养成
小学三年级	学生熟悉学校生活并基于自己的了解开始扩大探究、交往的范围。在此过程中学生的认识能力不断提高，情感开始发生变化，开始注意并懂得自觉控制自己的感情。但在学习和人际交往的过程中，情绪控制能力有待提升。一些不良的习惯如拖沓、马虎等开始外现，甚至呈井喷式爆发	该阶段的学校和家庭教育需要足够的耐心来疏导学生，因为交流和探究范围扩大而带来的不安情绪需要引导。对于学生的积极体验，要引导其进行总结；对于孩子的消极体验，家长要通过“共情”进行疏导，与孩子一起解决问题，共渡“难关”
小学四年级	学生处于成长的关键时期，大脑的内部结构及功能正处于发育的关键期。学生生理和心理呈现明显的变化。学生辨别是非的能力虽然有限，但开始主动学习并对一些事情发表自己的观点。此时是学生学习兴趣、能力、习惯，以及情绪调整能力和社会交往能力养成的最佳时期	该阶段的学校和家庭教育要关注学生在学习知识、技能及综合能力等层面出现的困难，多与孩子沟通，帮助学生养成勇于面对生活和学习中的困难和问题，引导学生形成发现问题和解决问题的能力，体会成功感，树立信心。同时，教育要关注孩子学习习惯的养成
小学五年级	学生开始更加关注学校生活，竞争意识增强，自尊心加强，不甘落后。同时，该阶段学生在自控能力逐步增强、发展独立个性的同时，开始形成自己的人际关系圈。体验性学习是该阶段学生学习方式的特点	学校教育和家庭教育要开始训练学生的恒心和意志力，帮助学生树立正确、积极的人生态度及主动学习的态度。同时，学校和家庭要为学生提供接触自然和社会的机会，让学生在体验中提升其观察、解决问题的能力

续表

段位	心理特征及行为表现	教育教学建议探讨
小学六年级	学生开始进入青春期，其自主和自我意识逐步发展，喜欢用批判的眼光来看待周围的人和事，初步形成个性和人生观，对家长和教师的干涉产生抵触心理。意志力不够坚强，分析问题的能力还在发展中，在遭遇困难和挫折时容易产生灰心失望情绪	学校和家长要了解和关注学生心理的变化，通过建立良好的沟通渠道为学生健康心理的发展和良好情绪控制力的养成提供准备。同时，要对学生处理问题的方法和方式提供引导，为学生健康个性和人生观的形成提供积极氛围
初中一年级	学生从小学进入初中，身心发展都开始向少年时期发展，呈现出幼稚性与成熟性、独立性与依赖性、向上性与盲目性的矛盾。理性思维发展有限，思维的独立性和批判性也处于萌芽发展阶段	学校和家长切记不能以青春期为借口，就放任或严格学生的管理。要注意学生心理辅导的艺术性，引导学生自我意识的养成，进行积极情绪的疏导，开展青春期教育，加强养成教育
初中二年级	学生进入青春期，身心发展呈现出显著变化，学生性意识开始发展；学生实际上从众心理很严重，既想标新立异又担心脱离集体	学校和家庭教育要关注并及时了解学生心理和生理的变化，采用沟通而不是说教的引导方法，给予学生需要的心理疏导和正确性观念的引导，帮助学生形成健康的性观念和爱情观
初中三年级	学生学习和生活上的独立性得到较大发展，喜欢自由独立地进行活动；成人感更加明显，自尊心增强，从心理上渴望外界的尊敬和理解，心理更加成熟、稳定，学习能力进一步提升，学习兴趣基本稳定	教师和家长应当培养和发展该阶段学生自我管理、独立生活的能力；与学生及时沟通协商生活、学习中遇到的问题，了解学生的学习情况和生活状态，引导学生设定目标，有计划、有步骤、有重点地学习和生活
高中一年级	进入高中之后，学生处于心理上的“断乳期”。随着学生身体发育的迅速发展，其心理上也呈现出自我意识增强、自主能动性显著发展的特征。学生渴望自由，希望摆脱父母的束缚。但是由于该阶段学生感情的表现形式呈现出内隐的特征，教师和家长可能会感觉自己不了解孩子或者孩子不听话	教师和家长要多关注学生，学会换位思考，从学生的角度去理解问题。要多同学生平等地对话、交流，不能盲目地相信学生可以解决一切学习、生活中的问题，尝试着从不同的层面关注学生需求，走进学生的内心世界。同时，要引导学生正确地对待失败和挫折
高中二年级	学生适应高中生活，独立性进一步增强，但是容易出现目标感不强的情况。很多学生容易出现心理上的动荡期和茫然期。遭遇挫折时往往会出现焦虑的情绪，严重时会怀疑自己的生活和学习能力。性机能的成熟与性心理的觉醒使得该年龄段的学生谈恋爱的现象比较突出	教师和家长要了解学生这一阶段可能出现的生理和心理上的发展和波动。及时与他们进行沟通，提供必要的帮助，缓解学习、生活中出现的压力，让学生知道学校和家长是他们强有力的支柱；帮助学生分析其面临的困难，引导他们树立正确的生活和学习态度；对学生进行责任教育和引导，树立正确的交友观和爱情观
高中三年级	学生的心理和生理得到进一步发展，社会意识已经接近成熟，人生观和价值观逐步形成，对现实的问题有自己独立的看法。面临大学的升学任务，学生会出现心理上的波动	教师和家长要多沟通，了解学生日常的生活和学习状况。与孩子一起调整心态，关注其心理的发展状态。给予学生力所能及的帮助和支持，从而更好地度过这一关键阶段

需要指出的是，上述学生心理不同阶段的解读和应对策略不能教条般地理解和应用。从本质上讲，学生的生理和心理的发展和成熟是沿着一定的规律、循序

渐进的过程。在整个过程中，教师和家长要注意交流和沟通的方式、方法，从而更好地成为学生发展的助力因素。

3. 多重背景

随着国内外社会经济的发展，人员的流动和国家人口社会政策的调整，学生背景的多元化已经成为当下教育不得不面对的重要特征。多重背景主要源于学生的家庭背景、种（民）族背景、社会阶层、性别及性取向等因素。这种多重背景已经给一线教师带来了一些困扰。例如，班里有一个小孩来自离异家庭，现在父母都不想要他，于是他就被寄养在培训教育机构，他上课的时候总是不愿学习，经常睡觉，课下也是自己一个人玩，不跟其他同学玩耍。教师采取了一些方法去鼓励和带动他，但是效果不大，教师应该怎么做才能更好地帮助他？再例如，2012 年、2015 年贵州发生的留守儿童死亡事件及湖南邵东留守少年弑师事件，都折射出留守儿童和流动儿童身心安全、心理需求及教育等多个层面的问题。如何在现有的社会和政策的大背景下，通过教育教学来满足不同背景的学生需求极大地考验着教师的智慧。

4. 多元信息渠道

当今世界是一个信息化多元的世界。各种各类信息以不同的方式在世界各地传递。信息技术与教育的进一步融合在带来多元信息渠道的同时，还使得学生学习知识和技能的途径也出现了更多选择的自由。在信息社会里，碎片化知识随处可得，知识不再是力量。如何对碎片化的知识进行筛选、整合，然后加以应用是决定学生能够发展和成长的关键因素。在课堂中，教师常常面临学生玩手机，对信息不思考就加以转发的情景，越来越多的学生成为互联网信息的“奴役”。这就要求教师教育要引导学生学会筛选、学会思考、学会学习、学会反思，从而实现从信息到知识、从知识到智慧，从智慧到灵魂的升级，做多元信息背景下的生存者和思考者，而不是游荡在校园和社会的“行尸走肉”。

（二）矛盾及迷茫

学生在呈现出上述特点和行为的同时，又往往处于一种矛盾和迷茫的状态。从本质来说，当代学生所处的环境和教育教学发展趋势应当有利于“独立社会人”的培养，这种“独立社会人”特别强调独立的个体，每个人都有独立的品质。然而，从当前的学生群体来看，面对不同的信息，多元的学习和发展机会，学生多了一些矛盾和迷茫，少了一些担当和奉献。

首先，学生的积极情绪与消极情绪并存。随着自媒体和多媒体向纵深层面发展，信息的传播也由原来的报纸、书刊等传播渠道迅速地转向以电脑、手机等电子终端产品的微博、微信等互联网渠道。数以千计的信息劈天盖地涌向学生，对学生而言，如何利用这些终端产品，如何处理这些信息，从某种程度上决定着学生世界观、人生观、价值观的形成与发展，影响着学生思维品质和素养的质量。因此，从学生的个体发展而言，人们往往看到截然不同的两种发展模式。一方面，一些学生可以很好地掌控自己的时间，进行信息的筛选，对不同的信息渠道进行比较、辨别，在思考的基础上形成自己对于不同问题的看法和见解；另一方面，人们也发现不同层面的学生出现了世界观、人生观、价值观的偏差。有这样一群人，缺少独立思考的能力，荒废青春，沉迷于网络中的虚拟世界，不愿面对自己的理想，不知道如何控制自己的欲望，迷茫、空虚、寂寞成为其常态，往往成为游走的“行尸走肉”。

其次，由于教育在任何社会中不知不觉地扮演了筛选的角色，学生进入不同年级学习时，往往不知道如何应对突如其来的“平庸”，对于新的角色和地位不知道如何适应。例如，学生从小学到初中，再到高中，再到大学，每一次身边熟悉的同学都会慢慢被挑选，然后进入到知识、能力等各方面大致相同的一类群体之中，学生往往会产生失落感和不安全感，很多学生往往选择逃避问题，躲在自己的狭小空间里，浑浑噩噩地过着。如果不及时进行疏导，学生往往会由失落走向堕落。

第二节　不同流派的学生观

（一）人文主义学生观

人文主义理论自问世以来，对教育界产生了巨大的影响。它启发着教育伦理问题的探究，让人们开始超越单纯的功利主义的观点去考量教育教学的目的。在人文主义的引导下，人们开始意识到教育不仅仅是知识、技能的学习，还涉及生命的尊重和人格尊严的维护。人文主义的教育教学理念和方法可以指导人们应对学习格局的变化，帮助教育者树立良好的学生观，从而成为促进学生学习的核心力量，以实现学习者的终身、可持续发展。

1. 人文主义学生观的国外主张

人文主义是文艺复兴时期形成的思想体系、世界观或思想武器，也是这一时期进步文学的中心思想。人文主义主张一切以人为本，反对神的权威，把人从中世纪的神学枷锁下解放出来；宣扬个性解放，追求现实人生幸福；追求自由平等，反对等级观念；崇尚理性，反对蒙昧。基于人文主义的主张，人文主义者在教育上的观点也体现着尊重人格、重视人的价值。

现代人文主义（亦称人本主义）教育思想是二十世纪六七十年代盛行于美国的一种教育思想，其代表人物有马斯洛、罗杰斯、弗洛姆等，它主张教育应培养完整的、自我实现的和创造型的人。

1）学生是完整的人

学生是完整的人这一特点要求教师要充分尊重学生的独特性，每个教师应该有很多种不同的教育方法，甚至有对应每一个学生的教育方法，因为每一位学生都是独特的。

学生是完整的人这一特点还要求教师要有民主平等的学生观，人文主义的学生观是建立在师生相互信任和师生平等的基础上。教师尊重学生的人格，学生能够真正感受到教师对他们的爱护从而愿意信任教师，教师尊重学生的个体差异，能够对学生一视同仁。学生的角色也从教育管辖的对象转化为学习的主人。

2）学生是学习的主体

（1）学生是学习的主体这一观点主张非指导性教学，否定以知识为中心和以教师为中心的传统教学模式，认为教师的作用不是教给学生知识，而是指导学生怎么学习，教师在教育过程中是促进者。

（2）学生获得的经验应当由学生自己获取，由别人获取的经验不是学生自身需要或者可以接受的，只有学生自己获得的才是能够接纳并且促进自身成长的。

（3）学生是学习的主体这一观点注重学生直觉和创造性的培养，教育不是剥夺学生的创造力，不是要学生绝对地服从，而是挖掘学生内在的潜力，帮助学生获得成长。

（4）学生是学习的主体这一观点注重培养学生的自律能力，自律是学习达到目的的必备条件，学生必须把自律看作是自己的责任，因为自律比他律有效得多。

3）学生的目标是自我实现

教育的本质是发展人的潜能，要满足人的基本需要，强调向自我实现的需要发展。要把学生看作一个能够有目的地选择和塑造自己行为并从中得到满足的人，而不是机械的刺激—反应联结的总和。

2. 人文主义学生观的国内主张

中国教育领域内人文主义学生观的发展可以追溯到春秋战国时代著名的教育

家孔子，其教育思想中的“有教无类”“亦师亦友”“因材施教”等主张就散发着人文主义的气息。

（1）“有教无类”的公平性教育观：孔子的学生中，有坐过牢的公冶长，有身居陋巷的颜渊，有富贾出身的子贡，孔子对他们一视同仁，不因阶级出身的高低贵贱而将他们贴标签。

（2）“亦师亦友”的和谐师生观：人文主义教育中，受教育者和教育者互相尊重，彼此之间是一种相互理解、相互尊重、相互沟通、和谐一致的亦师亦友的关系，这也是一种社会性关系。师生在知识、人格、情感、道德等各层面展开广泛、深入的交流与共鸣，最终促进学生的全面发展。

（3）“因材施教”的育人观：孔子的人文主义教育观主张教师在教学中要善于“因材施教”，“不愤不启，不悱不发”，调动学生学习的主动性和积极性，注意发展每个学生的个性特长，要“视其所以，观其所由，察其所安”，针对不同条件的学生因材施教，才会使其各自获得教育效益。

3. 当代人文主义的主张

随着世界经济的发展和科学技术在全世界范围内的兴盛，教育迎来了广泛发展的机遇和前所未有的物质基础。然而，世界范围内受功利主义和人力资本观念的影响，越来越多的教育失去了对教育根本目的的追求，产生了大量违背文明社会发展基本原则和道德准则的受教育者。世界范围内的校园暴力、枪击事件层出不穷；反社会、反人类的恐怖主义和种族主义的思潮在不断蔓延。而其中不乏接受过多年教育的个体。在此背景下，人文主义再次成为教育的指导思想，人文主义教育教学观的主张得以复兴。与传统的人文主义的主张不同，当代人文主义主张将价值教育放在整个教育的首要地位，将人性教育贯穿整个教育教学的全过程，使教育更加人性化，使教育为人格的完善服务；倡导教育教学要基于健全的伦理和道德基础，加强自由与责任的教育，维护和增强个人在他人和自然面前的尊严、能力和福祉。

4. 人文主义学生观在运行过程中的问题

正如联合国教科文组织在其发布的《反思教育：向“全球共同利益”的理念转变?》报告中提到的，人文主义观提出一套普遍适用的伦理原则，各国应以此为基础，采取综合方法落实全民教育的目的和组织，使该观念影响教育教学过程，从而促进相关知识的习得和服务于全人类的能力培养。人文主义方法让教育辩论超越了经济发展中的功利主义的作用，着重关注包容性，防止边缘化的教育。在具体的教育教学过程中，教育者尤其是刚刚进入教育教学岗位的新人，要把握人文主义学生观的尺度，从而帮助学生建立良好的学习和生活习惯。

首先，人文主义的学生观坚持以学生为中心的理念并不意味着教师放任，甚至是放纵学生的一切行为。学生为中心的理念应该理解为以学生持续的学习和发展为中心，即教育教学的所有理念、方法和策略从本质上讲要具有促进学生学习、发展学生能力、形成生存和发展技能的积极作用。因此，教育者要想方设法创建积极的学习环境，营造一种互相信任和尊重的氛围，实施健康的课堂纪律，从而改进教育教学，提高教育教学的有效性。

其次，人文主义学生观的践行并不意味教育者放弃自我的发展，相反它的成功实施需要教育者更多的付出。人文主义的学生观要求教师根据学生的心理特征、行为表现及变化中的实际情况来调整教育教学的计划、程序和步骤。这就要求教育工作者对受教育者的年龄、能力水平、家庭经济地位、文化环境等因素进行综合的考量，而这一切除了时间上的付出，还需要教育工作者进行相应的知识和技能的学习和训练，从而更好地实施人文主义的学生观。

（二）行为主义学生观

1. 行为主义学生观的基本内涵

行为主义学派主张把个体行为归结为个体适应外部环境的反映系统，即“刺激—反应系统”。学习的起因被认为是对外部刺激所做出的反应，只要控制刺激就能控制行为和预测行为，从而也就能控制和预测学习效果。

对学习理论的最早研究始于20世纪20年代初的行为主义，主要以桑代克的联结主义学习论、巴甫洛夫的条件反射论、斯金纳的操作学习论为代表。总体来说，行为主义学习理论强调刺激—反应的联结。该理论认为能够根据提供的刺激来预测或控制学习者的反应。有什么刺激，就有什么反应；对学习者的反应做出及时的强化（包括正强化和负强化），有利于学习行为的获得。

在桑代克看来，教育的目的在于把其中的某些联结加以永久保持，把某些联结加以消除，并且把另一些联结加以改变或利导。因此，教学的目标就是帮助个体形成刺激—反应的联结，从而形成相应的行为习惯和技能。行为主义者追求教学目标的精确化和具体化，提出用可观察行为动词界定各类教学目标（包括价值观和态度教学）并以此进行教学传递和评价。在实际教学中，具有行为主义立场的教师往往着眼于学生通过教学活动能记住多少材料或者是否学会某种技能。

斯金纳认为，一个有机体主要是通过在其环境中造成的变化来进行学习的。学习的关键在于如何呈现教材，即设计出恰当的程序化教材。行为主义者往往将教材作为一种终极目标，视教材为教学的法定依据。一切教学活动都是从教材开始，也是到教材结束。

2. 行为主义学生观的具体表现

行为主义学生观的赞同者强调知识的准备，即学生在学习一个新的内容之前，应该有相应的知识作为基础，教学遵循由简单到复杂、由个别到一般、由具体到抽象的原则，并以程序化的方式进行。行为主义学习理论反映在教学设计中，集中表现为一种对教学情境的精密控制，这充分体现在斯金纳提出的程序教学中。程序教学的步骤如下：①确定学生所需要掌握的知识和应达到的技能；②分步骤地呈现信息，将刺激物如教材分成许多个小片段，依照由简单到复杂的顺序一步步地呈现于学生的眼前，两个步子之间依次增加的困难是很小的；③学生对刺激物做出积极的反应和教师对学生的反应做出即时的反馈，假如学生的答案是正确的，教师给予奖励或者表扬以示强化，鼓励学生有信心去解决下一个问题，假如答案是错误的，教师指出错误的原因，并引导学生一步步地去解题，直到掌握了这个知识点，才可以进入下一个问题。

3. 行为主义学生观在运行过程中的问题

首先，在以上提到的行为主义理论的长期影响下，我国绝大多数学生盲目崇拜书本和老师，使学生的发散性思维、逆向性思维被束缚，本该作为认知主体的学生其主动性无从发挥。这就等于从基底上移走了具有创新思想和创新能力人才赖以孕育、滋生和成长的全部养料，创造型人才的培养就成了难以实现的空中楼阁。但以上也不能完全代表行为主义学生观，也不能成为我们完全否定行为主义学生观的证据。正如古典行为主义代表人物华生提到的：①只要能了解环境刺激与个体的关系，就可以设计并控制刺激，通过条件反射的方法，建立起所要建立的反应，从而组合成预期的复杂行为，而且也可根据条件作用法则，消除（削弱）个体已有的行为；②学习的巩固首先在于所学的反应的多次重复，同时重复其他动作的次数逐渐减少，从而使要学习的动作不断得到巩固。因此，当作为认知主体的学习者的意识还未建构完整时，当这些学习者形成了错误的意识建构时，行为主义的学习理论就发挥了它的优势。这些学生前期的学习任务就是接受外界刺激，即理解和吸收教师传授的知识，削弱并纠正自身已存在的错误意识建构，同时以助于形成完整合理的意识建构，再进行发散性思维、逆向性思维、创新思想等的孕育和发展。同时，行为主义学习理论强调在旧的刺激反应的关系上建立新的刺激反应联结关系，符合在教育上以旧经验为基础来学习新经验的道理。因此，在学生学习初期阶段中，行为主义的学习理论不失为一个良好的选择。如果学生能在日常学习中将此学习理论合理利用，定能产生事半功倍的学习效果。

其次，行为主义学生观按照“刺激—反应”的模式开展教育教学。在行为主义学生观之下，关注的是环境在个体学习中的重要性，学习者学到什么，是受环境控制的，而不是由个体决定的。这种以教师为中心，以教材为学生知识的主要来源，教学设计是围绕“教”而展开的模式，虽然有利于教师组织、监控整个教学活动进程，但是却严重抑制了学生知识结构的合理构成，不利于学生核心素养的形成与发展。

最后，在行为主义的学生观中，学生是知识的被动接受者，学习过程被解释为被动地接受外界刺激的过程，而教师的任务只是提供外部刺激，即向学生灌输知识。学生的任务则是接受外界刺激，即理解和吸收教师传授的知识，如今许多学校强调学生的任务就是要消化、理解老师讲授的内容，把学生当作灌输的对象、外部刺激的接受器、前人知识与经验的存储器，忽视了学生的主观能动性、创造性思维。而这种思维定式往往造成绝大多数学生逐渐养成一种不想问为什么，也不知道要问为什么的麻木习惯，进而形成一种盲目崇拜书本和老师的思想。现实的教育教学过程中，仍然存在书本上的都是经典，老师讲的必定正确，对书本和老师都不能怀疑的思想。这种思想观念代代相传，不断强化，就使学生的发散性思维及逆向性思维被束缚、被禁锢，敢于冲破传统的新思想、新观念被贬斥、被扼杀，从而不利于学生创新思维和创新能力的形成。

（三）需求层次理论学生观

1. 需求层次理论的基本内涵

需求层次理论是一线教师在教育教学过程中树立良好学生观所必须考虑的重要的理论依据之一。需求层次理论由著名的人本主义心理学重要代表人物马斯洛提出，几经演变，为世界各国的教师提供了可供借鉴的激发学生学习动机的学生观。

马斯洛的需求层次理论认为学习不能由外铄，只能靠内发，需求层次理论从人类内在需要的角度解释动机，强调动机是由不同类型的需要构成的，各层次需要之间又有先后顺序与高低层次之分。

人有七种基本需要：生理需要、安全需要、归属和爱的需要、自尊需要、求知需要、美的需要、自我实现的需要，这些需要从低级到高级排成一个层级。马斯洛对这七种需要做了进一步区分，即位于需要层次图底部的四种需要被归为缺失需要，它是个体生存所必需的，必须得到一定程度的满足。如果所有的缺失需要都得到了一定的满足，那么个体将继续追求上面的三种高层次需要，这些需要被归为成长需要，它能够让个体生活得更有质量。一般而言，在学校中最重要的缺失需要是爱和尊重。另外，自我实现需要居于需要体系的最高层次，自我实现能给人带来极高的快感，即高峰体验。马斯洛认为，在高峰体验时，个体一般都处在自己能力的高峰，能最好地、最完善地运用自己的全部智能。

基于动机和需求层次理论，马斯洛提出了外在学习和内在学习的概念，马斯洛认为，外在学习是单纯依赖强化和条件作用的学习，其着眼点在于灌输而不在于理解，属于一种被动的、机械的传统教育的模式。马斯洛批判传统的学习是一种外在学习，学习活动不是由学生决定的，而是由教师强制的，学生只是对个别刺激做出零碎的反应而已，学生所学的知识缺少个人意义。“学生学到的，顶多不过像是在他的口袋里装了几把钥匙或几个铜钱而已。学生所学的一切，对他个人的心智成长，毫无意义”。在他看来，目前学生们浸透着外在学习的态度，并且像黑猩猩对训练员的技巧做出反应那样对分数和考试做出反应。读一本书的唯一理由是它可能带来的外部奖赏。为了获得“一纸文凭”或“赚取学位”可概括这一外在教育的弊端。

马斯洛认为，理想学校应反对外在学习，倡导内在学习。所谓内在学习就是依靠学生内在驱动，充分开发潜能，达到自我实现的学习。这是一种自觉的、主动的、创造性的学习模式。这种内在教育的模式会促使学生自发地学习，打破各种束缚人发展的清规戒律，自由地学他想学的任何课程，充分发挥想象力和创造力。

2. 需求层次理论学生观

需求层次理论指出了人类具有的各种内在需要是构成动机的基本内容，在教育过程中，教师就应该考虑这些不同层次的需要是否已经得到满足，在缺失需要已经得到满足的前提下，注重发展学生的成长需要。

首先，需求层次理论指导下的学生观要求教育者在教育教学的过程中，把学生当作有正常生理需求和心理需求的人来看待。在具体的教育教学过程中，教师和家长往往把自己的教育对象假想为“神童”“聪明的孩子”，把学生出现的一些基本的生理需求和心理需求贴上“懒惰”“不认真、不努力”的标签。例如，教师在给学生布置作业的过程中，往往无视学生的睡眠时间和质量的要求，导致学生每天课后完成作业的时间从幼儿园到高中呈直线上升的趋势，而在这些作业之外，学生往往还要参加家长给报的各类辅导班。调查显示，学生的平均课外辅导班的数量为4个。学生课后除了完成作业和参加辅导班外，几乎没有可以自由支配的时间来满足自身其他层面发展的需求。学生不再是一个有着合理需求的人，而是一个“行走的机器人”。

其次，需求层次理论指导下的学生观要求教育者能够体察学生不同的需求，为学生不同成长阶段的需求创造主、客观条件。根据马斯洛的需求层次理论，学生在不同的年龄段会有不同的兴趣需求。例如，5～8岁的学生喜欢参与直接感官体验、需要亲自参与活动。通过表演、具体的学习任务获得鼓励是他们所需要的。9～10岁的学生则存在着被认同、被崇拜的心理需求，因此小组性的分享、竞争活动是他们相对比较喜欢的。而11～18岁的学生则更倾向于同伴的接受和归属感的需求，因此，俱乐部性质的团体活动是他们比较喜欢的学习和生活方式。教师和家长可以通过平时对学生的观察、问卷、学生座谈或访谈的方式来了解学生的需求，从而促进学生心理和生理的健康发展。

最后，运用需求层次理论，关注特殊学生群体，给予额外的帮助和关心。例如，建立互信的沟通机制，积极与所有学生进行沟通。对待孤僻和“隐形”的学生应该看到他们处于班级的弱势地位，要给予他们尊重和关怀（缺失需要），让他们在班级中感觉到归属感；对待懦弱的学生要帮助他们树立自己的原则和底线，以自己的表现赢得他人的尊重，从而追求更高层面上的需要；对待招摇的学生既要分清其招摇是否有益，对待那种有一技之长的学生在一定程度上给予其表现的空间（各类技能展示大赛等活动），满足其自我实现的需要。

3. 需求层次理论学生观在运用过程中的问题

需求层次理论是教育者在教育教学实践中经常运用到的理论之一，尤其在幼儿园及中小学等低段学生的学习和生活的过程中。在具体的教育实践中，教育者要注意理论与实践辩证统一的关系，关注实践过程中需求的多元化和程式化。在具体的理论阐释过程中，研究者往往将需求理论按照从低级到高级进行分类，并认为人类的需要发展是按照生理、安全、社交、尊重和自我实现等规律来运行的。但是在实践过程中，由于人的行为是受意识支配的，再加之人的行为经常性地以目的性和创造性的形式呈现。因此，教育实践中学生的需求往往是复杂、多元的，不能绝对严格地按照层级进行划分，更不可能按照各个层级逐级满足。同时，需求层次理论中不同层面的需求往往会同时呈现在学生发展的不同阶段。这就要求教育者在运用马斯洛需求层次理论指导教育教学实践时，既要重视人各种需求的纵向联系，也要重视各种需求的横向联系，即同一时间或时期内个体往往存在多种需求。

（四）多元智能理论学生观

1. 多元智能理论的基本内涵

美国著名心理学家加德纳针对传统的智能一元化理论，于 20 世纪 80 年代提出了多元智能理论。加德纳认为，人是具有多种智能的，个体的智能不是以整合的方式而是以相对独立的方式存在的。在他看来，传统的智能理论过于强调个体的语言和数理逻辑能力，而忽视了个体运用知识解决实际问题的能力，用传统的智能理论无法说明现实生活中智能的多元性和创造性。因此，他在批判性地继承传统智能理论的基础上，对智能的概念做了全新的界定，即智能是在某种社会和文化环境的价值标准下，个体用以解决自己遇到的真正难题或生产及创造出有效产品所需要的能力。在此基础上，加德纳阐述自己对智能结构的基本理念，他认为人的智能是多元的，具有九种智能，即言语—语言智能、数理逻辑智能、视觉空间智能、音乐—节奏智能、身体智能、人际交往智能、自我反省智能、自然观察智能和存在智能，每个人都是以各自独立的方式把各种智能组合在一起，形成独立于他人的智能组合。

2. 多元智能理论学生观

首先，持有多元智能理论的教育者能够意识到学生应该具有独立个性，从而尊重学生的差异性。多元智能理论所倡导的学生观是一种积极、乐观、平等的学生观。加德纳认为，人与人之间的差别，主要在于人与人所具有的不同的智能组合。虽然每个人都同时拥有相对独立的九种智能，具有完整的智能机构，但是由于受遗传、环境、教育和个体努力程度等因素的影响和制约，不同的人便形成了不同的优势智能和弱势智能的组合。每个学生都有自己的优势智能领域，有自己的学习方法和类型，学校里不存在后进生，全体学生都是具有自己的智能特点、学习类型和发展方向的可造就人才。因此，加德纳反对忽视这些差异，反对要对所有的学生用同样的方法学习同样的内容。同时，教师不仅要认识到学生的差异，而且要尊重学生的差异。差异不仅是教育的基础，也是学生发展的前提，应视为一种财富而珍惜开发，使每个学生在原有的基础上都得到完全自由的发展。因此，教师要清楚认识到每个学生个体的智能差异和在不同领域中认知发展的不同步性，寻找发现学生的智能强项和优势领域，开发学生潜能，为学生创造多种多样的展示各种智能的情境，为学生提供适合的教育，让每个学生都能成为社会所需要的不同类型的人才。

其次，学生是发展的、具有生命潜能的人。多元智能理论强调每一种智能的发展实际上都有其独特的轨道，每个学生都有其独特的学习方法和发展路径，有的学生发展得早些，有的学生发展得晚些，如自我认知智能，个人的感悟能力不一样就说明了这一点。多元智能理论要求教师用全面的、发展的观点对待学生，发现学生的智能特点和可取之处，相应地采取适合学生特点的教育教学方式，使学生的特长得到充分的发挥。

教育作为培养人的重要过程，是以人为对象和主题的实践活动，理应以构建智能、塑造生命为终极目的。教师应懂得珍爱生命，懂得生命的重要价值并善于唤醒和开发生命潜力。在现实的教育中，仍然存在无视学生的主动性、创造性，无视学生的活力和灵性，漠视学生的生命尊严、价值内涵和精神品性的行为。多元智能理论认为，教育要以学生的认知发展为基础，设计符合身心发展的教育方针，根据不同的发展阶段特征，提供发展智能、创造力的机会和环境，尊重学生的个性发展，让每个学生都能有充分展示潜能的机会，最大程度地唤起每个人的自信心。教师应注意学生生命的欢乐和志趣，恢复学生应有的生命角色和意义。因此，教师要注意做到以下几点：首先，教师要掌握学生身心发展的理论，根据不同年龄学生身心发展的特点、规律开展教学活动，促进学生身心的健康发展；其次，要时刻记得每一个学生都有学习和发展的潜能，关键是我们应如何去开发；最后，学生是处于发展过程中的人，是不够成熟、正在成长中的人，他们必须在教育过程中发展起来，在教师的指导下成长起来，学生的生活情趣、学习效能、身心状况、个性发展、品性能力等，都与学校和教师密切相关。我们必须坚信，虽然学生正处于发展之中，还不成熟，有的还有某种缺点和弱点，但他们都是可以健康成长的，是可以获得成功的，是有培养前途的。

最后，学生主体观即学生是学习活动和思维活动的关键主体。古罗马时期的普罗塔克就说过："儿童不是一个需要填满的罐子，而是一颗需要点燃的火种。"要点燃这颗生命的火种，必须把学生置于生活世界之中、文化之中、时代之中，真正把学生当一个个体看，对学生进行人文关怀。学生是学习的主体，有一定的知识和经验、情感和意愿，有自己的生活世界和精神生活，有各种兴趣和需求，是充满生机和活力的生命体。学生主体观强调发挥学生的主体性，调动发展的内部动力来实现其生动、活泼、高效的发展。多元智能理论指导之下的教育教学工作不再仅仅局限于教学大纲的要求，而是更多地关注学生，发掘学生潜能，为学生智能的发展和培养提供更高的"发展场"，充分发挥学生的主体性，依靠自身能动性、自主性、创造性而获得发展。教师必须了解学生，从学生的知识、能力、兴趣、情感等实际出发，创造多元教育教学方式和手段，使教学满足学生发展需要；要遵循认识、心理发展的规律，通过教育教学反思，培养学生的内省智能；要给学生主动发展的时间和空间，让学生自己读书，自己感受事物，提升其观察、分析、思考、探索的能力；要通过小组合作学习和讨论，激发学生的学习兴趣和创新热情。

3. 多元智能理论在运用过程中的问题

智能优劣论是指教育工作者在教育教学过程中以考试为指挥棒，将各项智能进行排位，做出优劣的判断。智能优劣论在具体的实践中表现为以某一种或者几种智能作为教育教学的突破口，忽视学生中可能存在的其他智能潜能。智能优劣论的本质还是一元论，背后隐藏着功利主义的教育教学价值取向。例如，教师可能将语言能力和数学能力作为智力的核心，忽视其他智能的开发与引导；学校在创建特色学校的过程中，无视学生多元智能，将某种智能作为特色进行人、财、物的投入，忽视其他智能的发展。比如，义务教育阶段国学特色或者音乐特色的盲目发展。多元智能的发展培养是以学生的发展为前提，为学生提供更多的选择性，从而在选择过程中发掘学生的潜能或不足，为他们提供适合的发展机会。智能优劣论或者带有功利性的“智能选择论”从根本上是对多元智能理论的反对。

多元智能理论在具体教育教学中的另一个极端理论是全才论。全才论主张既然学生有那么多的智能潜力，那么家庭教育和学校教育就应当将所有学生都培养成全才。在实践中，家长将孩子送往各级各类的培训班，并要求孩子通过不同的才艺考试，这是全才论的具体体现。在教育目标上，多元智能理论在强调培养社会有用之才的同时，更加重视学生作为人的发展和个性解放。因此，多元智能理论并非主张每个学生要实现智能的全面发展，而是认为教育者应当根据学生的不同智能情况，给学生成长、成才提供适合的助力，实现“各得其所、各有发展”的教育目的。

（五）建构主义学生观

1. 建构主义的基本内涵

建构主义是一种关于知识和学习的理论。它认为知识是学习者在一定的社会文化背景下，借助其他人的帮助，利用必要的学习资料，通过意义建构的方式获得的。因此，建构主义学习理论强调“协作”“回话”“情境”“意义建构”四大学习环境在学生学习过程中的重要性。

建构主义认为学习者并不是空着脑袋进入学习情境中的。相反，在日常生活和以往各种形式的学习中，学习者已经形成了相关的知识和技能经验，并且基于已有的经历，能够对当下的学习材料和学习过程发表自己的看法。所以，建构主义学生观即在建构主义理论的指导下，提倡让学生的学习从被动到主动接受，以自己原有的背景知识为基础，对信息重新进行认识，建构自己的理解。

2. 建构主义学生观

建构主义受到越来越多一线教师的喜爱，以此理论为支撑形成了教育教学过程中的学生观，并以学生观为基础，开发和实施相应的教育教学。

从学生观层面，建构主义倡导以学生为主，重视学生的经验和经历，并创建和生成具体的学习情境来促进学生的学习探究。首先，要以学生为中心，建构主义学生观强调学生主动参与到学习过程中来，并根据自己先前的经验来建构新知识，那么教师在教学过程中就应该重视学生对各种现象的理解，若学生理解有误，教师应该发挥作为引导者的作用，引导学生调整自己的理解。其次，建构主义的学生观强调教师应该重视学生的原有经验，在实际教学过程中应该把学生现有的知识经验作为新知识的生长点，按照学生的经验和认知结构来组织教学活动，引导学生从原有的知识经验中生成新的知识经验，并促进学生的自主精神和首创精神的提升。最后，建构主义学生观强调学生学习的情境性，如果教学在一个丰富的情境中进行，可促使学生在教学活动中建立多元的视角，帮助学生更好地理解知识，同时要保证情景的真实性，这样才能促使学生在真实的情境中建构知识。

为了促进上述学生观的树立，在建构主义理论的指导下，目前的教学设计主要从以下几个层面开展。第一，支架式教学。教师是学生知识意义建构的"脚手架"。在学生的智力活动中，所要解决问题的能力和原能力之间存在差距，而教师在教学活动中通过引导，使学生掌握、建构和内化所学的知识技能，把管理学习的任务逐渐由教师转移到学生自己。这种方法借助了建筑行业中的"脚手架"作为基础知识概念的形象化比喻，其实质是利用基础知识概念作为学生学习的"脚手架"。教师将基础知识概念讲透，给学生打下进行更高水平学习的基础，然后学生根据已有的知识水平，对学习内容进行深层次水平的探索和学习。比如，教完一个数学概念后，学生根据对概念的理解，对例题进行变形，加深印象和提高自己的学习能力。第二，合作型学习。不同的学习者对同一个知识有不同的理解，因此对知识的理解只能是个体学习者在自己的经验背景下建构起来的。每个人都在用自己的经验背景建构自己的理解，所以只能认识到事物的一个方面。教学要使学生超越自己的认识，看到那些与自己不同的理解，看到事物的另一个方面。因此，在学生中开展小组学习合作也就十分有必要。在小组中不同的成员提出自己的见解，并对不同的见解提出疑问。而在合作的过程中也会有矛盾和冲突，所以教师也要适时地介入学生的讨论，并进行相应的引导。在开展小组讨论之前，教师也需要进行计划和考虑，以促进合作的顺利开展。第三，情境教学。真实世界中的问题通常比较复杂，而且有多重解决途径，每一步行动又会带来一系列新的问题。所以，教师在全面了解学生的能力的基础上，应提供富有挑战性的学习环境和真实任务，不是将提前准备好的内容教给学生，而是在课堂上展示出现实中与专家解决问题相类似的探索过程，提供解决问题的原型，并指导学生的探索。比如，政治课就可以通过对现实生活中的一些案例进行分析，创设一个情境，让学生自己探索产生这类问题的根源，并结合书本知识进行分析，把枯燥的知识生活化，也可以转变学生认为政治无用的态度，同时也培养了学生的探究能力。

3. 建构主义学生观在运用过程中的问题

首先，建构主义强调学生的原有经验，但是学生个体是有差异性的，每个个体的经验不一样，在教学过程中教师需要在不同学生个体的实际知识和经验的基础上将学生引导至较高的思维观念中，当然这个过程对教师的要求较高而且难以控制。

其次，建构主义学生观也是一种相对理想的状态，由于建构主义理论强调学生的原有经验，这其实已经预设了学生的原有经验是合理且正确的，但是现实情况并非如此，有可能学生的原有经验就是错误的，那么在建构知识的过程中有可能一错再错，而教师又不能确定学生经验的正确性，所以学生原有经验的正确性与建构的知识在一定程度上是矛盾的。

最后，任何一种学习理论都不是完美的，建构主义的学生观也不是包治百病的良药。虽然建构主义学生观或者学习理论在实践的过程中存在问题，也有人批判建构主义学生观和学习观在思想根基上存在主观经验主义、实用主义及相对主义和怀疑主义的倾向，但是建构主义的学生观带给教育教学的理论意义和影响也是不能忽略的。在实际的教学过程中应该采取谨慎的态度，注意建构主义理论的实际操作性和运用性，实现教育教学过程的最大价值。

（六）体验理论学生观

1. 体验理论的内涵

体验式的教育教学理论源于美国的经验学习，是当时美国的教育学家、心理学家在反对传统的由教师在课堂中向学生传授课本知识的单一教学方式的过程中不断发展演变而来的。体验理论以杜威的“教育即经验”、社会心理学家大卫·库伯的“体验式学习圈”、认知心理学家皮亚杰的“发生认识论”等哲学流派及理论主张为基本框架，认为教育的目的是通过有目的地将学生置于直接经验和专心反思之中，使其增长见识、发展技能和澄清价值。学生本身的社会实践活动是促进学生学习的重要源泉。教育教学应当为学习者提供真实或者模式的环境和活动，让其在实践活动中体验、交流、分享、反思，并在反思的基础上提炼、深化理论，从而更好地指导实践活动。

体验理论在 20 世纪 80 年代获得进一步的发展，在总结以往体验理论的基础上，以库伯为核心的组织心理学家提出了著名的“体验式学习圈模型”。该模型将体验学习看做一个持续不断的过程，从具体体验、反思观察、抽象概括和行动应用等四个层面进一步阐明了通过经验、体验转化创建知识和技能的过程（图 3-1）。首先，学习者通过真实、具体的体验获得直接经验（感知）；其次，通过对个体经验的观察反思，建立感知与领悟之间的统一关系，获得体验的意义；再次，在观察和反思的基础上，进行抽象、概括，实现体验的内化和升华，转化、创建知识、技能并澄清价值；最后，行动应用是指应用和迁移个体体验学习的结果。体验学习中的观察反思、抽象概括等所形成的意义及成果需要通过行动应用来验证和理解。因此，整个体验学习的过程就是学习者在体验学习的过程中，不断地进行体验、反思、概括、应用，从而不断地实现知识、能力和价值的发现和验证过程。

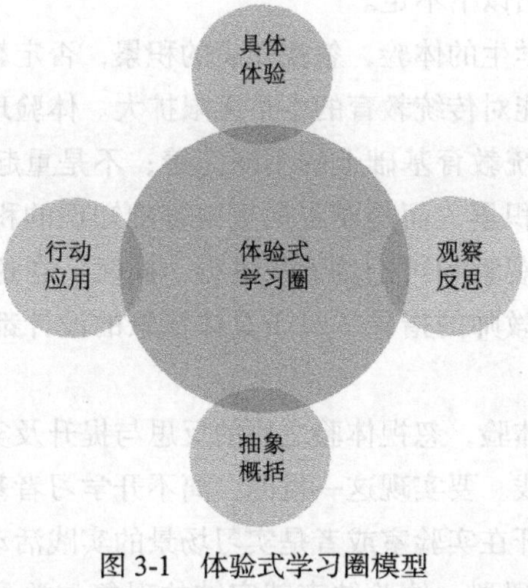

图 3-1 体验式学习圈模型

2. 体验理论学生观

首先，体验理论强调的不仅仅是以学习者为中心的哲学观和学习理念，更重要的是强调学习者主动学习的精神。在体验的过程中，学习者要对自己的学习行为负责，成为学习过程的主体，积极地参与到具体的体验、观察、反思和行动应用中，从而提升自身知识、技能储备和实际应用的能力。如果没有学习者积极的参与，就不会产生任何正向的体验，学习过程就不可能顺利完成。

其次，体验理论强调学以致用。体验理论以具体环境的亲身体验为一切学习的起点，以实际环境的应用为终点，通过实地考察、亲身体验（演示）、分享过程，帮助学习者将所观察和所体验的知识和技能用于实际问题的解决。

最后，情景化场景的设立。体验式学习是一种通过创设情境从而促进学生学习的过程。在这个过程中，学习者会置身于各种预设的真实的或者虚拟的情景中。情景化场景设置的最大优势在于学习者在学习过程中能够体验真实的场景，这样就能够帮助学习者最大限度地熟悉将来工作和学习的场景，缩短学校教育与社会实践之间的磨合期，从而更好地促进学生的成长和发展。

3. 体验理论在运用过程中的问题

体验理论顺应了当下教育教学倡导的开放、互动的趋势，在促进师生互动、活跃课堂、激发学习者潜能等方面呈现出积极的优势。同时，学习者在学习过程中不断地参与、观察、反思，这就使其在反省的体验中连接所学知识和技能的过去、现在和未来，从而促进学习的深入。然而，在具体的教育教学过程中，体验理论往往也容易表现出以下不足。

首先，过分强调学生的体验，忽视知识的积累，否定教师的作用。在实施体验理论的过程中，不能对传统教育的不足无限扩大。体验理论不是对传统教育的全盘否定，而是在传统教育基础上的不断完善；不是重起炉灶，而是继承和发展；不是不要知识的积累，而是要更加重视基础知识的积累。没有基本知识的学习与积累，学生的观察和讨论就无从进行。同时，在这个过程中，教师的作用不可或缺。例如，教师的指导、对于具体情景的设计都是该理论正常进行的关键因素。

其次，过分强调体验，忽视体验之后的反思与提升及实际应用。体验教学的最终目的是服务于实践。要实现这一目的，离不开学习者基于体验、观察之后的反思与提升，更离不开在实验室或者是实习场景的实践活动。具体的教育教学往往出现体验过程轰轰烈烈、体验结束就完结的现象。学习者仅仅停留在体验阶段，没有机会分享、讨论自己的体验经历和学习心得，这样的体验学习是为了体验而体验，使体验学习的效果大打折扣。

最后，忽视情景设置的局限性，夸大其功效。情景设置或创设是体验理论实施过程中的重要组成部分，能够让学习者产生身临其境的感觉，从而促进其体验、思考、运用的学习过程。然而，情景的创设者一定要明白并跟学习者分享，要用发展、变化的眼光看待所创设的情景，情景不等于实境，要模拟情景，更要超越情景。只有这样，学习者才能掌握真实情境下相关知识与技能的灵活运用。情景的设计者不能夸大情景的功效，而是要设计突发事件，挑战学习者的思维，引导学习者对出现的突发情况进行思考、做出反应，从而在解决问题中获得更加深刻的体验。

第三节　当代学生观的有效建构

学生观是教育教学者对学生的基本看法。教育者的学生观将支配其教育教学的行为，决定其教育教学的态度及工作方式。从本质上讲是对学生培养的价值取向的探究，回答的是“学生究竟是什么人”及“教育教学最终要将学生培养成什么人”的问题。融洽的学生观不仅是教育教学顺利开展的必要条件，更是实现教育目的、促进学生发展成长的必要条件。当代社会、经济、政治及国际环境的发展变化必然带来学生观的变化，教育者只有探究、思考现代的学生特点，从正确的、公认的理论中不断推演符合学生实际和现代社会关系特征的学生观，从而形成对学生有效的又具有教师自身特色的学生观，为学生的发展提供成长的土壤，使学生受益。

1. 学生观的现实审视

随着中国宏观教育教学改革的持续深入及微观课程改革、评价制度改革等多层次的发展，教育者对于学生的观点也在现实中出现了古今中外的激烈碰撞。从教育教学的一线实践来看，主要存在着锐意改革与坚守传统、国内与国外等理论与实践的争论。

首先，对于学生观的争论存在着锐意改革与坚守传统的争论，主要涉及学生是学习知识还是学习能力。改革者强调传统的教育教学实践主要是以知识的灌输为授课方式，忽视了学生学习的自主性与选择性，忽视了学生通过实践学习技能的重要性。因此，主张对传统教育进行批判。而传统者则强调传统教育教学中存在着大量优秀的教育教学方式，并且其教学并非仅仅注重知识的积累，而是认为学生只有在学科知识基础稳固后，方能进行技能的学习和演练。没有知识作为基础，提升技能可能最终成为“空中楼阁”。传统者和改革者的争论是教育者对学生观思考的一种体现，是值得倡导的，因为该争论反映了教育者的思考。从本质上讲，当下教育教学的理论和实践只能是对历史积淀的传统教育的改善。当下以素质教育和课程改革为主线的教育教学改革不应当成为对传统教育的全盘否定，而应当对其继承和发展。教育者追求的应当是学生在知识、技能和价值观上的共同成长，三者是同时进行而并非孤立发展的，学生的核心素养与基本素养也应当是同时养成而并非单一化地发展。

其次，学生观在教育教学的现实中还存在着如何处理国内自我发展与国际学习借鉴的争论。从一线的教育教学现状来看，问题的本质更加倾向于如何学习借鉴的问题，而并非需不需要借鉴的问题。教育教学的借鉴要用审视的眼光来进行，要分析来源国与借鉴国教育教学的历史背景、文化习俗、社会经济、政治的发展现状及教育环境等因素。离开严谨科学论证的盲目学习只会造成教育资源的巨大浪费。教育者要展现智慧，乐于思考，善于发现、反思和整合不同的教育教学理念和实践策略，实现世界各国之间教育的相互借鉴、相互学习，为学生呈现丰富多彩的教育教学内容。

最后，在一线的教育教学实践中，教育者还要分清自己作为教育教学实践者与理论研究者的区别。在理论研究或者学术争鸣的过程中，教师以研究者的身份对自己所赞成的理论、流派进行探究，发表自己的观点，批判其他的理论观点，这一切既有利于理论的发展，也有利于教育者在借鉴和批判中不断提升自身的学术修养，从而促进教育教学工作。然而，在教育教学的实践中，教育者面临的不是理论家之间的争鸣，而是一个具有鲜活个性的人。他们在学习习惯、学习方法、情商和智商等各个层面都可能呈现出不同的发展阶段和模式，这就要求施教者放弃理论层面的争辩，去分析、解读学习者，综合分析各种学生观的优势和劣势，采用最适合的学生观去引导学生学习，利用不同学生观背后的教学设计去帮助学生形成良性循环的学习和思维模式，从而帮助学习者学会学习、学会生存、学会与人交往，使之最终成长为有责任感的公民。

2. 学生观的反思构建

从教育教学的实践来说，学生观只能从适合与不适合的视角进行反思构建。在反思构建学生观的过程中，施教者应当警醒自己不能成为修正主义者或者激进理论家，更不能成为没有思维的、游走的“行尸走肉”，而应积极探寻适合学生发展的学生观。那么，适合的学生观应当基于对学生哪些特征进行认识、分析与解读呢？构建反思的终极目标是什么呢？

首先，适合的学生观要认识到学生的具体性。学生观的形成源于现实教育教学过程中对学生的具体了解和解读。学生个体发展和成长的具体性决定了教育者不能脱离具体性而寻求一种可以解决所有学生问题、适合所有学生的学生观。在一线的教育教学实践中，作为教育者的父母、教师往往对学生进行简单的横向比较，进而得出“邻居家的孩子更好”“隔壁班上的学生更优秀”的结论，并试图简单地借鉴其他家长或者教师的教育教学方式来实施自己的孩子和学生的教育。这种忽视学生具体性的学生观所导致的“随大流”的思维不仅仅会影响个体学生的发展，长期以往还会影响教师的个体成长。

其次，适合的学生观要认识到学生发展成长的可能性与主动性。认识到学生发展成长的可能性与主动性要求教育者发现学生在不同阶段所能展示的学习能力，给予学生探究的自由和空间，让学生学会自主发展和自我发展。例如，小学低年段的家长和教师应当耐心地让学生自己掌握一些生活和学习的技能，而不是为了节省时间而打断学生自我探究的过程。高中的教师应当给予学生一定的自我探究学习的能力。例如，英语或者语文中一些词的读法及用法，教师应当引导学生利用字典、学习辅助资料、网络学习资料主动地去学习、分享。

再次，适合的学生观要解读学生成长的复杂性。当今社会，学生处于各种信息的中心。学习者每天要接触大量的人、事及其信息并受其影响。学生的学习、发展与成长过程更加复杂。这就要求教育者要在认知层面上了解其复杂性，探究其规律性。同时，教育者应当意识到，学生成长的复杂性决定了仅靠单一的学校或家庭教育不能解决学生所有的问题。因此，适合的学生观应当将学生成长的环境看作一个大的生态系统，而学生是处于该生态系统中的一分子，学校、家庭、社会作为生态系统的一分子，要创造良好的生态供给，从而促进学生的发展，实现整个生态的平和与稳定。

最后，适合的学生观要关注到学生发展成长的综合性。学生的发展成长是学会认知（学习广泛的一般性知识，并有机会就少数科目开展深入的研究）、学会做事（不仅要掌握职业技能，还要掌握处理各种情况和团队协作的能力）、学会做人（培养个性，能够在不断增强自主性、判断力和个人责任的基础上采取行动）及学会共存（加深对他人的理解，认识相互依存的道理）的综合性发展。1996 年《德罗尔报告》提出的上述“四个学会”的理念，反映出学生成长过程中应当追求个体与社会的统一、伦理与价值观原则的统一，体现了学生发展的综合性，也是教育者形成现代学生观的重要理念。

诚然，不同的教育者在教育教学过程中会发展不同的学生观。然而，适合的学生观离不开施教者对于不同学生观的融合构建，离不开教育者持续不断的基于学生现实的思考与探究。开放、包容、借鉴、兼收并蓄应当成为现代学生观产生和发展的基本思维理念。

思考问题

1. 在本章学生观的论述中，哪些观点是值得学习的，哪些观点值得进一步探究？

2. 树立学生观的最终目的是什么？

3. 你所推崇的学生观是什么？

第四章　有效学习环境的构建

在进入一个新的学习环境后，教育者和学习者总是要面临各种不同的可能性，这种可能性会超出预测，但是可以在研习的基础上进行有效构建。在具体的教育教学实践过程中，理论、方法和策略的选择离不开具体的学习环境和情境。教育者所面临的矛盾点在于相应理论、原理及命题都具有普适性，而具体的教学环境及学习环境是不同的，在某些情况下是独一无二的。这种环境下，选择合适的方式和方法去引导相应的学生来创设、形成有效的学习环境就显得至关重要。而这种学习环境的有效构建是无法从单一的理论或实践的探讨中学习到的，需要学习环境的参与者在研习理论的基础上结合大量的观察、常识和经验不断地总结、发展和创新。因此，本章将从以下三个层面探究有效学习环境的构建。

（1）有效学习环境的特点是什么？

（2）如何构建有效的学习环境？

（3）如何对学习环境进行评估？

第一节　有效学习环境的特点

学习环境是指带有个人动机的学习者和教育者在社会背景下互动而形成的、具有二维性、互动性、持续发展性等特点的生态环境。在这个环境中，学习者和教育者通过一定的方式进行知识、技能、情感（积极/消极）的交流，进而构建相应的教育生态。有效学习环境是一种积极的、阳光的教育教学生态，在这种教育生态中，教师向学生传递着正向的学习观、生活观，并引导学生积极构建正向的人生观、世界观和价值观。

从具体的教育教学实践来看，有效学习环境呈现出以下六大基本特点：有目标，有多维性、互动性，有激励系统，有评价系统，有原则，安全舒适。这六大特点相互作用，从教育教学目的、师生关系、激励评价、课堂治理、教育心理等不同的知识和技能层面对影响学生素养的形成和发展的因素进行分析、构建，从而打造及时、有效、全面的优势环境，进而影响激励学生发展的内动力因素，为学生成长和成才打造良好的外部环境。

一、有目标

有目标是有效教学环境的首要特征。教育教学的最终目标是通过具体的课程目标及课堂教学目标帮助学习者成为独立的思考者、学习者，能独立于社会，进而获得人性的全面发展。

首先，从目标性来看，有效教学环境的实现离不开课程目标及课堂教学目标的有效实施及实现。课程目标蕴含于各学科的课程标准之中，目前世界各国的教育教学实践中，课程目标是由各国的教育主管部门组织专家、访谈一线教师而最终形成的，具有统一性和导向性的特点。课堂教学目标是课程目标的分解性、细化性的目标，是通过课程教学过程中的教与学来实现的，是教育教学的终极目标，是课程目标的具体化。目前，我国的课堂教学目标还是围绕着三维目标开展的，即知识与技能目标、过程与方法目标、情感态度与价值观目标。随着核心素养概念及中国学生核心素养概念的提出，培养学生应具备的、能够适应终身发展和社会发展所必备的品格和关键能力成为课程教学目标设定的最新理念。核心素养指出，社会责任、国家认同、国际理解；人文底蕴、科学精神、审美情趣；身心健康、学会学习、实践创新应当成为培养中国学生综合素养的目标，进而也就构成了有效教学环境目标性的重要维度。

其次，有效学习环境的目标性还指向合作性目标、竞争性目标及个体化目标的设定与实施。合作性目标是指有效教学环境的形成离不开师生之间的有效合作，以及学生同伴之间的互帮、协作。当下互联网技术与教育深度融合为教师和学生提供了更为广阔的学习、协作的机会。一方面，学习者之间可以进行资源（实体资源和网络资源）分享，形成资料的有效利用；另一方面，学习者（包括教师）之间可以通过对话、讨论、辩论等不同形式对分享的资源进行筛选、思考，对相应的问题进行充分的讨论，从而形成深度学习，更有效地达成学习目标。竞争性目标是指在协作学习的过程中开展一定程度的竞争性学习，在激发学生学习的积极性和主动性的同时，让学生明白明确自己的学习目标及按时、负责任地完成各自任务的重要性。个体化目标是指有效教学环境的形成离不开对学生学情的了解，根据学生学习的特点和对相应学习目标的接受程度制定相应的教育教学策略和考察策略。在进行学习任务的设定时，教师可以引入多元智能的考核目标，让每个学生都能参与到任务中来，从而在发掘个体潜能的同时，从其他学习者身上学到相应的学习方式和思维方式。

二、有多维性、互动性

有效学习环境的另一大特点是多维性与互动性。构建多维互动的新型学习环境是新课改理念下教师在教育教学过程中应当探讨的重要问题。首先，师生之间、生生之间的互动是多维的、和谐的、活跃的。通过教师的积极引导，师生关系由传统的教师单线教授、输出转向多维的、互动的，教师、学生积极参与教育教学过程的新模式，从而促进学生的学习积极性和主动性。在多维互动的模式中，教师要通过启发、引导、点拨等方式引导学生学会思考、主动探索、乐于动手实践，进而达到个体多方面能力的综合发展。同时，教师要积极开拓智慧教育的模式，更新教学方法，将教材的内容与互联网的教学手段紧密结合起来，最大限度地提升教学环境对学生学习和发展的正向作用。

其次，学习者和教育者之间要形成相互关心、相互依存的人际关系。人际关系是有效教学环境的重要组成部分。这里的人际关系包括学生之间的人际交往和师生之间的人际交往。和谐的人际关系能够促使学生共同体形成共同学习、成长和相互认识的空间，并分享学习资源，探索、反思学习方式和学习工具，不仅有利于学习者和教育者工作的开展，而且能够促使学习目标的顺利达成。例如，在具体的教育教学实践中，同寝室的学生相互促进、共同进步，从而实现个体目标。

最后，言行要体现正义。在建立多维、互动的和谐师生关系中，教育者和学习者的言行都要体现正义。教学环境中的正义要求平等对待学生、对学生民主尊重、实事求是、赏罚分明、面向全体又注重个性等。这里的正义主要是通过教育的过程和教育的结果来实现的。教育过程的正义本质上要求教师平等地对待每个学生；教育结果的正义，本质要求是为每个学生提供合适的教育，即因材施教。现实的教育教学过程中往往存在大量的违背教育正义的情况。例如，教师往往将成绩好的学生名字挂在嘴边，对贴上“后进生”标签的学生不闻不问，甚至歧视。在这种情况下，学生丧失了体验受尊重与公平发展的机会，人格发展受到挫折，根本无法取得进步和发展。很多学生往往就此丧失前进的动力，对教师和教师所教学科产生厌恶，甚至会产生自暴自弃的念头。

三、有激励系统

激励是学生成功和进步的催化剂和推进器，是学习环境保持良好运行状态的重要保障机制。如果说学生是成长中的种子，那么激励就是种子成长需要的阳光和雨露。因此，激励系统的构建是任何有效学习环境的关键因素。激励系统的构建要坚持以学生为本、多元、促进发展等基本功能及价值取向。

以学生为本的激励系统首先要体现关注学生的需求，以学生的年龄特征和心理特征为思考点和出发点，采取相应的措施对学生进行正向的、积极情绪和行为的引导。激励的目的要着眼于学生行为的引导，通过对教师认可的行为的表扬和激励，让学生意识到教师所倡导的行为。例如，在学生排队出现混乱时，教师有两种处理方式：点名批评尚未将队伍排整齐的学生或者表扬已经排好队的学生（部分学生）。前一种方式是很多教师采用的方式，结果可能是教师拼命地叫喊但是效果一般，因为排好队的学生没有得到应有的注意，而没有排队的学生却得到了过度的关注；后一种方式是激励系统中应倡导的方式，让守规则、听指挥的学生得到更多的关注，同时让其他学生知道，这是教师所倡导的方式和行为。

激励多元的取向要求激励的方式和激励主体多样化。方式多元是指教师要采用内容型激励（满足学生需求来调动学生学习的积极性和创造性）、过程型激励（对学生进行心理激励）、行为改造型激励（研究学生的行为）等不同方式对学生进行有效行为的激励。激励主体多元是指通过学生自我表扬、教师点评表扬、同伴互评表扬、家长赞许等多种表扬主体的介入，进而构建家、校、社会三位一体的评价激励生态系统，让学生学会在激励中反思，在反思中学习，发挥激励在改善学生学习行为和学习习惯中的重要作用。

促进发展强调激励系统的构建不仅要关注知识与技能、过程与方法、情感态度与价值观的发展目标，还要关注学生基本素养和核心素养的发展，以学生的发展为基本取向。激励系统的最终目的是通过对学生行为的激励，让学生形成良好的行为方式和习惯，进而更好地发展和成长。

四、有评价系统

学习环境的有效构建离不开相应的评价系统。成熟的评价系统能够帮助学生清晰地了解教学意图和学习目标，能够帮助教师给予学生及时、准确、有效的反馈。在构建有效学习环境的评价系统过程中要避免评价中的管理主义、科学主义和功利主义，要协调评价方式与教学方式的关系，更要突出能力本位的动态评价体系的生成和发展。

首先，评价标准的构建要抛弃其工具性功能，关注和实现其诊断性功能。任何评价标准的构建和实施不只是一个工具和手段，它更应在促进教学的改进和完善，以及教师和学生各自的成长和发展过程中扮演重要的角色。评价应当关注和实现其诊断性的功能，即能够帮助教师和家长了解学生当前知识和技能的水平，从而调整相应的教学方法和教学干预，进而促进每个学生在其原有水平上得以发展。当前我国关于评价的工具主义思想依然存在于教学实践中，很大程度上还局限于工具性的功能（解释），评价给学生贴标签，以“重点”“普通”等名称对学生进行分层、分流。要真正发挥评价的正向作用，必须从理念和实践上践行教育评价的本真追求，使评价向着促进教师教学和学生学习的方向发展。

其次，构建评价体系要以课程标准为内核，协调评价方式和教学方式。评价体系的构建要以课程标准为基础，制定、开发与之相适应的评价标准、评价理念和评价目的，并以评价标准为手段，指导和规范教学方式和教学目标的走向，以更好地实施和完善核心课程标准的目标，从而使课程（教什么）、教学方式（怎么教）和评价方式（教学目标的实现与否）共同服务于学生发展的目标。随着基础教育阶段课程标准的颁布与实施，我国当前的评价体系出现了偏离甚至是与课程标准对立的现象。我国应当借鉴美国评价体系的经验，着手完善评价体系和教学方式的改革，要以课程标准为导向，探究新的评价体系，更好地匹配和服务于课程标准，从而不断完善我国基础教育阶段的评价体系，否则评价的实质和功能将会削弱，甚至可能消失。

最后，构建以能力为本的动态评价模式。从本质上看，有效教学环境中的评价标准应当呈现能力本位的动态评价模式。能力导向的评价体系，即评价体系注重学生利用所学的知识和技能解决实际问题的能力，考察学生形成策略和推理能力完成相应任务的过程。例如，数学和英语评价中拓展性能力的评价。动态的评价体系，即评价体系应汇集诊断性评价、形成性评价和总结性评价的优势，在学生学习的不同阶段对学生进行不同形式的测评，从而为学生个体、家长和教师提供学生学习的动态信息，有利于学生、教师和家长做出有针对性的学习方式和教学辅助方式的调整，促进学生的有效学习。

五、有原则

学习环境中总是存在教师的纪律要求与学生追求自由的矛盾，以及教师课堂控制与学生反控制之间的矛盾。有原则是指有效学习环境的正常运行离不开规则的建立和师生规则意识的形成与发展。有效学习环境中的原则性规定是学习者可以进行有效学习、培养和发展学习者责任心的重要保障。有原则性要求施教者对学生推行真正有益的纪律和规则的教育，这样才能赋予学生真正的自由。教育教学中的迁就、溺爱，甚至放任，只会让学生承担不良的后果。在具体的教育教学中，教师要从以下三个层面创建有原则的学习环境。

首先，建立规章制度。在规章制度建立的过程中，师生均可以参与并表达自己的意见与期望。在沟通交换意见的过程中，教师一方面要充分听取学生的建议，尊重学生的意见，将学生关注的内容体现在相应的规章制度中；另一方面，对于教师倡导的而学生没有提出的规则，教师要通过适当的方式引导学生思考，从而在商讨中达成能够促进学生有效学习的规章制度。

其次，解释规章制度。有效学习环境中的规章必须经过解释和教导程序才能在实施过程中得到有效的遵守，从而转变成个体的自觉行为。在相应制度建立之后，教师和学生要采取不同的方式和方法对相应的规章制度进行宣讲，对学生相应的行为规范进行教导，让每个学生能够了解相应的规章。这样学生就可以快速地融入规章的学习中。

最后，实施规章制度。在实施规章制度的过程中，要注意两点。一方面，教师要严格按照规则和原则行事，要坚持公平一致的原则，不能无原则地妥协，教师的做法不应因时间、空间或者学生不同而有所差别，教师不能对违反规章的学生进行妥协，因为妥协意味着放纵，而放纵会使学生的纪律性变差，丧失对个体行为的责任感，很难按时保质地完成相应的学习任务；另一方面，要对原则的遵守者给予及时的肯定与表扬，对学生优良行为给予强化，让处于同一学习环境中的学习者明白遵守原则的重要性，让学生明白教师对所实施原则的责任性，即言出必行，从而使教师赢得学生的信任。

六、安全舒适

安全舒适感是学生个体在成长、发展和学习过程中不可或缺的基础性心理需求。如果学生不能从学习环境中获得安全感、归属感和舒适感，那么真正意义上的学习就不可能发生和实现。这里所说的安全舒适包含两个层面的意思：一是物质层面的安全舒适；二是精神层面的安全舒适。

所谓物质层面的安全舒适是指学习环境的所在地及构成学习环境的建筑、座椅、装饰等硬件设施不会对学习者的人身造成伤害。例如，在一些战乱的国家，作为学习环境重要组成部分的学校常常受到武装人员的攻击，学生和教师对于上学这件事是充满恐惧的，这种学习环境下是无法要求师生全身心地投入教育教学和学习过程中去，学习效果自然非常差。从我国的具体情况来看，一些地方的教室缺乏必要的照明设备和取暖设备，这些都是物质层面未达到安全舒适要求的体现。

所谓精神层面的安全舒适是指学习环境的整体氛围不会让学习者产生心理上的负担。精神层面安全舒适的一个基本标准就是学习者在参与讨论、回答问题、提出问题的过程中不会有“我如果回答错了，怎么办？”“我问的问题是不是很愚蠢？”等顾虑。学习者在学习环境中的顾虑越多，其参与度和获得感就越低，其学习的效果也就大打折扣。反之，学习者在学习环境中可以自由地分享自己对相关学习资料、学习过程中的疑惑和观点，教师和学生对其的接受度就会越高，其参与度和获得感就会越高，其学习结果也就会达到事半功倍的效果。

安全舒适环境的创建需要地方教育行政部门、学校、教师的共同努力。地方教育行政部门要加大投入，确保物质层面的安全舒适，为学生的有效学习提供良好的物质条件，满足教育教学的需求。学校和教师要努力构建良好的精神层面的安全舒适，通过不同的方式和方法为学生提供分享、反思、提问的渠道，努力打造有效沟通的渠道，让学生可以无顾虑地投入学习过程中来。

第二节　构建有效学习环境的四大支柱

有效学习环境的特点为一线教师在认识和解读学习环境等层面提供了理论依据，那么教师应当如何进行有效学习环境的构建，从而改善教育教学，促进学生的学习呢？有效学习环境的构建有以下四个要素。其一，教师教育教学理念的根本转变；其二，民主、和谐学习环境的创建；其三，教育教学及学习目标的共享；其四，学习方式的有效改善。本节将对这四个要素展开探究，帮助教师构建属于自己的有效学习环境创建的方法和策略。

一、教师教育教学理念的根本转变

教师在构建有效的学习环境过程中要转变教育教学的理念。教师要坚持以生为本的基本理念，构建和谐的学习环境，这是学习环境促进学生作为人的个性得以全面、和谐发展的前提，是有效学习环境价值得以体现的根本保证。在具体教育教学实践中，教师可以从以下几个层面着手进行构建，从而实现学习环境中各种要素的配合、协调和多元化的统一。

首先，教师要接受教师不再是知识和技能的权威，而是教学环境中知识和技能构建过程中的重要平等个体的转变。互联网技术与教育的深度融合给学生带来了前所未有的学习资源和学习方式，学生可以通过不同的学习平台获得不同的知识，他们对于某个领域的学习与探究就有可能超越教师现有的知识水平和能力水平。这就要求教师接受学生“青出于蓝而胜于蓝”的可能性，成为学生探究学习过程中学习共同体中的一员。同时，教师要注重培养学生质疑与探究的精神，伟大的教育学家苏霍姆林斯基曾经断言：“学生的心灵深处存在着使自己成为发现者、研究者、探索者的固有需要。”因此，学习环境中的教师要培养学生的自主探究精神。教师在教育教学过程中要始终坚持引导学生突破意识与批判精神的养成。鼓励学生不笃信书本，不盲从定论，不拘囿于权威与传统，不墨守成规，敢于对教材、教师提出质疑和怀疑，敢于标新立异，发表自己的观点和见解，从而促进学生独立思维的发展。

其次，教师要变被动为主动，掌握不同学生的学习节奏，发现学生的个性特点，通过有效沟通来实现有效学习环境的和谐共建。联合国教科文组织在其权威报告《学会生存》中指出，应该把培养人的自我生存能力，促进人的个性全面和谐发展作为当代教育的基本宗旨。教师只有主动出击才能有效地构建相应的学习环境，从而帮助学生在主动学习、主体实践及合作探究的过程中获得包括知识、能力、情感等因素的核心素养的协调发展；教师只有了解每个学生的特点，才能引导学生在发展各种基本素养的同时，根据自身的兴趣、爱好自主发展，从而培养出具有鲜活个性的多样化的人才，使每一位学生的潜能得以充分的挖掘，特长得以充分的发展，从而实现个性的全面发展。

二、民主、和谐学习环境的创建

案例

在我做家教的过程中，曾经遇到过这样一个小孩子，每次看到不会的题目时，看都不看。我尝试着引导他说：“来，老师帮你一起看看，说不定能找出答案呢？”他跟我说，“老师说了，我智商不够，这些题是解不出来的”。引导这样的孩子应该采取什么样的方式呢？

上述案例中，学生所产生的“习得性无助”现象就是在长期的教育教学环境中形成的一种对现实的无望和无可奈何的行为及心理状态。这种心理状态往往让人们将失败的原因归结为自身不可改变的因素，进而放弃继续尝试的勇气和信心。而这种心理状态是消极学习环境中大部分学生心态的真实写照。这就要求教师关注环境尤其是有效学习环境的构建。

有效学习环境的形成离不开师生通过协作努力而共同构建的包容、民主、温馨、积极向上的学习环境。研究表明，当人处于安全、舒适的氛围中，会有一种归属感。学习环境的安全、舒适给该环境中的教师和学生以身心上的安全感、归属感，从而会使双方安心于自己的工作。在课堂上，创设一种民主、和谐的学习气氛，可以激发学生学习的兴趣和热望。在学习过程中，让学生有安全感，使他们始终处于一种愉悦的环境中，让他们在心态放松的情况下学得知识、锻炼能力，使课堂始终保持一种热烈、轻松的学习氛围。

包容是指在学习环境中，参与者尤其是教师不轻易否定其他人的意见，要努力创造允许学生犯错误的环境。在这种包容、宽松的环境中，教师可以更容易地激发学生的兴趣，增强学生的自信心，让学生们更勇于冒险尝试，促进学生在愉悦的、高涨的情绪中学习、分享智慧，从而不断提升自身的水平。检验学习环境的包容性有一个相对简单的方法，即学生在回答教师的问题或者分享自己对某一观点和现象的见解时，需不需要考虑“如果我回答错了，老师会不会嘲笑我、批评我”的问题。如果学生需要考虑上述问题，那么这样的学习环境的包容性就会大打折扣；相反，如果学生不需要考虑上述问题，那么相应的学习环境就具备了包容性的特点。当个体消除了受批评、嘲笑的顾虑，独特的想法和思考才能得以发展，从而产生创造和创新的机会。

民主是指每个学生都是学习环境的重要参与者，每个学生都有表达自己观点、分享个体经历的机会。著名的教育家杜威认为，学校应该成为民主社会的雏形，民主不仅是一种政治制度，更是公民个体的一种生活方式和生活态度。民主氛围和环境的形成需要通过民主的生活形态和生活氛围长期养成。而学习环境的创设应当成为推进民主进程的重要途径。好的学习环境会鼓励不同的学生提出不同的问题，发表不同的见解。教师要注重创设民主、平等的学习氛围和环境，让学生在这种氛围中学习、讨论及进步，这样才能真正使学生成为学习的主人，积极主动地使自己得到充分的发展。

温馨是指教师不仅要在学习上关注学生的成长，而且要在情感上给予学生以关注，给学生温暖的爱和关怀。学校是学生除了家庭之外最重要的生活和学习场所。在温馨的学习环境中，师生之间是心理相通、双向互动的辩证关系。一方面，教师尊重学生的人格，信任学生的自主发展，在了解学生学习习惯和学习态度的基础上，听取学生对于教育教学的建议，激发学生个体的自主意识和学习动力；另一方面，教师要引导师生之间以主体的身份在学习环境中进行知识、技能和智慧的分享，通过师生之间的交流与协作，共同体验学习、情感、思想与价值观的沟通，从而达到情感的共情与共鸣，使教学相长成为教育教学的常态。

积极向上是指学习环境的整体气氛是积极的、乐观的、向上的。教师要培养学生幸福生活的能力，向学生传递正能量，让学生在相应的学习环境中感到舒心和愉快。教师要从学生的学习态度、学习方法、学习成果等不同的层面给予学生适当的鼓励或帮助，消除学生学习的紧张和压抑情绪（尤其是在新授课或者新学期的时候），培养学生体验积极情绪，促进其身心充分、自由地发展。

三、教育教学及学习目标的共享

目标的制定和共享应当成为有效学习环境构建的重要支柱。在有效的学习环境中，教师应当与学习环境中的各方同心协力制定每天、每月、每学期、每学年的改进目标及计划，并通过对相应目标和计划的分享确保相应学习环境中的每一个人理解、赞同、贯彻目标计划，从而实现教育教学的改善和学习目标的有效达成。

首先，要确保学习环境的参与者理解目标。为了确保每个参与者充分理解教育教学，即学习改善的目标及策略计划，相应的目标必须简明扼要，一目了然。教师在分享相应的目标尤其是新的学习目标时，用语必须尽可能地浅显易懂，这样才能保证学习环境中的每一个人都能了解并朝着相应的目标前进。

其次，要确保目标赢得学习环境参与者的赞同。为了确保目标计划得到绝大多数学习者的赞同，施教者必须做两件事情。一是在制定目标的时候，要让每个学习者参与到目标计划的制定过程中来，确保每个学习者都有机会对学习目标提出自己的见解，做到共同商讨、共同起草，从而形成人人都有小目标、整体构建大目标的学习氛围。二是教师要了解自己学生的现有水平，确保制定的目标是相应学习环境中的师生通过努力能够达到的。不切实际的、盲目的目标，不仅不会产生有效的学习氛围，相反，可能会打击师生的信心，导致消极情绪的形成与扩散。

最后，要确保目标的有效贯彻。目标在制定和分享之后，要实现目标，就必须贯彻执行目标。只有学习环境参与者理解、赞同并坚决贯彻执行目标计划，学习环境才能发挥其对学习的正向作用，专业学习才能取得成效。学生和教师如果没有贯彻计划的决心，即使参与也是心不在焉或者是敷衍了事，那么学习环境就不会得到稳固而持续的改善，学习目标也就得不到实现。

四、学习方式的有效改善

学习方式是指学习者完成学习任务过程中的基本行为和认知取向，包括学习方法及其关系、学习习惯、学习意识、学习状态、学习态度、学习品质等心理因素和心灵力量。关于学习方式的理解要从以下两个层面进行。一方面，学习方式反映了学习者在学习过程中以什么样的行为和认知方式去完成学习任务的取向；另一方面，学习方式不是学习者具体的学习策略和学习方法，而是高于策略和方法，能够指导学生对具体策略和方法做出选择和调整。学习方式的转变对于促进学生发展具有重要的意义，是有效学习环境的重要支撑因素。

随着信息技术与教育的深度融合，学生在学校获得的知识和技能已经不能满足其发展的需求，终身学习将成为每个人必须秉持的学习理念。教育要帮助学生实现从学会到会学的转变。同时，自主性学习、探究性学习、合作性学习等不同的学习方式将成为现代学习的基本方式。因此，学习方式的有效改善是有效创建教学环境的应有之义。教师在相应的教学环境中对学生学习方式的引导和培养，可以促进学生深度学习。

根据伍德（Wood）的观点，学习可以分为以记忆为特征的浅层学习和以理解、探寻为基础的深度学习。其中，浅层学习的特征是以通过考试为目的，以死记硬背知识点为手段，关注的是信息的回忆，因此是一种低效的学习；而深度学习的特征是探寻型学习，是以理解为基础，关注的是知识的内在意义及问题的彻底解决，因而是一种高效的学习方式。有效的学习环境应当引导学生和促进学生深度学习的发生。在这个过程中，教师要着力从以下三个层面打造学习环境：首先，要引导学生进行自主性学习方式的形成。自主性学习是指引导学生在学习过程中进行自我导向、自我激励、自我监控的学习方式。这种学习方式要求学生在学习的过程中充分发挥自身的主动性。其次，要以探究性学习方式为着力点，发展学生的高层次能力。探究性学习是指以问题为导向，创设一种类似科学研究的情景，引导学生自主收集、分析、处理信息，进而获得知识、技能，发展情感态度，培养学生探究能力和科学素养的学习过程和学习方式。最后，要注重学生合作性学习习惯的养成。合作性学习是指学生在小组或者团队中为了完成共同的任务，进行明确的责任分工的互助式学习方式。学生学习中的协作活动不仅有利于学生个体思维能力的发展，形成批判思维和创新精神，还有利于学生对个体差异的包容力，增强学生的沟通交流能力和换位思考的能力。

第三节　学习环境的评估

一、学习环境评估的含义

学习环境的评估是指依据一定的标准和价值取向对学习环境中的学习资源及人际关系进行动态的衡量、比较和判断，从而得出一定结论的认识活动。它包括对支持教育教学的教学媒体、教学材料，以及帮助学生学习的认知工具、学习空间等硬件的评估，也涵盖人际关系包括学生之间、师生之间人际关系的软件评估。

在学习环境的评估中，硬件的评估相对简单。教学设备、教学材料、认知工具及学习空间都可以通过实地的清点和考察进行对比，从而进行认知和判断。从当下的教育教学实践来看，对于硬件的评估，不应当仅仅满足于数量的清点，还应关注教学环境中师生对于相应硬件的使用率。一方面，要在保证学生与硬件的适当比例前提下，注重师生对相应软件的熟悉程度，要保证他们会用、能用；另一方面，评估时要查看硬件的使用率，防止相应硬件只是满足评估的要求，成为摆设，并未发挥其应有的功效。

二、学习环境评估的价值取向

价值取向是学习环境评估的核心，规范着学习环境评估的目的和指导思想。学习环境评估的价值取向是指在对学习环境的评估过程中应当坚持的基本理念和核心品质。从教育教学的本质出发，以人为本和实践导向应该是学习环境评估的两大基本价值取向。

（一）以人为本

学习环境中的教育活动首先是人的活动，人的价值和尊严必须得到尊重和发展。学习环境评估中要坚持以人为本的价值取向，就是要强调学习环境中的人是评估活动的基本前提、本质和依据，强调评估要本着师生的价值和需求进行决策和行动，强调评估的最终目的是构建和谐而有活力的学习环境。坚持以人为本的学习环境的评价取向，就要看评估是否有利于教育教学活动的改善，学习环境是否有利于帮助学生形成有教养、负责任的心灵，帮助学生欣赏本国的文化，以便他们能够理解过去、剖析现在及构想未来。

1. 改善教育教学活动

学习环境的评估要坚持积极评估的原则，使评估的内容、过程和结构有利于教师加强自身学习，形成健康的教学环境的观念，懂得如何利用学习环境来改善教育教学活动，正确认识教学环境对教师教育教学的影响，从而提升教育教学的设计理念和水平。长期以来，对学习环境的评估主要用来将学校进行等级的划分。学校及教师对评价的内容、过程不熟悉，对评价结果的使用率几乎为零。这种情况必然导致教师对学习环境构建的知识和技能缺乏必要的了解，不知道如何构建积极的教育教学环境来促进学生的发展。

2. 促进学生发展

学习环境是影响学习者学习的重要外部环境，是促进学习者主动构建知识意义、促进能力生成，最终实现自身发展的重要外部条件。因此，学习环境的评估必须以促进学生的发展为基本理念。这就要求学习环境的评估在评估理念上要以满足学生的发展需求为出发点；在评估内容上，要探究促进学生学习力和发展力的维度和指标；在评估过程中，要坚持学生活动和自我展示的取证理念；在评价结果的使用上，要积极向学校、教师、学生反馈评价结果，注重评价结果的使用和对学习环境的有效构建。

（二）实践导向

学习环境评估的实践导向是指在实施评估的过程中，要以当时当地的学生和教师构建的环境为基本出发点来进行评估，评估标准的形成一定要以教育教学的具体实践为出发点，不能为了达标而故意降低标准，更不能超越具体的实际而一味地求新求异、照搬硬套。同时，实践导向下的学习环境评估的核心是“眼见为实、耳听为虚”。这就要求在评估的过程中，要进入具体的学习环境，而不是在评估过程中通过开会、阅读报告等形式进行。只有坚持实践导向，学习环境的评估才具有真实性和可靠性，才能在具体的学习环境构建中发挥其反馈和导向作用，进而促进教育教学的改善和学生学业的有序、健康发展。

三、学习环境评估的过程

学习环境评估的过程要从学习环境的参与者及相关因素入手，通过观察与测验等不同的方法来综合衡量学习环境的有效性。作为新手教师，在观摩同行的教学环境或者跟一个或多个经验丰富的教师探讨有效教学环境的构建时，可以从以下几个层面来问自己或者他们是通过什么样的方式、从哪些维度来营造积极向上的学习氛围的。

（一）学习环境中的学生

学生是学习环境中的重要组成部分，学习环境中的评估首先是为了学生在学习环境中不断体验进步和成功，积极进行自我认知，建立自信，从而实现综合能力和素养的提升。通过对学生的学力和情感、态度及价值观，以及学习状态的观察与调研，教师可以评估学习环境的有效性。

学生学力是学生学习能力、知识水平及动手能力的总和，它是检测个体知识水平及在接受知识、理解知识和运用知识等层面的能力。有效的学习环境应当通过因素构建，提升学生学会认知、学会做事、学会共同生活、学会发展的能力，并在此基础上不断地进行思考、创新，从而提升个体的学力。

学生的情感、态度及价值观的健康发展是学生发展的重要内容，也必然是有效学习环境追求的重要价值目标。在有效的学习环境中，学生应当逐步形成积极的心态和态度。他们首先会形成丰富的内心体验、乐观的生活态度，他们不怕困难，因为大家可以相互帮助，寻找解决问题的办法；其次，他们会形成宽容的人际交往理念，知道如何从不同的角度进行问题的思考；最后，他们还会形成严谨、求实的科学态度，懂得如何进行新知识和技能的探究。

学习状态是指学习者在完成实际任务过程中表现出来的对学习较为持久的肯定、否定的行为倾向或者内部反应的准备状态。在实际的评估过程中，人们可以通过相应的环境观察学生的情绪状态、注意状态、参与状态、思维状态、倾听状态、观点形成状态等在学习环境中的整体表现。

（二）学习环境中的教师

教师是学习环境中的重要引导者，对学习环境中教师的评估可以促进教师在获取相应教学信息反馈的基础上，对教学行为进行反思与调整，从而不断提升教师自身在学习环境构建过程中的能力和技巧。在具体的学习环境的评估过程中，评估者可以从以下几个层面进行观察、走访等调研：①教师采用什么方法激发学生的学习动力？②教师怎样进行不同教学目标和教学活动的转换？③教师如何将生活体验融合到教育教学过程中？④教师采用什么样的教学策略促进学生对现有知识、技能或者观点的质疑与反思？⑤教师是如何进行分组的，效果如何？

（三）学习环境中的师生互动

教师能否在教育教学过程中灵活地开发和应用师生互动的策略和技巧，不仅仅是教师专业素养和教学能力高低的体现，更会直接影响教学效果和学习效果，最终会影响学习环境的有效性。在具体的评估过程中，有关师生互动的评估可以从以下几个层面展开：①有哪些证据表明教师贯彻了学生为本的基本理念？②有哪些证据表明教师与学生的互动是建立在平等地位的基础之上？③在学习环境中，学生的哪些行为是可以接受的，哪些又是不可以接受的？④教师在互动过程中，采用了怎样的激励方式？⑤教师是如何引导学生从不同的视角去看待问题的？

思考问题

1. 教师在有效学习环境中扮演何种角色？
2. 教师为什么要定期进行学习环境的评估？
3. 学习环境评估的基本价值取向是什么？

第五章　课堂经营：组织与实施策略

课堂要达到有效，离不开对相应的课堂经营策略的思考与实践。在笔者教授的课程“课堂组织与实施”及指导学生进行教育见习和实习的过程中，学生所提的问题大多都是如何激发学生的学习动力或制止学生的行为问题。例如，学生上课睡觉、玩手机、开小差、不听课怎么办？学生如果不做作业怎么办？学生在课堂上与教师“唱反调”怎么办？同时，在具体的教育教学的实践和培训过程中，笔者也曾经遇到有如下表现的老师。有的老师拒绝使用新的课堂组织和实施策略，他们不愿做出哪怕是最温和的改变；有的老师还恪守着传统教育中对教学内容的限定，不愿意做出调整。例如，教师往往这样说，“要讲授的内容太多了，根本就没有时间利用其他策略来完成教学的组织和实施，能讲完就不错了”。于是，现代课堂中常常是，教师在拥有最新技术、最匹配的设施设备的教室里，长年累月地使用着过时的教学方法。教室里缺少必要的规则与秩序意识，师生关系不和谐、对抗甚至是敌对的状况时有发生。这一切都要求教师来审视课堂经营中的制度与规则建设。本章将探究以下问题。

（1）谁是课堂经营的主导者，教师、学生还是教育教学的评估者？

（2）行为主义对于优化课堂秩序有何贡献？

（3）课堂经营中的危机是如何出现的？

（4）当下课堂经营的方式和方法有哪些？

第一节　课堂经营规则与秩序

假设有这样一种情形:你正在讲授的课程具有创造性、趣味性、挑战性，并且与学生的认知与发展相适应，是你个人最为得意的课堂设计之一，但是你发现，学生有迟到的，还有的学生参与性不高，在你要求他们进行小组活动的时候，学生迟迟不能展开讨论，而当小组讨论结束之后，学生又显示出不愿意发表相应的看法。这样的情形出现的原因是什么呢？你该采取怎样的措施来应对这样的情况呢？本节在探究课堂经营的主体、规则与秩序建立、依规治理等的同时，将从制度、学生、教师的视角来探究有效课堂经营过程中规则与秩序意识养成的重要性。

一、教师是课堂经营的主导者

教师是课堂经营的主导者。教师对于课堂的内容、课堂的组织方式、课堂教学目标的达成及课堂秩序的维持有自己的思考，并形成相应的策略和方法，这个过程是谁都无法替代的。一线的教学实践中，往往会出现这样的情形，有的教师打着“人文主义”“生本课堂”的旗帜，将课堂的经营权无限释放，把课堂上讲什么、怎么讲全都交给学生，甚至有的教师将课本的内容进行划分，然后让学生走到讲台上去讲授相应的内容，这样周而复始，一学期结束。学生从这样的课堂中，学到的就是自己讲授的内容，其他同学讲解的时候可能就表现出忽视或者漫不经心的态度。

教师是课堂经营的主导者还要求教师提前预设情景。从实践来看，无论是新教师还是经验丰富的教师，都需要花费大量的时间和精力去研究、制定和规划课堂经营的策略，从而保障课堂的有效性。经过深思熟虑的教师会进行计划、准备、演练和反思，最终形成策略。有的教师甚至会有 A 计划和 B 计划，不管遇到什么样的情况都可以游刃有余地进行教育教学。教师在进行场景预设时，可以问自己两个问题：①这样的策略会产生什么样的效果？②这样的组织策略会让学生朝着我所期待的终极目标前进吗?

教师是课堂经营的主导者还要求教师树立规则意识，用行为标准和现有的社会道德来引领学生遵守规则意识和秩序，从而营造出积极的学习环境和相互关心的学习共同体。首先，教师可以通过眼神的交流向学生传递自己的信息，眼睛是心灵的窗户，在课堂教学的过程中，师生间的眼神交流可以传递众多的信息。例如，教师提问之后，在环视课堂的过程中，就会发现哪个学生想发表自己的观点，哪些学生还在犹豫，哪些学生不希望教师提问。其次，教师可以通过对有规则意识和秩序原则的行为进行言语上和行为上的表扬，让学生了解和熟知教师所倡导的行为模式和秩序规则。通过强化性的刺激物，教师既激励了优秀学生的表现，让他们再接再厉，又让其他的学生了解了相应的规则和秩序意识。

教师是课堂经营的主导者要求教师不断地阅读教育方面的书籍，参加教育教学培训，观摩同行课堂，增加自身的知识，提高自身的能力，与不断发展的教育情景同步。对于教师来说，有效课堂的组织需要以终身学习理念为指导，多读书、多学习、多思考，在这个过程中不断反思“自己在做什么”和“这样做的原因及依据是什么”这两个问题，从而不断提升班级经营的能力与技巧。有效管理者一般应具备以下特点：①认识能力强；②善于沟通；③自信；④关爱他人；⑤坚持公平；⑥勇于反思。

认识能力强是指教师对自己和学生有足够的认识，了解学生及课堂可能出现的问题。认识能力强的教师总是根据具体情况来调节课堂中的环境和氛围，创建有利于学生学习的环境。人们经常将这类教师称为有经验的老师——他们总能未雨绸缪，随机应变，恰如其分地处理班级里出现的情况。认识能力的培养要求教师：了解每一个学生，通过座位调整和小组成员的变换让学生与不同的同伴进行交流；设计相应的课堂活动将学生的注意力集中到互动中来；要在学生之间走动，参与、教育、了解和评价学生，让每个学生都了解到教师对他们的关注。

善于沟通要求教师能够并乐于与不同水平、不同家庭背景、不同文化的学生进行有效沟通。这要求教师首先要对待所有的学生一视同仁，不能基于成绩或者学生家庭背景而歧视学生。善于沟通的教师总是愿意花时间去了解学生，并愿意教导学生在学校及班级里如何做。其次，善于沟通的教师不仅对学生热情、友好，而且会对学生严格要求。他们会用不同的沟通方式对上课开小差的学生或者交头接耳的学生进行制止；他们会通过私底下跟学生交谈、留纸条等方式与学生进行各方面的沟通。

自信源于教师对于先进教育教学理念的把握，源于教师对自己的有效认知和剖析。在一线的教育教学实践中总有一批这样的教师，他们懂得因材施教的重要性，了解与学生沟通的重要性，了解建立规则与遵守秩序的重要性。他们会正确地对待学生的成绩并提出建议，在班级的经营中采取对事不对人的方式。他们对自己的教学方式很满意，清晰地知道在班级中应当采用什么样的方式进行教育教学，并将相应的理念贯穿到自己的教学实践中去。

关爱他人是有效管理者的另一大特点。这样的教师懂得去了解学生，懂得不同年龄段学生的身心发展特点。学生出现错误或者违反规则时，在处理问题的同时，会积极地帮助学生形成良好的习惯。这样的教师懂得与任课教师及家长的沟通，从而取得他们对自己管理模式的支持与理解。

坚持公平的原则是有效管理者应坚持的重要原则。从某种意义上说，教师能够做到的最公平的事情就是确保每个学生都感觉到自己有获取成功的可能性。要实现公平的原则就要求改变传统的以学生的成绩好坏，以及学生的家庭背景、社会地位来评判学生，并基于坏学生、差学生的标签性的评判而对学生加以区别对待。教育公平的原则还要求教师用发展、变化的眼光看待学生的成长过程。在学习上不能对学生一视同仁，要实施差异教学，对待水平不一样的学生应布置不同的任务，并对所有学生的努力过程进行鼓励与支持。同时，教师要鼓励学生之间相互帮助，让先进生去帮助后进生，让他们之间形成互帮互助、友好相处的氛围，让每一位学生都感觉到自己可以为班级做贡献，通过师生的努力，形成公平、无私、乐助、共进的氛围。同时，教师对待每一位学生要有耐心，让他们知道老师不会放弃班里的任何一个人，只有这样，才能彰显公平。

勇于反思是有效管理者的重要品质。冰冻三尺，非一日之寒，有效管理者的优秀品质和卓越策略也是在理论和实践的反复打磨中不断发展和成熟的。每一位老师都尝试过新事物，都曾经犯过这样或那样的错误，都有过失败和成功的案例。有效管理者成功的重要因素是他们善于反思，他们愿意花时间和精力去思考如何提升自己的课堂组织方式和策略。美国著名教育者黛比·西尔弗（Debbie Silver）指出，有效管理者会提前预想以下几个层面的问题：①如何应对不同的情况；②获取更多的正能量；③采取措施减轻负能量；④为问题学生单独制定纪律要求；⑤调动所有学生学习的积极性；⑥因材施教；⑦采取措施凝聚班集体；⑧预留弹性时间。

二、规则与秩序的建立与执行

营造有序的课堂学习环境是课堂管理者的终极目标，而实现这一目标要通过建立规则，以规则治理课堂来实现。无明确规则或仅有规则却执行不力的课堂相当于依靠教师的一己之力进行“人治”，随意性强，耗费精力巨大。而建立明确、适用的规则相当于“法治”，能够确保教师对学习秩序进行有效、公平的建设，从而促进学生的成长。

（一）需要建立规则与秩序的情景

一线教师首先要根据学生心理和生理发展的特点、学校的性质、学校的内部环境和周边环境来确定需要建立规则和秩序的情景，然后有计划、有步骤地带领学生来制定相应的规则。一般情况下，教师要从以下几个层面考虑，建立相应的规则，以确保秩序。

（1）课堂教学过程中的规则。课堂教学过程中，教师可以设立相应的规则来保障课堂的有序进行、师生互动的顺利进行，以及学生思考、提问和发展能力的有效形成。例如，尊重课堂发言者的规则可以帮助学生形成良好的倾听技能；激励原则的建立可以更好地促进学生的思考和发言；时间原则可以让学生在短时间内聚精会神地思考、讨论，从而形成良好的思维能力和技巧。

（2）进餐、休息和上下课的规则。学生有效的学习离不开基本需求如食物和休息等的满足。这就要求有良好的作息和饮食规则来保障学生需求的有效实现。同时，学生在上下课的时间很容易出现由于拥挤等情形而产生的安全隐患，这就要求教师及教育管理者应当制定相应的规则，规范学生的行为，从而为教育教学秩序的有效建立提供保障。

（3）进行相应演习时的规则。演习是现代学校为了预防安全事故的发生而进行的演练行为。演习规则的制定能够提高师生的安全意识，重视演练的重要性，不断将演练程序化、游戏化，从而更好地实现演习的教育和预防目的。

（4）使用电子产品、多媒体等现代教学设备的规则。随着社会的飞速发展以及互联网与教育的深度融合，电子产品已经成为教育教学中的重要辅助手段。电子产品在给教学带来便利的同时，也产生了一些不良影响。学生往往受到网络游戏等影响，无法进行正常的学习。这就要求教育者制定相应的规则，规范电子产品的使用，引导学生正确的使用观，使科学技术的发展能够造福于学生的成长与发展。

（5）组建学习小组的规则。小组学习已经成为现代教育教学的重要组织方式。然而，在现实的教育教学实践中，往往出现了小组中个别学生搭“顺风车”的不负责的做法，或者出现小组分工不明确、任务无法正常完成的情况。这就要求教师明确小组分工职责和考评规则，更好地进行责任分工，从而保障小组学习的有序、高效运行。

（二）规则设定与秩序建立的原则

1. 适用性原则

规则的适用性是规则设定与秩序建立的首要原则。适用性原则的价值取向源于学生身心发展的自然规律及教育教学环境的多元性。学生成长发展的自然规律要求教师在规则设定与秩序建立的过程中要考虑到具体学生对规则的理解能力、执行能力和遵守能力。不考虑学生的发展规律往往不利于规则的实施，最终使规则成为一纸空文。在教育一线，往往多是千篇一律的班规的复印件，而教师经常抱怨，“班规班律都贴在墙上，每个学生都能看见，但还是有很多学生视而不见”。这种抱怨往往是由于班规设定的目标过高或者未能按照学生特有的发展规律来制定。同时，教育教学环境的多元性也要求规则设定与秩序建立的过程中坚持适用性原则。教师不能用一成不变的班规来管理持续变化的环境中不断成长和发展的学生。

2. 针对性原则

教师在设定课堂规则之前，应当充分考虑课堂上学生影响课堂秩序建立的相关特点，包括年龄特点、行为特点、心理特点等。当深入分析课堂上学生的特点时，教育者可以归纳受学生特点影响而出现的具体课堂问题，如“学生喜欢抢话、吵闹，不遵守举手发言的规则”，或“学生往往过于沉默，除非被点到名字，很少主动参与课堂积极发言”，等等。针对不同课堂的不同问题，教师制定规则时不宜“大而泛”，耗费时间强调所有的方面，而应当抓住核心难题集中力量进行破解。举例来说，对于学生普遍吵闹的课堂，应当建立和落实“先举手后发言”“别人发言时认真听不插话”的规则；对于学生普遍沉默的课堂，应当着手建立激励机制，奖励主动发言的行为，并将积极主动发言计入考核成绩中。对于有着不同要求的特殊课堂，如音、体、美、实验室等，教师更应总结归纳以往学生在课堂上出现的特殊问题，结合当前学生特点，制定有针对性的规则。

3. 可行性原则

好的课堂规则必定具有可行性。否则，无论教育者的本意多么良好，所拟定的规则多么完善，难以实行的规则都只能沦为纸上谈兵。避免繁文缛节，追求简洁明了，是落实可行性原则的第一要义。作为任课教师，长篇大论地制定一系列繁复的课堂规则并不实际，也难以让学生接受。教师不妨针对本学科及本班级学生特点，提炼两三个关键规则。举例来说，张老师所教科目是高中英语，班上学生积极发言及合作学习的意识较弱，张老师由此制定了两条课堂规则：①积极表现奖励规则。凡是主动举手发言的学生都可以直接获得 1 分，如发言质量较高，可以获得 2 分及以上，上不封顶。②团队合作规则。教师布置的课堂任务当中，有许多需要小组合作完成。小组在学期初形成，持续一整个学期。凡是需要小组合作完成的课堂任务，将以小组为单位进行汇报。在期中、期末，小组内部会进行互评，所有学生在小组内部的表现会获得相应的分数奖励。例子中的张老师，制定了简洁明了的规则，学生容易接受，规则便于实行。另外，为了确保课堂规则的可行性，建议教师在正式实行之前多方征求学生的意见和建议，并且可以提前一个月进行试行，如在实践中出现问题，也要尽快改进，尽量避免“计划不如变化快”，规则脱离课堂实际情况的发生。

（三）执行规则与秩序的原则

1. 清晰明确的原则

有效课堂经营者明白清晰明确是规则得以贯彻执行和有效实施的重要原则。有时候学生违反了某项纪律，并不是学生不服从管理，而是因为不了解相应的规则。因此，有效课堂经营者会向学生宣讲相应的规则，并跟学生讨论这些规则制定的原因。在规则执行过程中，如果出现了对规则理解的偏差，教师就要立刻制止，然后向学生说明自己期望的行为，通过示范或者学生反复的演练，直到学生完全理解并能有效地执行，从而实现规则的内化，实现由行为到习惯的转变。这样，规则才能在无形中促进学生的学习和成长。

2. 坚定执行的原则

不愿意受到束缚是人的天性，但在课堂这样一个集体学习的环境下，个人的自由必须让位于集体的利益，服从规则、共同学习是学生应尽的义务。可以说，教师公布规则后，全体学生都自觉主动遵守，只可能出现在理想的情况下，而在执行过程中，遇到学生不情愿、行为反复、犯错误，甚至故意钻空子，都是很正常的。一名合格的教育者必得从维护课堂秩序、照顾集体的利益、追求共同学习目标的角度出发，坚定地执行课堂规则。尤其是在学期开始的一段时间内，教师坚定的态度往往会极大地震慑住学生的不良行为，为整个学期教学活动的顺利开展奠定基础。待大部分学生养成习惯后，教师也要注意个别学生的偏差行为，适时提醒他们改正。

3. 耐心的原则

当前课堂教学的主要对象是未成年人或未完全独立的青少年，在他们的成长过程中，产生各种偏差行为、错误是再正常不过的了，在课堂之内、课堂之外都是如此。可以说，人的成长过程其实就是一个不断试错、不断改进、不断进步的过程。因此，教师应当秉持耐心的原则来执行课堂规则。当面对一个班几十个学生，以及每天每节课出现的各种各样的问题，教师更要以极大的耐心去应对，心平气和地引导学生，在必要的时候反复解释及强调课堂规则，始终如一地指正学生的错误，激励他们改进自己的行为。耐心是教师职业的要求，也是合格课堂管理者的必备素质之一。

4. 奖惩明确的原则

为了保障课堂规则执行到位，教师须制定并颁布配套的奖惩措施，自学期初就与课堂规则一起实行。一旦学生形成了遵守课堂规则获奖励、破坏课堂规则受惩罚的意识，即为课堂规则生效提供了最坚实保障。常用的奖励包括：口头表扬、加分、符号激励、期中期末时获得荣誉称号等。常用的惩戒措施则包括：口头批评、扣分、扣除已经获得的符号，情况严重时可以采用到“冷静角”反思、写检查、请家长等措施。需要注意的是，教师要在正式实施奖惩措施之前充分征求学生的意见和建议，包括鼓励学生自己提出相应的奖惩措施，民主讨论之后再进行实施，不要单纯地搞“一言堂”“一刀切”。如果教师一味地用自己的权威来强制推行课堂规则及相应的奖惩措施，往往会引起学生的逆反心理。相反，教师从维护课堂秩序的目的出发、从维护集体的利益出发，引导学生参与决策、积极建言献策，则会取得事半功倍的效果，达到预期的目的。

5. 提升自制能力的原则

提升学生的自制能力是规则与秩序制定与执行的终极目标。在教育教学的过程中，通过规则的执行，提升学生遵守规则的意识和能力，内化为学生的优异品质与习惯。教师要通过规则制定与执行中的系列活动，促进学生自我管理能力的提升。教师通过讲故事、讨论等不同的形式，帮助学生理解和体会人生的基本哲理。让学生在参与中体验和检验自己的自制能力，不断地进行自我评价、自我完善，形成组织性、纪律性。

第二节　课堂教学实施策略

学无定法，教无定律。课堂教学组织与实施的方法因学生学习风格、解决问题的方式、教师的风格及与之相对应的教学方法的不同而必然会有所不同。人们可以从课堂经营的研究及公认正确的理论中推演出不同的原则、规则及策略，形成相应的课堂经营策略。然而，课堂经营的理论和原则不能演变为一种处事方式或者程序化的样本，甚至是命令性的思想、行为。课堂经营权的主体在于教师，其权力不应当被剥夺，否则教师在其教育教学的职业化发展道路上将会变得软弱无力，不愿创新和发展，沦落为评估工具或者事先定好的一整套行为模式的奴隶，而这种状态下的课堂经营将无法应对和满足学生的多元需求。因此，在课堂经营的过程中，应当允许教师在不同的课堂中采用不同的教育教学方式及策略。

本节主要就提问教学法、案例教学法、游戏教学法、情景创设教学法等展开探究，引导教师进行有效的课堂教学。

一、提问教学法

请大家回忆一下你所有的课堂学习经历，回答下面的问题：什么样的课堂气氛是你所喜欢的？你为什么喜欢这样的课堂气氛？在这样的课堂中，哪些因素可以激发你的学习兴趣和学习动力？你的答案可能多种多样，但是在答案中一定有这样倾向性的描述：课堂成员之间的互动、提问、思考及分享。人是高度社会化的动物。一般情况下，人倾向于通过分享进行交流，交流的过程就往往伴随着提问。因此，作为有效课堂教学的组织形式，提问教学法是指在教育教学过程中，施教者根据教学目的、学情等有目的地设计相应的问题进行教学问答，从而激发学习者学习兴趣，加深其对所学内容的理解，并最终促进学生思维发展的一种课堂教学组织形式。如果说教育的真正目的是培养学生不断地提出问题、思索问题，进而在思考中成长，那么提问教学法就不仅是有效教学的重要手段，也是教师打造最有利于学生深入思考、培养学生批判性思维和创造性思维的有力工具，更是培养学生洞察力和质疑品性、努力思考而不盲从、在现实中不断前进的重要素质的途径。

随着中国基础教育课程与教学改革对课堂教学的聚焦，课堂教学的有效性及优质化成为重要的、内核性的关注点。而课堂中基于师生对话的互动及有效课堂提问成为课堂研究者的重要话题。如何组织课堂提问？如何开展有效提问？提问教学法在实践中存在哪些挑战？这些来自教学一线的种种问题要求我们思考并给出积极的回应。

（一）提问教学法在现实中存在的问题

1. 提问未能实现其功能

从已有的研究结果来看，日常教学实践过程中的提问应当具有以下几个层面的功能。

（1）实现教学的正常运行。例如，通过提问，查明学生对所学知识点的掌握情况，从而更好地实施教学；通过提问，纠正学生的偏差行为，管理和控制学生行为，维持教学秩序；通过提问，唤起学生对于相关知识点的兴趣，参与讨论；通过提问，对所学的知识进行复习、巩固等。以上不同的提问，最终的目的都是实现教育教学过程中不同层面的教学目的，使教育教学过程能够顺利进行。

（2）引起学生思考，发展其思维能力。提问意味着学生有结合自身学习的经验进行思考和表达思想的机会，可以在高认知水平上形成逻辑和批判思维的能力。尤其师生之间借助于教材，通过问题的提出对实践问题进行分析和探究，提升学生的认知层次，学生的学习就会经历由单纯的记忆性知识上升到分析、推理、评价乃至创造性思维等层面，从而形成解决实际问题的能力。

（3）通过提问来评价教与学的效果。教师通过提问来评估教与学的效果是教育教学实践过程中提问的重要功能。首先，提问可以评估学生的学习进展情况。在提问的过程中，学生对所提问题的参与率及回答的准确度都可以检测学生在学习相关知识点和技能点的能力、态度和倾向，从而为教师评估相应的学习情况提供佐证。其次，提问可以用来诊断教学效果。教师可以通过设定不同难度的问题进行提问，从而诊断学生在学习过程中遭遇的困难和挑战，进而提供个性化的学习资料，提供相对个性化的学习方案，达到改善教学的目的。

（4）建立良性循环的学习氛围和师生关系。提问尤其是有计划和有设计的问题能够激发学生参与课堂的主动性和积极性。教师应当创造以学生为中心的问题讨论方式和氛围，积极引导学生在讨论过程中的不同思考维度，并辅以积极、正向的激励措施，这样有利于建立良好的关系和学习氛围。让学生在讨论和回答问题的过程中不断提升自身的学习能力和思考能力。

2. 无效提问

无效提问是那些不能够引起学生兴趣或与教学目标无关的、脱离学生具体学习及生活经验而导致学生不能够积极参与问题的提问。无效问题一般具有如下特征：①问题与教学目标不匹配；②问题模糊、简短、未能切中要害；③问题脱离学生的现有认知、能力和情感水平；④忽略或者对学生的回答不能进行有效的回馈；⑤低层次或者封闭性问题。

3. 快速、过多的提问

这样的提问一般出现在教师的问题很长或者同时问多个问题的情况下。善于提问的老师虽然有不同的提问技巧，但是他们都有一个共同的特点，即根据教学内容和教学过程发展的需要，及时、准确地注意时间上的停顿。他们在设计问题的同时会提前考虑学生分析问题、组织观点所需要的时间，然后基于这个时间来进行课堂教学进度的安排，给予学生思考的空间。例如，如果一个问题要求学生必须进行讨论、思考才能回答，这个时候教师如果只是不断地重复问题，而不进行必要的时间停顿，那么这样的教学实践就会分散学生的注意力，使学生无法有效地参与教学活动，更无法进行新旧知识和技能的连接，进而无法锻炼学生的思维，这样的提问属于无效提问。教师在问题设计的时候就要考虑到学生可能需要的时间，进行时间停顿设计。实践证明，过长或者过短的时间停顿都不利于学生思维能力的发展。

4. 提问不等于问答

提问教学法与传统意义上的问答有本质的区别。在现实的教学过程中，不少教师往往将提问教学法等同于问答。问答中的教师处于中心或者主导地位，负责“问”，而学生处于被动地位，只负责“答”。教师往往有一个标准的答案，用来对学生的“答”进行对与错的判断。提问教学法倡导教师与学生之间的平等、互动的关系。教师处于引导的地位，用问题来引导学生对相应的知识点、观点进行思考。在互动过程中，学生和教师都可以对相关的现象进行讨论、提问。师生双方都可以成为问题的发起者，教师可以问学生，学生也可以问教师，师生之间、同伴之间实现瞬时互动，从而促进深入学习。

（二）提问教学法的有效开展

1. 有效提问的特点

首先，了解学生及教材是有效提问的重要前提。提问教学法看似简单，实则复杂。从教师层面来说，教师如何设计问题，以什么方式提问，选择什么时机提问，如何应对学生的提问，都需要认真考虑。同时，学生在应对提问时，也要受问题的难度、学习环境、心理素质及语言表达能力等多种因素的影响。如果没有对学生和教材的深耕，提问教学法往往难以达到其应有的效果。因此，有效提问的源头活水是教师对教辅材料及学生深入研究基础上的精心设计。教师的提问要紧紧围绕教学目的、教材重难点来展开，提问不仅让学生知道是什么，更要帮助学生了解为什么和怎样将具体的事实融入日常的学习和生活中，解决具体的问题。同时，教师在设计问题的时候要了解学生现有的知识和认知水平，设计与学生的智力、知识和思维发展水平相适应的问题，由深入浅，引导学生进入课程内容，体会其中的妙处，让学生渐入佳境。通过不同层面和不同难度的提问，或连锁提问，或逐步追问，引导学生在回答相应问题的基础上，理顺知识点和技能点，最终通过思考形成答案，养成寻根究底的学习习惯。

其次，能激发学生的学习欲望是有效提问的重要出发点。学生的思维空间具有多向性、动态性、开放性和创造性的特点。有效提问必须能够持续地启发学生思考，引导学生进行反思，从而激发学习和探究的欲望。教师要引导学生从不同的视角进行思考，不应以标准答案来限制甚至是扼杀学生的思维和探究。要鼓励学生说出自己对相应问题的看法，解决学生心中的问题，促使学生顿悟，让学生在思考、回答、分享的过程中展开讨论，实现由争鸣到共鸣的过渡，在参与中寻找乐趣，在乐趣中锻炼思维，有效地培养学生自行解决问题的能力，进而产生创新意识和创新思维。

再次，有助于教学目标的实现是有效提问的最终归属。提问教学法作为一种教学手段是服务于教学目的和教学目标的。教师要根据教学内容和目标来设计问题。教师可以根据教学内容和教学过程的需要，通过“设问”“反问”等不同的方式来对学生基础知识、规律、观点、价值观等层面的发展情况进行考察，来检测相应教育教学目标的实现状况，并根据检测结果对教学方式进行改善。

最后，给予学生回答以有效反馈是有效提问的重要保障。主动、及时、正向的反馈不仅是激发学生积极参与课堂提问、发展学生智能的重要工具，更是教师活跃课堂气氛，提高教学效果的重要艺术手段。学生在分享了自己对于教师提问的问题之后，总是希望得到教师的反馈。教师通过及时的反馈可以引导学生的思维发展，鼓励学生不断地发展批判性和创造性的思维，正向的反馈可以给整个学习环境融入积极、热情的暖流，产生有效的连锁效应，从而让学生更有信心地探究相应的问题。

2. 有效提问的分类

如果从布鲁姆的教育目标分类法出发，那么有效提问大致可以分成三大类。第一类问题主要围绕认知中的知识和理解要素。这类问题一般不要求学生做太多的思考，主要是进行知识点和概念的收集和回忆。问题侧重于回答谁、在什么地方、什么时间、什么地点、做了什么样的事情等。第二类问题主要侧重于应用和分析。这类问题要求学生具有处理相应信息、做出推测和进行逻辑推理的能力。这类问题不仅要求学生进行思考，还要求学生能够基于自己的经历进行假设和判断，问题侧重于要求学生回答为什么、怎么样等。第三类问题围绕综合和评价这两大要素展开，属于较高层次问题。这类问题的回答需要学生进行更为抽象和复杂的思考。这个阶段的问题在设计时就要具有鼓励学生进行主动性、创造性、假设性的思考，并对自己的分析和解读做出倾向性的价值评判。这类问题要求学生亮出自己的观点并能有逻辑地给出解释。

当然，从一线教师的提问来看，也可以将课堂的提问划分为事实型问题、经验型问题、创造型问题和评价型问题。具体的分类和举例如表 5-1 所示。

表 5-1　课堂提问的分类

类型	特征	举例
事实型	要求学生进行定义、概念、特征等简单概念和事实等信息的回忆；对给出的事物做出描述和观察	从图中你看到了什么？ 这件事情发生在什么时候？ 记叙文的定义是什么？
经验型	要求学生能够整合、分析已有的信息	你能用自己的话来介绍一下这个原理吗？ 你认为……的原因是……
创造型	要求学生能够创造性地进行思考，预测未来，产生解决问题的答案或者想法	我们将如何解决这个问题？ 如果……那么……
评价型	要求学生能够给出评判，阐明自己的价值观	你认为这是最好的做法吗？

3. 提问合适的问题

什么是合适的问题？不同的教师可能给出不同的答案。所以，我们也无法给出精准的答案。于是，我们提出了另外一个问题——合适的问题的特点是什么？对于这个问题首先进入脑海的是精心设计，其次是问题的开放性。精心设计是合适问题的重要特征，精心设计的问题带有目的性，因此必然能够让学生对所学内容产生兴趣，进而有所联想。兴趣是最好的导师，而联想能够加深学生对所学内容的进一步理解和应用，进而去思考过去和未来的事情。这也是所有学习的最终归宿：提升思维方式和学习能力。问题的开放性源于一线教师的两个错误坚持，一是坚持标准答案；二是坚持浅层的、事实性问题的提问。标准答案很容易将学生框架于某种定型和定性的思维模式中。而现实的多样性和多变性决定了这种实践不利于学生解决现实中的实际问题，更不利于学生发掘和提出现实中存在的问题，收集有助于做出决策、解决问题、进行逻辑思考和批判性思维的观点。事实性问题的答案往往源于学生阅读的材料，虽然从一定程度上能够考察学生收集信息的能力，但是过多的事实性问题不利于学生思维的发展。教师应多提问开放式的问题，让每个学生都可以基于自己的学习和经历发表自己的看法，并对未来学习和生活中的问题进行展望，从而提高学生的想象力，为培养学生的创造性思维和批判性思维创造机会，因而二者都是在激烈的讨论过程中获得的。

二、案例教学法

案例教学法在1920年左右由美国哈佛商学院所倡导并在1980年左右受到教师教育培训的重视。案例教学法本质上是以案例为基础，通过案例真实情景或事件的再现，提供一种教育两难的情景。在案例教学中，教师的角色是设计者和激励者，通过鼓励学生积极参与基于自身知识和经历的讨论，为解决相应的案例提供多元化的解决方案，并探究方案落地后可能产生的具体效果。

案例教学法重视学生的独立思考，不仅仅满足告诉学生怎么做而且帮助学生分析具体的案情，重视学生在实践中解决实际问题的能力。这在一定程度上提升了学生学习的兴趣、积极性及效果。案例教学法的这一特点决定了案例教学的重点由传统的注重知识向注重能力的转变，这也符合当下教育教学的基本发展趋势。同时，在案例教学的过程中，基于教师的引导和学生的分享、讨论和思考，案例的解决方式往往呈现出多样化的状态，这就要求教学过程中的师生不断深入思考，探究案例在不同情境下可能产生的不同效果，进而促进案例教学的发展。

（一）案例教学法在现实中存在的问题

案例教学法以其教学相长、生动具体等特点深受师生的欢迎。然而，案例教学在具体的教育教学实践中也存在着相应的问题。

首先，案例的单一性问题。案例的单一性是案例教学在现实教育教学过程中容易出现的问题。有的教师采用同样的案例进行数年的教学活动，这就导致了案例教学的枯燥、无味。案例的多样化是案例教学法的基本保障，这就要求相关的学科和教师在实施案例教学法之前，结合本学科的理论及实践，系统地开发或者组织相关的案例，引导学生去思考、创造，进而在教学过程中不断地根据学生的情况丰富案例库，并加深师生对于相关案例的认识。

其次，案例的相关性问题。案例的相关性是由案例教学法的目的决定的。案例教学的目的是加深学生对所学理论知识及技能的理解，并将其理解运用到具体的现实场景中解决问题。案例教学获得一线教师和培训机构关注和使用的重要原因是案例教学与教育教学内容的相关性。一线教师选择案例的标准之一就是所选案例要与教学内容相关联，能够不断丰富学生认识问题、解决问题的能力。

再次，学生的参与性问题。案例教学法能够得以实施的重要前提是学生能够并且愿意参与案例的讨论和分享，并在此过程中不断地提升自己对相应案例的认识并加深思考。每个学生都应该基于自己的知识和能力给出案例情景中所出现的情况去思考，去寻求最佳解决方案。在师生、同伴的参与过程中不断地学习，离开了学生的参与，案例教学法就无法发挥其启发性及促进学生思考和能力发展的功效。

最后，案例的真实性问题。案例教学法中的案例是服务于教学内容和教学目标的，这就决定课堂中的案例与所对应的知识点、技能点的关联性，而这种关联性必须来自具体的实践。教师在开发或选择案例的时候一定要源于具体的现实实践，不能主观臆断，更不能脱离实际而虚构案例。在实践教学中往往出现虚假的案例，这种案例是经不起深入的理论探究和分析的。当学生发现案例是虚假的，他们就会将案例视为游戏，这样案例教学的意义也就无从谈起。

（二）案例教学法的有效实施

案例教学法的有效实施不仅可以提高学生的学习兴趣，增强其分析问题、解决问题的能力，更能提升教师的综合教育教学能力。案例教学法的有效实施可以从以下几个方面进行。

1. 课前的案例选择与准备

课前的案例选择与准备是案例教学法有效实施的基本保证。案例选择的过程中要考虑到两个因素。一是学生现有的知识、技能的经验储备；二是教学内容及教学目标。基于这两个因素，教师选择的案例既要贴近学生的实际，又要满足教学的内容和目标。同时，教师要将选择的案例告知学生，让学生提前了解，并结合将要讲授的知识点通过图书馆、网络等搜集相关的资料，准备好相应的问题，做好发言与质疑的准备。

2. 课中案例的有效讲解及探究

在教师的引导下，展开多元、多方位、多向的讨论是案例教学的中心环节。教师要通过设计的问题及场景来调动学生探究的积极性，引导学生紧紧围绕相关主题展开讨论。在这个过程中，教师可以采用学生个体思考—小组讨论—代表发言—学生个体发言的方式组织讨论。首先，让学生自己对案例进行解读，提出个体对案例的分析思路及解决方案。其次，让学生带着自己的方案进行小组讨论，在讨论的基础上加深对案例的理解与解读。在经历个体与小组的讨论后，教师可以邀请学生进行代表性的发言，在小组代表发言的同时，鼓励学生认真倾听并思考总结。在进行案例教学的过程中，经典的解决方案往往会出现在学生发言之后，而这样的方案更具有合理性和深入性。同时，在讨论结束之后，教师应留出一定的时间，给学生进一步思考和总结的机会，这种总结是学生在思考和分析的基础上做出的，更有利于学生养成深度学习的习惯。在学生总结之后，教师可以邀请学生继续思考、质疑，进而加深对于相关问题的探究及认识。最后，教师要对教学案例进行归纳总结，并点评学生的解决方案。要对案例中的主要问题做出有效讲解，加深学生对于相关知识点和技能点的掌握。对于学生讨论中未涉及的、不够确切的地方，教师要通过提问等不同的方式引导学生进行探究，从而帮助学生从案例中汲取有益的经验或教训。

3. 课后的案例教学的反思与提升

案例教学法的有效实施离不开教师综合能力的不断提升。从某种程度上说，案例教学法对教师的综合能力提出了更高的要求。一方面，教师必须吃透案例所涉及的理论知识和焦点问题，并由此得出相应的结论；另一方面，教师在学生讨论和分享过程中所涉及的方案要有能力做出有效的回应，并能对案例讨论做出总结、点评和引导，从而达成教学目标。这就要求教师案例教学结束之后要进行相应的教学反思，从案例教学的设计（案例选择及教学设计）、实施（课堂组织）、调查（学生的掌握情况）等不同的层面进行反思，从而提升案例教学的综合素养及能力。

（三）案例教学的实例展示

Z 中学的依法治校之路[①]

摘要：依法治校是教育现代化的重要指标，是我国依法治国总目标在教育领域内的重要标志。依法治教、依法治校，是教育教学治理进入新常态，将教育领域的权力逐渐关入制度笼子里的重要尺度。当代研究生尤其是教育管理专业的研究生应当熟知和思考依法治校的重要理念及治理路径。本案例阐述了 Z 中学在探寻依法治校过程中所面临的机遇、挑战。以一个真实案例的完整呈现来激发研究生对依法治校的理念和路径若干问题的思考。这里主要从依法治校之路的探究、依法治校之路的挑战、依法治校之路的实施路径效果等几个层面进行描述与展示。

关键词：教育现代化；依法治校；学校变革

① 本案例来源于中国专业学位教学案例中心，作者为陈殿兵、张天雪。

The Exploration on "Managing Education by Law" in Z High School

Abstract: Managing school by law policy is one of the key indexes of education modernization and has been considered as the operation of governing a country by law in education field. By doing this policy, it will put the administration power into system limitation. Graduate students, especially graduate students in education major should have known and started to think over phenomenon and implementations of managing education by law. In this case study, using Z high school as an example, the authors explore challenges and implementations in reform administration system through legal lens.

Key words: Education Modernization; Managing School by Law; School Reform

依法治校即教育的全部活动都应当符合教育法律的有关规定，所有的教育法律关系的主体在从事各类教育教学活动时都应当遵守或不违背教育法律的规定和精神。依法治校是我国适应教育改革和发展的新形势，提升教育管理水平与效益的重要举措，也是依法维护学校、教师、学生各方合法权益，有效处理师生关系、生生关系、家校关系、同事关系、教工与管理层关系的重要尺度，更是实现教育现代化的重要标志。

依法治校要求教师及教育管理者牢固树立依法办事、尊重章程、法律面前人人平等的基本理念，建立公正合法的制度与程序，保证学校的各项活动都符合社会主义民主法治、自由平等、公平正义的要求，形成教师依法执教、管理者依法治教、家庭及社会依法支持和参与学校管理的格局。同时，学校要在多媒体、自媒体的环境下，增强运用法治思维和法律手段解决学校改革、发展及日常治理中出现的问题及矛盾，全面提升学校依法治理的能力和水平。依法治校还要求全面贯彻和落实师生的主体地位，大力提高自律意识、服务意识，依法落实和保障师生的各项合法权益，积极建设法治校园。

随着我国社会经济的发展，社会主义政治文明和民主法治的发展及推进，从依法治国理念的提出到 2014 年 10 月党的十八届四中全会通过《中共中央关于全面推进依法治国若干重大问题的决定》的实施，为我国各领域的依法治理提供了顶层理念设计。在教育部 2003 年《关于加强依法治校工作的若干意见》的指导下，各级各类学校开始探索全面推进依法治校、加快建设现代学校制度的有益尝试。在过去的十多年的探索过程中，成就与挑战并存。一方面，各学校依法办学和依法管理的意识和能力得到提升；另一方面，一些地方和学校对依法治校的理念和认识还不到位，学校管理者和教师运用法律手段保护自身权益、依法对学生实施教育与管理的能力、意识还存在不足，教育管理者的“权”本位还未转移到“法”本位，对学校治理的法度还缺少必要的敬畏，在现实中还存在人治等阻碍依法治校理念及改革的深入发展。在此背景下，教育部于 2012 年再次印发《依法治教实施纲要（2016—2020 年）》的通知，提出到 2020 年，形成系统完备、层次合理、科学规范、运行有效的教育法律制度体系，形成政府依法行政、学校依法办学、教师依法执教、社会依法评价、支持和监督教育发展的教育法治实施机制和监督体系，从而促进法治校园和和谐校园的建设；教育部门领导干部、校长、教师法律素质与依法办事能力显著提升，在全社会遵法守法的进程中发挥表率和模范带头作用。国家依法治教的顶层设计为各级各类学校依法治教提供的指向，各级各类学校应当在日常的管理中呼唤着“法治”理念的回归。

Z 中学是一所具有悠久历史的学校。学校占地面积超过 102 亩，目前在校生超过 1200 人。该校在长期的学校治理过程中，教师、学生法律观念比较淡薄，仍然延续着“棍棒出成绩”等观念；“人治”方式比较突出，教师及校长管理过程中体罚及变相体罚的情况时有发生。学校从 2010 年开始与所在地区的高校合作成为其附属中学。在高校专家的引领之下，开始了艰难的依法治校的探索。在探索的过程中，这所学校都经历了哪些问题？经过一番的努力，又会有哪些收获呢？

一、依法治校的那些烦恼

作为一所立志成为重点中学的附属中学，该校在长期的教育教学实践中实施的是急功近利、唯分是举的教育价值观。用校长的话就是“只要能将学生送入大学、重点大学，教师可以使用自己的教学及管理方式”，甚至说当地的学生大多数来自农村，比较淳朴，不会对教师的体罚等违法现象提出异议，要求教师“严格”要求学生。在此理念的指导之下，教师对学生的体罚及变相体罚在该校流行成风，甚至出现了教师之间相互交流体罚学生心得的现象。学生错写数学公式，罚抄 1000 遍，5000 遍，写不完大休留校继续写。教师责骂、讽刺学生的情况也屡屡出现。而也正像校长预判的那样，学生们也没有出现举报教师的情况，仅仅是背后在自己的 QQ 空间或者微博中诉说自己的经历。但这种情况随着自媒体和多媒体的发展，在最近的三个事件中出现了一些变化。

事件一：教师指导评价权遭遇粗暴干预

在实行新的学生评价方式改革以来，学生的成绩不再是由单一的期末考试成绩来决定，而是任课教师可以根据学生的平时表现对学生进行相应的评价（即学生某科目的成绩=学生平时的表现考核+学生的期末考试）。张老师班级里有一名学生，该生本学期经常旷课，于是张老师对该生平时表现的考核为不及格。在给出成绩的当天，学生就给张老师打电话，质问并要求张老师将其成绩改到及格线之上。张老师告诉学生自己的考核完全是按照公平公正的方式来进行的，对所有的学生一视同仁。师生的通话以学生最后说要找校长而结束。放下电话后，张老师认为《中华人民共和国教师法》所赋予自己的指导评价权是不会也不应当受到来自外界的干扰的。然而，令张老师没有想到的，在当天晚上，她先后接到了家长、主管副校长、工会主席及书记的电话，要求其改掉学生的平时考核成绩，让学生及格通过。学生家长认为虽然学生不应该旷课，但是老师应该以学生为本，让学生通过，否则相应的考核记录在册，会影响学生将来的升学、就业；校领导们以这样的评价考核会影响家校关系、维护和谐校园和学生稳定为由指出如果家长到学校闹事的话，还会影响学校的声誉，进而影响下一届的招生，这样的后果不是张老师能够承担的。最后，张老师在各方的威逼利诱之下，流着泪将学生的成绩改掉。然而事情并没有结束……

事件二：学生对英语大赛不公平结果的抗争

学校组织学生参加省级的英语大赛。经过层层的选拔，最后有 11 名学生代表学校参赛。小孟是其中的一名。在经过紧张的准备、参赛后，她取得第二名的好成绩。老师也对她提出了表扬，并通知她课后去办公室领取奖状。当小孟到达办公室的时候，才知道班上另一名根本没有参与比赛的学生竟然也有名次并且有奖状。小孟顿时感觉这是不公平的，并私下问老师为什么会出现这种情况。老师说这是校领导的安排，让她不要过问，赶紧带着奖状离开。小孟流着泪回到教室并将这种情况告诉了班里另一位参赛的好友。两人感觉非常气愤，将奖状撕碎扔掉。周末回家后，小孟将自己的遭遇向正在读大学的哥哥进行了诉说。哥哥说他将通过微博等方式将该事件曝光……

事件三：新老教师法治理念的冲突

小孙是一位刚到该校任教的新教师，中午吃饭的时候跟其他的老教师坐在一起讨论如何更好地提升学生成绩尤其是表现不够好的学生的成绩。刘老师说："你要把学生进行相应的分类，将注意力放在那些成绩较好，有可能升入大学的学生身上，其他的学生你只要尽力维持其课堂秩序就好。""可是，作为教师，我们不是要对学生一视同仁、公平公正吗？我在大学的教授还说这是《中华人民共和国教育法》的要求"，小孙说道。"你们那些教授根本不知道实际情况"，一位老教师说，"就拿布置课后作业来说吧，你一直不给学生留作业、做卷子，国家和教授们不是也说要减负、要遵守法令法规。但是你要清楚，现在的学生没有大量的作业、没有题海战术进行测试，成绩是提升不了的。成绩提不上去，家长埋怨，校长找谈话，你自己的奖金、绩效受影响，你这不是自找没趣吗？别守着你在大学里学的教育法规的原则啦，学生该体罚体罚、该布置作业布置作业，没事的"。说完老教师们哈哈大笑，端着饭盘潇洒地走了，只留下小孙在饭桌上凌乱……

上述事件并没有结束，而是合在一起，被学生的家长在网上进行了曝光。在相应的网络文章中，家长们将学校的不合理、不公正、不透明、不合法的事件进行了描述，要求学校给出合理的解释。相应的事件通过自媒体、多媒体的传播，影响迅速扩大，引起了教育主管部门的关注。为了息事宁人，学校做出了如下的声明和决定。

事件一中的教师私自改动学生考试成绩，违反了教育法律法规，给予记过处理，记录在册，三年内不能进行评优、评职称活动。对事件二中的学生事件进行查处，还学生以公正、公平。事件三中邀请教育法学专家，对全体教师进行教育法律、法规的培训，将培训纳入教师培训学时，记录在册。

二、依法治校的专家引领

在党和国家依法治教的基本理念提出之后，要求各级各类学校在治理的过程中坚持、推进依法治校，并在 2012 年《依法治教实施纲要

（2016—2020 年）》中明确提出全面推进依法治教、促进教育治理体系和治理能力的现代化，然而该校在具体的实践中却出现了“上有政策、下有对策”的“人治”“乱治”的情况，对教师和学生的合法权利和权益进行了粗暴的干预，严重背离依法治教、依法治校的基本原则和理念。只有在学生借助自媒体和多媒体的影响之下，学校才开始了依法治教的学习与探索。与以往不同的是这次依法治教的探究邀请了高校教改专家的参与。

（一）专家的改革引领

2016 年 4 月，A 校长、B 副校长、教研组组长及教改专家正式开始了一次关于学校依法治教的高层会议。会议在激烈的讨论中进行了一个上午，最终初步梳理了关于该校依法治教改革的基本思路。在前期走访和调研的基础上，高校专家认为该校存在两大问题：一是学校现有的管理规章制度缺乏依法治教的导向，与现代教育管理理念和素质教育发展趋势相抵触；二是学校管理机制不透明、不民主、欠缺法治思维，导致其运行机制不顺畅。

为了理顺学校的管理制度，帮助其建立依法治校的现代法治理念和思维，专家建议将学校的教师按照教龄分为中、青、老三个层次分别进行培训，并根据学校的特殊情况制定了“一个中心、两个基本点”的培训方案。“一个中心”是指围绕《依法治教实施纲要（2016—2020 年）》确立的指导思想、总体目标、基本原则为着力点，将其作为该校依法治校的核心文件；“两个基本点”是以构建相应的依法治教的思维和在实际工作中依法办事的实践能力为基点，着力提升全体教职员工知法、守法、护法、用法律保护自己合法权益的能力。通过专家的引领，形成依法治教改革状态下的课程总目标、内容、形成路径及依法治教的素养评价策略（表 5-2，图 5-1）。

表 5-2　课程内容

课程设置	主要内容
各类教育政策与法规	围绕教育部印发的《全面推进依法治校实施纲要》的通知，进行义务教育政策、普通高中教育政策等层面的教育
课程政策与法律	了解国家在课程改革、课程实施、学生减负等不同层面的课程政策与法律
学校政策与法律	了解现代学校制度的法制特征及学校安全政策与学校事故的法律责任
学生政策与法律	了解学生权利与义务的基本法律规定及保护体系
教师政策与法律	了解教师职业的基本法律规定、资格制度及法律救济途径

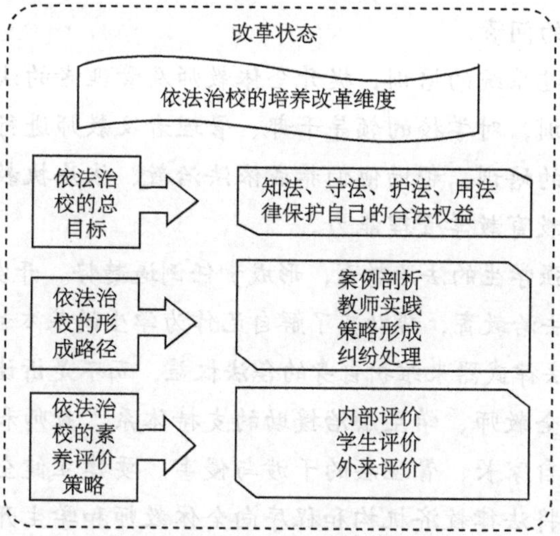

图 5-1　依法治校改革维度

（二）法治教育的专题专场培训

教育部在关于印发《全面推进依法治校实施纲要》的通知中明确指出，学校要牢固树立依法办事、尊重章程、法律面前人人平等的理念，建立公正合法、系统完善的制度与程序，保证学校的办学宗旨、教育活动与制度规范符合民主法治、自由平等、公平正义的社会主义法治理念要求；要以建立现代学校制度为目标，落实和规范学校办学自主权，形成政府依法管理学校，学校依法办学、自主管理，教师依法执教，社会依法支持和参与学校管理的格局；要以提高学校章程及制度建设质量、规范和制约管理权力运行、推动基层民主建设、健全权利保障和救治机制为着力点，增强运用法治思维和法律手段解决学校改革发展中突出矛盾和问题的能力，全面提高学校依法管理的能力和水平；要切实落实师生主体地位，大力提高自律意识、服务意识，依法落实和保障师生的知情权、参与权、表达权和监督权，积极建设民主校园、和谐校园、平安校园。

专家组以该纲要为导向，确定了相关的改革方案。在相应的改革方案确定之后，作为 Z 学校的合作大学，大学方先后派出两人对该校的全体教师、管理层、学生进行了培训。培训以专题的形式进行，相关专题分别为：认识教育法律法规的教育法学概论；教育法律法规的价值基础；教育法律法规的执行；教育法律的单行法解读；教育法与校园安全；教育法律的问责。

首先，通过系统的培训，提升全体教师及管理者的法治观念。通过不同形式的培训，对学校的领导干部、管理者及教师进行全员的法治理念、法治思维的培训，帮助他们养成依法治教、依法执教的意识，提升其法治素养和教育教学管理能力。

其次，加强学生的法治教育，形成责任倒逼趋势。开发、利用校本课程对学生进行法治教育，帮助其了解自己作为学生的基本权利和权益，并指导学生利用法律武器来维护自身的合法权益，而不是诉诸欺凌或暴力。

最后，健全教师、学生法治援助的支持体系。教师和学生的合法权益经常受到来自家长、管理层的干涉与侵害。要建立健全法治援助的社会支持网，并将法律救济机构和程序向全体教师和学生开放。

（三）依法治校平台的搭建及分享

要彻底改变现有的治理方式，实现治理的法制化，形成该校干部、师生的法治观念，自觉按照教育法律法规办事、遇事找法、解决问题靠法、自觉守法、抵制违法，需要从五个层面进行解决：一是普法教育，形成法律资料库，推广教育法律法规的普及；二是法治启示教育，通过案例库的建设，引导依法治教理念在全校的推进；三是法治程序教育，建立健全教育纠纷的处理机制；四是建立健全全校范围内教育违法事件的举报奖励机制，完善体现该校特点的惩治和预防腐败的举报制度体系，形成良性的、风清气正的教育教学及管理生态；五是依法治教的监督机制。设立法治治理督导委员会，邀请社会、家长、学校三方人员，形成多元共治的格局。而这五个层面要坚持信息公开、透明、公示的原则，形成震慑力，让广大师生敬畏法律，从而用法律来规范自己的行为。因此，学校要通过搭建相应的网络平台，以上述五个层面为支撑，形成法治专题、专页，对内宣传法治理念，对外宣传学校的法治动态。

（四）依法治校实施纲要的初步搭建

要彻底改变 Z 中学薄弱的依法治校的理念和实践，必须按照国家和教育依法治校实施纲要的要求，结合学校的具体情况，搭建本校依法治校的具体实施蓝本。在专家的指导下，Z 中学从法制教育宣传、监督和指导机制的完善、问责制度的健全等层面入手，开始完善本校依法治校蓝图的构建。

首先，开展法制教育宣传，形成学校依法治校的文化氛围。学校通过不同形式对师生员工开展不同形式和不同层面的法制教育，全面提升师生学法遵法守法护法的意识和能力，牢固树立依法治理、尊重师生合法权益的理念，养成自觉依法办事的习惯。与此同时，将教育法制的培训和培育课程纳入新教工的培训项目之中，并将法制学习列入学校长期发展规划之中。

其次，监督和指导机制的完善。学校成立了与政府部门联系的法治领导小组，在主动寻求教育行政部门的监督和定期指导的同时，积极探究学校所在地及家长委员会为辅助的社会监督机制，初步形成了以政府监督、指导为引领、以社会监督举报机制为策应的"一体两翼"的监督机制，为提升学校的依法治校能力提供了制度和实践中的保障。

最后，问责制度的健全。专家建议，Z 中学要将依法治校的理念和规则纳入员工的考核机制中去，从而推进依法治校问责制度的健全。要突出依法治校在综合考核中的作用，减少教职员工违法违纪的现象。问责制度的健全从本质上将法治理念渗透到教职员工的日常教育教学的工作当中，成为其行为的基本准则，从而有力地推动整体校园法治文化的形成。

三、依法治校改革的成效

Z 中学关于依法治校的探索既有成就，也有突破和感动，还有艰辛和迷茫。尽管如此，该校的依法治校之路已经开始，并将在社会法治大环境中对现有的经验和教训进行总结和反思，不断地探索。

（一）成效初显

在经过相关的培训之后，Z 中学的法治环境得到相应的改善。在遵循民主、公开的程序下，广泛征求校内外利益相关方的意见，初步制定并完善了教学、学生、教师、人事、科研、安全等方面的管理制度，建立健全了办事程序、内部机构组织规则、议事规则等，形成了健全、规范、统一的制度体系。同时，学校的规章制度通过宣传栏、网络推送等方式，让师生了解、查阅。涉及师生利益的管理制度在实施前、中、后都经过适当的公示程序和期限，保证师生的合法权益。依法办学、落实师生主体地位的自由、平等、公正、法治的育人环境初步形成。

（二）依法治校道路曲折

Z 中学在探究依法治校的过程中并非一帆风顺，而是在挫折中步履维艰地缓慢前行，还存在以下亟需解决的问题。

首先，参训人员的态度问题。在培训过程中，出现了以下状况：参训教师态度不认真，迟到、早退的情况很多；参训教师对于案例中所提到的情况仍然持有观望态度，虽然得知附近学校的教师因为违反相应法规受到处理，但是仍认为在本校进行体罚、收礼等情况不会受到过分的关注；在培训、教授、布置相应的活动及课后反思作业时，参训教师出现反对的声音；教师仍然认为大学教授停留在理论层面，缺乏实践知识，如部分教师反映，在具体的教学实践中，对学生进行体罚或变相体罚的效果更快、更好，部分老教师甚至表示，在自己执教的几十年生涯中，一直就是这么做的，也没有出现过什么问题；新教师和老教师在对待依法治教的理念和态度上有较大的差异，在培训结束后，虽然每个教师拿到了相应的培训课时，但是效果并未达到预期，培训前后的教师改变不是很大，甚至有些教师不愿改变，依然按照老规矩、老套路执教。学生虽然知道了自身在学校受保护的 21 项权益，但是由于受学校文化氛围的影响，以及教师“为你好”“你现在恨老师，将来会感激老师”等苦口婆心地说教，也没有对教师及管理者的侵权行为做出应有的法治诉求。

其次，教师依法治校意识与能力的全面提升问题。Z 中学虽然组织教师学习了依法治校的相关内容。但是由于未能执行严格的考核制度，传统、落后的教育观念及管理教育的理念仍然阻碍着依法治校的深入开展，教师的依法治校的意识尚未养成。这就需要学校在日后的管理过程中，要不断地对全体教师实施新法规、政策的培训，要继续围绕全面依法治校的要求，学习和落实国家有关教育政策法规、规范办学行为，维护师生的合法权益，明确教师的权利、义务与职责，切实提升教职员工依法实施教育教学活动、参与学校依法治理的意识和能力。要继续定期地组织学者和专家对学校广大教职员工进行法制理念、法制意识培训，提升其意识和实践能力。

最后，所在地区的教育主管部门要加强组织与考核，建立健全依法治校的考核考评机制。美国著名的教育政策专家艾莉森曾经指出，在达到政策所确定的目标的过程中，方案确定的功能只有 10%，而其余的 90%取决于有效的执行。我国学者袁振国和张乐天也指出，在教育政策与法规的实施中也存在着“政策失真”“上有政策、下有对策”“县官不如现管的土政策”等现象，这就要求教育主管部门尤其是直接领导教育政策实施的教育行政部门要把依法治校的情况作为对学校评估的重要指标，甚至要更加突出依法治校的考核，采取有效措施，推动和鼓励学校积极实践、不断创新及推进依法治校的制度、机制和实践。

结语

随着我国教育现代化治理进程的加快发展，教育管理体制及学校内部管理体制的改革、创新，依法治校、加快建设现代学校制度已经成为各级学校适应教育发展新常态，提高管理水平与效益，维护学校、教师、学生各方合法权益，提升人才培养质量，实现教育现代化的重要保障。一线的教师、校长只有坚持法治观念，形成知法、守法、护法、用法的法治观念，才能真正实现教育教学的有效治理，为教育教学提供优良的环境保障。

Z 中学在依法治校的改革之路上已经踏出了关键的一步。也许置身于这场改革的所有人都应思考以下几个问题：这条法治之路只是短暂的昙花一现，还是要长久地走下去？在未来的改革发展中，依法治校还会经历怎样的波折和挑战？而面对这些挑战，参与者又应当如何解决，进行怎样的责任担当？Z 中学以校长为核心的领导层是否能解决进行中的各种问题？面对这些问题，Z 中学将结合自身学校的特点和需要，通过不断改革和创新，迎来新一轮的依法治校的探索与实践。

案例思考题

1. 请运用教育管理学中变革和改革的相关原理，分析案例中培训效果不佳的原因。

2. 请将案例中出现的状况与你所实习或见习的学校进行比较，谈谈你的想法。

3. 由案例得知，该校已经意识到依法治教的重要性，假设你是该校校长，你将如何引导学校实施依法治教的建设？

4. 有人说学校改革的实施取决于教育理念的转变，也有人说改革的推进取决于校长强有力的引导力。结合以上案例，谈谈你对该高中依法治教影响因素的想法。

5. 请结合案例及个人实践，谈谈在自媒体、多媒体的环境下，教育管理者应当具备的基本法治素养及缘由。

案例使用说明

1. 适用范围

适用对象：本案例主要适用对象为中小学校长、教育行政人员、中小学教师，以及教育管理学专业本科生、硕士生和博士生。

适合课程：教育行政学、学校管理学、基础教育改革与研究等课程的学校管理中的教育政策、法规及校园安全等层面的知识点教学。

2. 教学目的

（1）了解依法治校、依法执教作为现代教育治理重要理念的意义与价值。

（2）提升教师、教育管理者应当具备的基本素养。

（3）该案例呈现了一所高中在教育改革不断深化的过程中依法治理、依法执教的全貌，让学生了解在依法治校过程中所面临的挑战和在现实中可能面临的问题，从而引发他们的思考，进而认识到现代教育理念、专家引领的重要性，熟悉法律与教育教学的密切关系，学会如何分析、如何思考基于依法治校对一所学校发展的影响。

3. 关键要点

（1）要从"治理"角度思考、分析依法治校过程可能产生的问题是本案例的关键点。在依法治教的推行过程中，传统理念与现实的冲突是学生应当理解并能进行分析、探求合理解决的路径。

（2）分析依法治校中涉及的各方面利益群体，认识到依法治校是师生关系、家校关系、教师之间、教师与管理层之间四种关系的融合体。

（3）分析专家引领在依法治校发展过程中的重要性及局限性，案例中该校依法治校方案的形成主要是采用了专家提出的初步建议，如何具体推行还有待于具体实践的检验。

4. 教学建议

本案例主要用于课堂讨论及课后作业。首先，提前做好变革及依法治校理论的铺垫工作，引导学生阅读相关理论的文献，对这些理论有充分的了解和认知；其次，需引导学生在课前仔细阅读此案例，并在课堂上安排充分的时间，建议以小组（通常 4 人一组）的形式进行学习、讨论案例，并根据自身的理论和实践的具体情况分组向班级汇报；最后，该案例属于开放型的案例，案例的结局可以让学生根据不同的情况和思考题进行编排、续写，以半开放或者 AB 剧的形式开展。

5. 推荐阅读

褚宏启. 2009. 中小学法律问题分析（案例篇）. 北京：红旗出版社.

杜侦. 2010. 依法治教案例评析. 北京：高等教育出版.
阮成武. 2008. 小学教育政策法规. 北京：高等教育出版.
孙绵涛. 2011. 教育政策学. 北京：中国人民大学出版.
于晓君,马晓萍,樊晓燕. 2010. 校园安全防范指南. 北京：中国法制出版社.
张乐天. 2015. 教育政策法规的理论与实践. 上海：华东师范大学出版社.

三、游戏教学法

有效课堂游戏是指教师在课堂教学设计中，针对专门的教学内容和教育目的而设计、开发的游戏，是以知识、技能和情感的培养为目标，以游戏为载体和支撑的集教育性及娱乐性为一体的教学手段。作为课堂活动设计的一个分类，有效课堂的游戏设计取日常游戏的娱乐性，寓教于玩，以其趣味性和群体性来激发学生学习的主动性和积极性。同时，课堂游戏设计作为教学手段，又必然蕴含教育性，即达到培养学生学习能力、创造能力和交际能力的目的。

游戏教学以其独特的魅力深受广大教师和学生的喜欢，在中国的课堂中得到越来越多的运用，然而在具体的游戏教学设计和实施的过程中，教师由于缺乏对课堂游戏设计理念、设计原则和设计步骤的认知，使游戏教学的效果大打折扣，有时甚至出现课堂失控的情况，最终导致游戏教学的弃用。接下来，本书分析当前课堂游戏设计存在的误区，阐述有效课堂游戏设计时应考虑的因素和步骤，为教师采用游戏教学法提供建议和借鉴。

（一）当前课堂游戏设计存在的误区

1. 缺乏目的性

教学设计必须是以帮助学习过程而不是教学过程为目的的。教学设计也是以有目的的学习而不是“偶然”学习为目的的。这意味着最终的目标与预期的学习结果指导着学习活动的设计与选择，这是课堂教学设计的基本假设和重要原则。课堂游戏教学是指围绕教学目标将游戏融入教学之中的一种教学活动设计类型，也必然遵循这一原则。这就意味着游戏教学设计必须具有其教育的目的性，教师在设计时就应该有清晰的教学目的，是知识学习，还是探究解决问题的技能，或是两者兼具。而当前的游戏教学设计中，很多教师忽略了游戏教学的目的性或者将课堂游戏的娱乐性和教育性割裂，为游戏而游戏，表面上是活跃了课堂气氛，娱乐了学生，结果是模糊了教学目的和教学任务，从而使课堂游戏教学丧失其功能。例如，数学课上，老师为了活跃气氛，用传统的击鼓传花的形式，让学生起来唱歌，这样的设计就脱离了教学目的，仅仅是用了游戏教学的“壳”，而未用其“神”。

2. 忽视教育性

课堂游戏教学设计与网络游戏的最大区别就是课堂游戏的教育性。网络游戏的特点是娱乐性，并由娱乐性进而达到营利性，而课堂游戏的特质就是其教育性。换句话说就是通过游戏的娱乐性达到教育的目的，将教育性隐含于游戏之中，使学生在不知不觉中学到相关的知识和技能。按照一定规范进行的游戏活动，有利于培养学生遵守规则、勤于思考、快速反应、团结友爱、相互协作的品质。例如，在具体的教学实践中，有教师运用游戏教学，学生的参与度很高，反应较好，但是课后问及学生通过游戏学到了什么，学生就比较茫然，这就是忽视了游戏的教育性；还有的教师将参加游戏的权利作为约束学生课堂纪律的手段，让遵守课堂纪律的学生参加游戏，而课堂表现差的学生继续学习。这样的游戏设计就失去了其应有的教育性，变相为惩罚工具，消磨了学生的学习积极性，这是课堂效率不高的重要原因之一。

3. 忽略可控性

课堂游戏教学是一种有组织、有纪律、有一定情节和主题的、有节奏的课堂教学活动。现实中，教师往往不能很好地控制游戏的节奏，而陷入游戏没玩完、教学内容也没执行完的尴尬境地。课堂游戏教学的可控性要求教师在设计游戏时要根据各项内容的主要任务，有选择、有计划地将游戏穿插在教学活动中，对课堂游戏活动的节奏要进行有效的掌控。在游戏开始的时候，要进行游戏规则的宣讲，同时进行小范围内的示范，让学生明白怎么玩和如何玩，以保证课堂游戏高效、有序、有始有终地进行，从而达到课堂游戏的教学效果和目的。

4. 缺乏可行性

课堂游戏的设计是帮助学生以游戏的方式学习和掌握相应的知识和技能，因此游戏的设计必须具有可行性。游戏的可行性有以下两个要求：一是游戏规则必须清晰明确、通俗易懂，学生能掌握并知道如何进行游戏；二是游戏必须公平，没有附加条件，以保证所有的学生都能自由、平等地参加游戏。然而在现实中，教师经常因为没有考虑游戏的可行性，设计的游戏太难（简单）或门槛太高，使学生产生厌倦情绪，从而导致了游戏教学的失败。游戏难度的正确设定应该是略高于学生整体的知识和技能水平，学生可以通过团体的力量或借助于辅助工具完成嵌入在游戏环节的学习任务，从而培养学生探究、解决实际问题的能力。

（二）反思与对策

基于构建主义学习理论对于教师、学生、学习环境在学习中的角色阐述，教学设计对于学生学习动力的影响，以及课堂游戏设计的相关理论，结合具体的教学实践，笔者认为有效的课堂游戏设计应综合考虑四大因素（图5-2）。

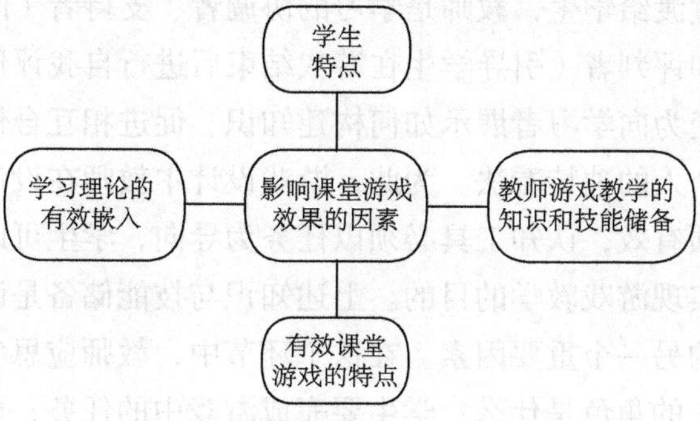

图5-2　有效课堂游戏设计应当考虑的因素

首先，有效课堂游戏的成功实施源于教师对学生学习能力及学习特点的良好把握。只有了解了学生，教师才能在设计游戏教学时提前对学生在不同游戏环节可能做出的反应做出预判，从而形成预案。同时，学生是课堂游戏的主要参与者和游戏任务的主要承担者，其先天的能力、背景知识和个体经验及学习动机在氛围和细节上可能存在着较大的差异。这些不同的经验和背景是学生之间进行交流学习，以及新的知识和技能得以发展的重要基础。在课堂游戏过程中，学生要通过角色的选择、扮演、交流和信息的反馈等途径进一步完成相应的知识和技能等学习目标，这就要求课堂游戏的设计必须综合考虑学生的知识和技能的储备、学生对于新事物的接受能力、学生的家庭及社会背景等因素，以确保每个学生都可以“玩”游戏，都可以在游戏中表达自我，在游戏中找到自我并发展自我。在这个环节中，教师应当问这几个问题：学生能够理解这个游戏吗？学生以现有的知识和技能，在相互配合下，能成功地完成该游戏吗？学生对游戏的环节会有什么样的反应？我的预案是什么？

其次，教师对游戏教学的知识和技能储备。教师应当储备足够的可供选择的游戏教学的知识和技能，并在教学中践行游戏教学。教师在游戏教学中要以学生成长为中心，明确学生在游戏设计中的中心地位，通过游戏教学模式的实施，搭建学生成长的知识和技能支架，将学生培养成主动的思考者、问题的提出者及问题解决的主体。辅助学习者体验构建自己的理解并依靠现有的理解在游戏中进行探索学习。同时，在探索学习的过程中，学习者通过游戏角色实现社会性互动，促进学习并通过游戏中真实的场景任务不断更新知识和技能，从而更好地发展。教师作为游戏的设计者和参与者，应该根据学生的学习能力，重视学生学习的主体地位，从开始的探究知识与技能方法（支架）的提供者，逐渐转移责任，最后将学习任务完全过渡给学生，教师是学习的协调者、支持者（问题解决线索的提供者）、观察者和评判者（引导学生在游戏结束后进行自我评价和相互评价）。游戏教学过程将变为向学习者展示如何构建知识、促进相互合作、分享交流不同认识及合理坚持个人的独特看法。为此，游戏设计中教师在设计任务时，任务必须真实，信息必须有效，认知工具必须以任务为导向，学生可以相互协作，从而实现寓教于乐、实现游戏教学的目的。上述知识与技能储备是课堂游戏设计与实施中，应当考虑的另一个重要因素。在这个环节中，教师应思考这几个问题：我在整个游戏教学中的角色是什么？学生要完成游戏中的任务，可能需要做哪些准备？学生怎样才算完成自己的角色设定？

再次，学习理论的有效嵌入。游戏教学作为一种教学方式，将游戏的某些特质运用于课堂教学，引发学生主动参与、合作竞争、创造创新等活动，从而完成相应的教学目标。因此，有效的游戏教学设计必定融合了相应的学习理论。从目前的游戏教学具体实践分析，大部分的游戏教学设计集合了任务驱动、合作学习、构建学习等学习理论，在实现相应教学目的的同时，也培养和锻炼了学生的组织力、合作力及领导力。这就要求教师在设计游戏教学时，要参照科学、新颖的教学理论，以学习理论为指导，不断地创新游戏教学的方式和方法，从而使自己的课堂具有先导性、创新性及趣味性。在这一环节，教师可以问自己这样几个问题：我本次游戏设计的指导理论是什么？通过这次游戏活动，我要达到什么样的效果？

最后，有效课堂游戏的特点。不同研究小组对课堂游戏进行了深入的研究，在对不同课堂游戏的特点、内容、形式及效果等进行研究之后，最终得出了有效课堂游戏的三大特质。一是，有效课堂游戏必须能够激发学生的好奇心。有效课堂游戏通过引起学习者的好奇心实现对其学习动力持续不断的激发，使学习者在享受游戏快乐的同时，自愿投入额外的时间和精力继续完成游戏中的任务，即使该任务具有挑战性。二是，有效课堂游戏必须难易适中并具有相应的挑战性。这就要求教师在设计游戏时要充分考虑学生的能力，游戏过于简单或超出学生能力范围都会使学生丧失兴趣，从而导致课堂游戏教学的失败。三是，课堂游戏必须具有规则，而且这些规则应该是清晰明确不能够更改的。在具体的教学实践研究中，存在教师在游戏实施的过程中更改游戏规则而导致学生丧失兴趣，最后潦草收场的案例。这就要求教师在游戏教学开始前认真准备，一旦游戏规则得以宣布，游戏正式开始，规则就不能更改。在考虑这个因素的过程中，教师不妨问自己这样几个问题：我的游戏设计学生会喜欢吗？为什么？有多少学生可以成功地完成游戏设计的任务？游戏规则是否清晰明了？

（三）有效课堂游戏教学设计的步骤

与所有有效课堂教学一样，任何一次游戏教学设计过程都需要严密的策划和精心的布置，要经历准备、实施、反思三个步骤。基于 Morrism、Ross 和 Kemp 的教育游戏设计方法的理念，结合自身教学实践，笔者提出以下课堂游戏设计步骤。

1. 课堂游戏的设计

课堂游戏的设计工作分为两部分：预案和备案的设计。

首先是预案。第一步，教师要通过对教学内容和教学目标的分析来确定适不适合采用游戏教学的方案，如果适合，那么什么样的游戏更能促进该部分内容的学习和目标的达成。同时，教师要对自己的学生进行分析，从而决定游戏设定的难度，以及教学重难点出现在游戏中的具体环节、游戏中任务的完成是个体行为还是团体行为。第二步，游戏规则的制定。在制定游戏规则时，教师在保留所借鉴的游戏中合理的及有利于培养学生合作力、竞争力和探究力规则的同时，要将教育性的规则如公平、礼让、友谊等加入游戏教学的设计之中。第三步，游戏中各个具体环节的细化，尤其是嵌入任务，并设定各环节的具体时间和需要的道具。第四步，游戏效果的交流评价。教师要引导学生之间、游戏各小组之间进行有效的评价，在评价中交流学习、取长补短，从而促进班级整体水平的提高。

其次是备案。备案是在特殊事情出现后，实施预案已经不可能或者效果会大打折扣。这样的情况教师就应该启动备案，以避免手忙脚乱情况的出现。在实践过程中，有教师曾经强行实行游戏教学，结果学生没有准备，在缺少道具的情况下，游戏草草收场，教学效果极差，这种情况既打击了学生的学习积极性又使学生对游戏教学产生了厌恶的心态。因此，备案虽然不经常启用，但是教师一定要有所准备，做到有备无患。

2. 课堂游戏的实施

在课堂游戏的实施环节中，首先，教师要宣布游戏名称及任务，激发学生的好奇心。其次，教师要通过展示和宣讲，达到游戏规则清晰化、明确化，消除学生的疑虑。再次，宣讲之后，教师要根据游戏的难易程度，进行小范围的示范，消除学生焦虑的心态，以自信的态度进入游戏环节，完成各自（团体）任务。在学生进行游戏的过程中，教师要进行时间管理，掌控游戏时间，确保游戏环节按照预设时间有序进行。最后，在游戏结束之后，教师要通过学生的课堂游戏体验日记让学生分享所学到的知识或技能，从而检验课堂游戏的教学和学习效果，并在此基础上进行总结。

3. 课堂游戏的优化反思

课堂游戏的优化反思是指教师在实施课堂游戏之后，以自己的观察和学生的具体反应，以及达到的教学效果为基础，对游戏设计和实践过程的再认识、再思考，并以此来总结经验教训，进一步来提高、优化自己的课堂游戏教学的技能。一般情况下，教师需要从以下几个方面进行游戏教学反思，从而优化游戏教学。

首先，游戏的设计方面，教师需要考虑游戏的匹配度，即从游戏的实施来看，教学内容与所选取的游戏类型是否相互匹配。同时，教师还要反思本次游戏教学的设计难度是否与学生的知识水平和技能水平相当。

其次，游戏的实施过程方面，教师需要考虑游戏教学的目标维度，即游戏教学的实施是否实现了教学目标；游戏环节的设置是否符合教与学的基本规律；游戏环节任务的设定是否有利于学生知识和能力的发展；游戏环节的设置如何可以更有效。

最后，优化和创新方面，在思考反思设计和实施的过程后，教师应修改游戏设计方案，提升每个游戏教学实践的合理性，不断提高自身能力和技能，完善、创新游戏教学。

（四）实例展示

根据以上课堂游戏设计的分析，笔者在实践教学中设计出复习课大富翁游戏来解决复习课的枯燥问题。该设计创意来源于纸质游戏“大富翁”，游戏所针对的玩家年龄是7岁及以上。因此，复习课大富翁的课堂游戏适用于义务教育直至大学阶段。以下是游戏设计及说明。

1. 复习课大富翁的游戏教学设计

1）目标

采用经典桌面游戏“大富翁”的形式开展复习课，让学生在游戏、答题、竞争、欢乐的气氛中复习所学过的知识。

2）功能

用游戏的形式上复习课能够强烈地吸引学生的注意力、激励他们积极参与到课堂中来。以小组为单位参加活动能够极大地增加小组成员间的交流与合作。广泛适用于各个学科、各个年级。

3）步骤

（1）课前教师要准备好10分、20分、30分与40分的题目各30～50题。10分题可以采用判断题，20 分题可以采用选择题或填空题，30 分题可以采用简答题，40分题可以采用思考题、案例题、应用题等。

（2）活动开始前，教师在黑板上画好“游戏板”，如图5-3所示。

图5-3　复习课大富翁“游戏板”示例

（3）旁边另附“计分表”，如表5-3所示。

表5-3　复习课大富翁计分表

	第1组	第2组	第3组	第4组	第5组	第6组	……
分数							

（4）活动开始，一般按照小组序号进行。小组可以任选一处出发，通过掷骰子（使用手工制作的纸质六面体充当骰子或使用手机上掷骰子的手机软件）决定步数并按顺时针前进。走到写着不同分值的格子时就回答相应的问题，思考时间一般是多少分值就思考多少秒，可以参考课本与笔记。回答正确时

小组获得相应的分数。教师需要强调每组必须轮换参加回答问题的学生，一般是每一轮换一个学生作答，保证全组学生都有参加的机会，同时也履行为小组做贡献的义务。

（5）在这个游戏板上 4 个角的 40 分题都是需要进行思考的应用题，都是在课本和笔记上找不到的。目的是考察学生的思考能力和实践应用能力。

（6）当走到“休息一下”的格子里时，小组暂停一次，不用作答。当走到“再来一次”的格子里时，小组多投一次继续前进。当走到“掉头再走”格子里时，小组需要调转方向再投一次。以上三个格子都是为了增加游戏性所设置的。

（7）当走到“自选分值”的格子时，小组可以从 10 分、20 分、30 分、40 分题中任选一项作答。但是如果答错的话就要倒扣相应的分数。这种风险性题目的设置增加了游戏性和刺激性。

（8）为了保证复习课的质量，教师可以在活动开始之前布置如下作业：①游戏结束时，总分排列前三分之一的小组，写任意字数的大富翁复习课感想；②总分排列中间三分之一的小组，写不少于 300 字的大富翁复习课感想；③总结活动中出现的十个令自己印象深刻的知识点；④总分排列后三分之一的小组，写不少于 500 字的大富翁复习课感想，总结活动中出现的 20 个令自己印象深刻的知识点。

这样一来，所有学生都必须集中精力参加活动，同时做好笔记。教师无需准备物质的奖励，也不应将平日的分数与比赛成绩挂钩，仅仅以不同的作业和口头表扬作为区别获得不同名次的小组的方式。一方面防止学生有太大的复习压力（尽量避免有时会出现的组内其他学生怪罪答题选手的负面情况），另一方面防止小组间的竞争压力过大。

2. 分析说明

1）设计的游戏特征

课堂游戏“复习课大富翁”中突出了三个明确的游戏特征，而且正是这些游戏特征将其与普通的课堂活动区分开来。

（1）趣味性。与传统意义上的复习课相比，采取大富翁的形式让学生寓学于乐是最大的趣味所在。在活动中，学生遇到哪种题目是随机的，打破了常规的从简单到复杂、从单选题到问答题的顺序桎梏，给学生习以为常的事物带来不确定因素，也是其趣味性的表现之一。另外，通过增加自选分值环节，学生自主选择的同时，也必须承担相应结果，进一步增加了游戏的刺激性及趣味性。

（2）竞争性。集体游戏的特征不仅仅有趣，更重要的是这种趣味是通过竞争过程得到的。学生的每一次答题都会对本组的积分和排名产生或大或小、或正或负的影响，为了小组的荣誉，每位成员必须全力以赴。另外，同很多游戏一样，大富翁游戏最终也要产生赢家，这种竞争性是凝聚团队、吸引注意力、使游戏能够顺利进行的最佳保证。

（3）规则性。只要有游戏就必然要有规则，游戏规则的不同可以说是一个游戏区别于其他游戏的决定因素。在这个课堂游戏中，如何选题、思考、答题，如何前进、后退，如何积分、扣分等都有着严格的规则约束。每个小组的每一步都处在严格的规则之下，这种规则每组是平等的，对每个选手一视同仁。可以说，规则性是前两项游戏特征得以实现的基础和保障。

2）设计的教育本质

与普通的游戏不同，课堂游戏最终还是要实现教育目的的。复习课大富翁活动的教育本质表现在以下两个方面。

（1）知识和技能的复习。游戏板上有规律地排列着 10～40 分的题目，基本上可以涵盖所有考察学生学习效果的题型。从基础知识的简单记忆，到思考、理解、比较、批判、评价等技能的运用，无一不是服务于复习课的根本目标。各科各年级的教师根据学生特点和学科需要，改变分数和题目设置，能够更加适应不同复习课的需要。

（2）情感态度的提升。一方面，由于规则所限，想要获得胜利必须依靠小组全体成员的共同努力，因此参加此课堂游戏能够有效地培养学生的合作意识和团队精神。组间的激烈竞争促进小组内部的团结合作，而小组内部有效的沟通、互助则增加了小组整体的竞争能力。另一方面，教师采用大富翁的形式组织复习课不仅仅考虑了学生复习的需要，更为他们增加了挑战自我、表现自我、同伴互助的机会，满足了学生对趣味、刺激的要求，能够极大地增强学生对于复习的正面情感。

3）将游戏课堂化的改造思路

将大富翁游戏与复习课结合是此活动的创新之处。其实，教师可以发挥自己的想象力和创造力，在自己所教学科和年级的基础上开发新的课堂游戏。将游戏课堂化的改造思路是有规律可循的，下面是笔者在前期工作基础之上提出来的一些想法。

（1）课堂游戏的设计者应提炼游戏的本质，将其优化、简化以适应课堂需要。复习课大富翁正是对大富翁在游戏板上随机行动、不断积分从而产生赢家的本质进行了改造和应用。

（2）设计者可以考虑将传统的教学因素融入游戏的环节中去。例如，将游戏中的“过关”改为“做题”，使学生完成自我挑战，同时也实现了教育的目的。

（3）课堂游戏的设计和实施中必须要考虑到时间因素，教师可以通过控制时间来控制游戏的进程。在复习课大富翁当中，每个题目根据难度不同都有确切的思考时间来约束，教师应同时使用倒计时工具来守卫时间底线，使学生全神贯注。

（4）课堂游戏设计不能缺少课前预告与课后作业的双层护航。如果课堂游戏只是停留在课堂之上，那么学生除了新奇、刺激之外恐怕也难以收获其他。在复习课大富翁开始之前，教师现行布置作业，并将作业类型与比赛结果、作业质量与分数挂钩，这是促使全体学生认真参与、做好笔记的有力手段。

（5）在我国学校的现有情况之下，课堂游戏尽量要以合作学习小组为基础。这样既可以照顾到学生人数众多的实际情况，又可以培养学生的互助协作意识和团队精神。

四、情景创设教学法

情景创设教学法是指教育者在教育教学的过程中，根据教学内容和教学目标的需要有目的地创设或引入具有一定情绪色彩的、形象鲜明的情形和场景，从而帮助学生体验、理解所学内容，进而促进学生发展的一种教学方法。情景创设教学法自从发展形成以来，以其对学生的陶冶功能和启迪功能受到教师的广泛喜爱。然而，在一线教学实践中情景创设教学法还存在着以下误区。

（一）情景创设教学法存在的误区

1. 情景的创设脱离学生已有的知识和生活经验

情景创设应当具有真实意义，即接近现实生活，从而引起学生积极、健康的情感体验，提升学生学习的兴趣和积极性。这就要求教师在设计情景时必须以学生的生活经验、学生熟悉的事物和场景为基本出发点。否则，学生在一个不熟悉甚至是陌生的环境中，会感到无助，甚至是惊慌，从而无法通过感官和心智去体验和感受，学习行为就很难发生。例如，在教学实践过程中，教师将国外的场景不加借鉴地、简单地照搬过来放在自己的课堂上，就认为其可以产生同样的效果，最后才发现事与愿违。

2. 情景的创设缺乏目的性

情景创设应当具有明确的目的。情景教学法作为一种教学方法要服务于具体的教学内容和教学目的。通过教师有目的的情景创设来实现学生对知识、技能和情感态度的综合发展与提升。学生的发展是目的，情景创设是手段。教师要根据讲授内容、课程发展的需要，使教学情景成为一个连续的、动态的客体，从而服务于教育教学。在现实教学实践过程中，部分教师往往也会在课前引入一些场景，然而这些场景与所学的内容和教学目标并无关系，教学过程前后脱节，往往出现为情景教学而情景教学的尴尬场面。

3. 情景的创设过于粗糙

优秀的情景创设可以发展学生的能力、启迪学生的智慧、丰富学生的道德和审美情趣，为学生知识、能力、智力和情感的发展打下坚固的基础。然而，优秀情景的创设离不开教师对教育教学内容的有效把握，离不开教师对情景教学的反复研究与反思。教师可以通过生活展现情景、实物演示情景、图画再现情景、音乐渲染情景、表演体会情景、语言描述情景等不同的情景创设方法来灵活、机动地创设教学情景，增加学生学习的主动性，让学生在参与中学习，在学习中内化、吸收知识，不断地探究学习的乐趣，从而不断地发展自己解决问题的能力。

（二）情景创设教学法的有效实施

1. 课前准备：情景的创建

实施情景教学法的重要前提是教师对于情景的创建和选择。教师在选择或创建情景时要从学生的年龄特点、知识基础、认知水平及生活实际等几个维度进行认真思考，精心准备教学情景。贴近学生的情景设计一方面可以吸引学生积极参与到课堂的学习中来，从学习中寻找乐趣，通过积极的探究来体验知识形成的过程；另一方面可以使教学与学生的生活相融合，帮助学生学会生活，并在相应的情景中形成在生活中发现问题、解决问题的能力，从而提高生存和发展的能力。

2. 课中实施：教师引导与学生自主体验探究

在教学的过程中，教师要根据不同的教学内容和教学目的，在创设的活动情景中引导学生主动体验，并根据学生的探究过程不断设计问题情景，引导学生进行自主探究。首先，教师要创设场景，让学生体验到相应知识和技能在生活情景中可能产生的问题，挑战学生的探究欲望，扩展学生的参与度，使学生在老师的引导下投入学习、探究的活动中去，并不断地升华其所学、所思，最终能够用理性的分析和认知来指导自己的学习和生活。其次，教师要善于在情景中设置问题，让学生不断置身于问题情景，并通过对问题的质疑去探究不同的解决方法和方式，从而在思考、解决问题的过程中不断地学习新知识、发现新方法，继而升华学习。

3. 课后反思：情景的持续构建

有效情景的构建从来不是一蹴而就的，它需要教师的反复构建与反思。教师要不断地研究学生与教材，探究其与具体情景结合的可能性及可行性。教师只有反复揣摩，才能在课堂上实施精心创设的学习及生活情景，让学生感觉到亲切、自然、真实的场景，从而引起学生的想象，激发学生的情感。如此，学生就可以主动参与、深入学习，从而发展其学习和生活的能力。

（三）情景创设教学法的实例展示

在具体的教学过程中，我们也探讨了情景创设教学法的具体实施，并以半开放情景剧的形式进行了教学，以下是班级经营课中，根据当下“互联网+教育”的场景所创设的情景剧剧本及要求。该剧本创设的目的就是帮助学生和教师了解“互联网+”环境下，如何处理师生之间基于数字产品和网络终端的关系。

网络时代的烦恼

时间：早上

地点：学校大门口附近

人物：班主任李老师；同年级其他班的班主任张老师；1 名李老师班学生小明及 1 位家长（父亲或母亲）；王校长

早上是教师上班、学生上学的高峰期，校门口熙熙攘攘。李老师高高兴兴地来上班，刚走进学校大门，遇到同事张老师。

张老师（神情古怪，想笑又不敢笑的样子）：哎，李老师，你好！看你心情很好嘛，一点也没有受影响哦！

李老师：什么事？

张老师：怎么，你还不知道吗？昨晚没有刷朋友圈？哎呀，这个事情不知道让我告诉你是不是合适的哦！唉，其实李老师你一直跟学生关系很好，他们也是太没大没小了，现在的这些熊孩子，你不凶都收拾不住他们。学生现在上网，什么事不知道，什么本事没学会哦。哎呀，不要追问我了，这个事情让我来说不好的，反正你等下就知道了。（努力挣脱）你看，我们班班长在那边叫我，我要走了。再见，再见！

李老师莫名其妙，郁闷中……

小明被自己的家长揪着走过来，一副很不情愿又惴惴不安的表情。家长显示出不耐烦又无奈，同时又勉强挤出笑容。

家长：李老师，您好！我是您班里小明的家长！是这样的，昨天晚上我一发现，就没收了他的手机，教训了他一顿。但是你知道，我又不懂电脑，这个东西发到网上我也不知道怎么给删除了。现在闹成这样，我只能带着小明来给您道歉。

小明低着头，声音低沉地说：李老师，我错了，我对不起您。我就是一时好玩，我……

家长：您大人有大量，千万不要跟这孩子一般见识。您不要生气，好好批评他一顿。这个这个，我还要赶到单位去上班，今天早上有一个重要的会议让我主持。我改天专门给您摆酒赔罪，谢谢老师了，辛苦老师了。小明！你给我老实点，好好听李老师的话，认真承认错误，这件事要是摆不平，今年暑假出国旅游的事你就别想了！到时候给我老老实实上补习班去！（匆匆离场）

李老师更加郁闷，到底是什么事呢？刚要揪住准备开溜的小明问个清楚，王校长上场了。王校长一脸严肃。

王校长：小李，你过来，我要跟你说个事情。（李老师无奈，只能放开小明，小明顺着墙根溜走了，但又不敢走远，远远地站着往这边看）

王校长：小李，你参加工作也一年多了，一直很努力，这些大家都看在眼里。但是我还是要提醒你，师生关系就是师生关系。虽然现在不讲什么师道尊严了，但是教师总归要保持自己的形象。现在网络这么厉害，上面什么乱七八糟的都有，你怎么能让学生把你做成什么表情包到处传播，而且还指名道姓地说是我们二中的老师。你们年轻人不在乎，喜欢什么恶搞，还巴不得当什么网红，可学校的声誉呢？你个人的形象呢？昨天一晚上，我看传得整个市里的学生和家长都看见了。你说说，今天你还怎么面对学生，怎么面对家长？学生一看你上了讲台就哄堂大笑，你还怎么上课？好了好了，年轻人，难免犯错，我知道，我也是过来人。我不跟你多说了，离上课铃响还有几分钟，你自己好好处理一下，不要不把它当回事。今天教育局领导要来检查工作，我先走了。（匆匆离场）

李老师（怒）：小明！你给我过来！（小明怯生生地蹑手蹑脚地上来）

之后的情节需要扮演李老师的学生自己灵活处理。几分钟之后，上课铃响，此幕结束。

情景剧要求：

每一幕对应A、B、C、D四组。

A组为编导组，负责改编剧本、导演工作。

B组为群众表演组，负责在编导组的指导下扮演群众演员。

C组为表演组，负责在编导组的指导下，在自主学习的基础上扮演一个角色。

D组为点评组，负责根据表演进行有质量的点评。

第三节 “互联网+”教学方法转型探析

2015年3月5日，李克强总理在政府工作报告中首次提出制定“互联网+”行动计划，旨在推动移动互联网、云计算、大数据等新一代信息技术与现代制造业、生产性服务业等的融合创新，促进国民经济提质增效升级。而在教育领域，近年来幕课、微课、翻转课堂、在线学习、可汗学院、智慧教育、教育云平台等各种各样“互联网+”时代下的教育新概念及教育新形态的出现，打破了传统教育者知识权威、知识垄断的地位，已经对现有的高校课堂教学形成了巨大的冲击。以教师向学生单向传递知识为主的传统课堂已然落后于社会发展的需要，而学生学习的需要与国家人才培养的要求也绝非单纯依靠“互联网+教育”、网校、在线课程等模式即可完全满足。教育者应清醒地认识到，即使学生可以通过网络简单快捷地获得丰富的教育资源，但为了成功达到学习目标而必须具有学习者自我导向、自主学习、自身约束等能力，离不开正规学校的培养与合格教师的引导，更加离不开常规的教与学环境日复一日的浸润。课堂教学传授的不仅仅包含知识本身，更有学习者应如何正确学习的终极手段。课堂教学改革是教育发展的永恒主题之一，是时代进步的必然。“互联网+”时代呼唤的是既能继承优秀教学传统，又能够对接互联网思维的课堂。因此，“互联网+”时代划分高校课程的种类，区分可用于高校教学的不同类别的网络学习平台，探讨经典教学法如何运用于“互联网+”时代，已成为教育教学研究者以及高校一线教师必然要思考及解决的问题。

一、三种课程种类

“互联网+”时代的学校课程已突破了在实体教室内进行面授的单一形式，大幅度增加了以互联网为载体的各种线上教学形式。为了进一步扩展和完善“互联网+”时代的教学理论研究、帮助研究者更加系统全面地思考新生态的教学模式；也为了方便研究者和教育实践者们针对各级各类课程及其教学现状，提出更有效的课程提升方案、更切实际的教学改进策略等，作者尝试对“互联网+”时代的课程种类进行如下划分。

1）完全在线课程，指学生通过互联网全程参与的课程，不必与授课教师进行线下的会面。在此种类的课程中，教师的授课内容以文本、课件、视频或其他形式出现在网络课程平台供学生学习；学生也要在网络平台上完成练习、作业，参与话题讨论、完成任务等活动；师生、生生之间的答疑、交流等也要在网络平台上完成。

2）混合教学课程，指学生既要通过互联网又要按要求进入实体教室来参与的课程。在此种类的课程中，教师按照一定的比例将教学内容分别通过在线网络课程平台以及线下课堂授课的形式传达给学生；学生要按照要求在线上和线下两个载体完成练习、作业或其他任务；师生之间、生生之间的交流也可以视当事人的需要在线上、线下两种载体上同时或交替进行。

3）“互联网+”课程，指学生主要在实体教室内参与，同时可以通过公共平台分享学习资料以及参加各种与课程相关的线上交流活动等课程。在此种课程中，教学内容主要通过教师的现场授课进行传递，部分学习资料会同时出现在网络平台或社交媒体上作为补充；学生以参与面授课堂中的教学活动为主，辅以部分的线上师生及生生交流活动。

以上三种“互联网+”时代课程种类的划分，是以学生参与网上教学活动最终所能获得的分数所占总评成绩之比例为标准的：①在“完全在线课程”中，学生能获得的全部分数都必须通过完成网络平台的活动得到；②在“混合教学课程”中，学生必须要参与线上的教学活动，比例因课程而异，但如果不参与网络平台的活动就不可能达到及格的要求；③在“互联网+”课程中，学生参与网上活动经常会获得教师额外的加分奖励，但如果不参加也不会影响及格。

需要澄清的问题是，作者并不以微课、幕课、翻转课堂、云平台等“互联网+教育”的任何一种衍生品作为划分课程种类的标志，而是相信任何一种已经出现或未来将要出现的与网络相关的教学形式都可以服务于以上全部三种或其中几种课程的需要。这些衍生品的实质是教学可以灵活采用的工具、手段或策略，教师使用得当时可以为课程增色，但其不能从根本上动摇课程的属性、种类及本质。无法否认，当前社会及教育机构等依然看重正规教育机构框架下所提供的学分、文凭等，学生在升学、求职等场合仍然需要提交自己所受的正式教育的证明。因此，“互联网+”时代的课程种类划分仍需以此为背景。

二、两种网络学习平台

根据平台设计者的原始设计目的，可将与课程、教学相关的网络平台分为两类：一类是正式的网络学习平台，如 Moodle 学习平台，目的是供教师进行正式的线上授课使用。该平台用于课程正式的学习，教师一般按照教学大纲分为若干学习主题区。教师（或助教）将按照课程的进度在每个主题下放置课堂课件、学习资源、练习题，并开设若干具体的讨论区。在讨论区内，教师一般会有具体地要求每个学生发主题帖多少、回应其他学习者若干等。学生要按照教师的要求每周拿出一定的学习时间完成学习并参与讨论，其所有表现及发帖和回复的质量都要与评价相挂钩。另一类是非正式的网络交流平台，如 QQ 群等线上社交平台，目的是供注册用户进行各种类型的交流，教师也可以使用其为课程、教学服务。该平台用于辅助师生、生生之间的交流。例如，教师在 QQ 上创建一个课程群，邀请每个选课的学生参与进来。教师将充分利用 QQ 群的快捷性、便利性对学生的问题进行及时的回复，同时也鼓励学生将与课程相关的问题但不属于正式课程讨论区的内容放在 QQ 群中进行讨论。

正式与非正式的网络平台各有优缺点。正式网络学习平台的优点在于它的专业性、系统性。教师可以在正式网络学习平台上开展结构系统、资料完整的网络教学，可以方便地进行学习单元的划分，上传各种类型的学习资料（包括视频、音频、课件、文本），开展主题鲜明的讨论等。正式网络学习平台的缺点主要在于两点：师生必须经过技术人员一段时间的培训才能掌握使用方法；一般的网络学习平台必须要通过网页使用，尚不能或不能方便地绑定手机这种学生最常见、最便利的上网设备。而相对于正式的网络学习平台，非正式的网络学习平台的优点在于其易于上手，无需培训即可使用，可以绑定手机方便随时交流，功能强大可以开展如“群投票”“群活跃度排序”等趣味交流互动活动。非正式网络学习平台的缺点也显而易见，包括教师无法系统地划分教学单元、很难开展限定主题的讨论等。尤其是非正式网络学习平台的设计初衷往往为教学以外的目的，难免会出现学生发夸张的表情图、转发无关链接等行为，不利于形成严肃的学习气氛。比较之下，正式与非正式网络学习平台的优缺点相互映衬鲜明。但同时也为教师在目前情况下混合使用两种平台、取长补短、共同服务于教学提供了基础。教师可以使用非正式网络平台（如 QQ 群）服务于完全在线课程及混合教学课程，补充 Moodle 平台等进行即时交流的短板。教师也可以在传统的课堂教学的同时引入非正式网络平台，将单一的面授课程改造为适应时代和学生需要的“互联网+”课程，打破学习时间及空间的限制，增加无限的学习、共享、交流的可能。可以大胆地预测，在不久的将来，正式网络学习平台的设计者会进一步增加平台的功能，尤其是开发制作相应的手机应用，方便师生、生生之间的交流。另一方面，非正式平台的开发者也会根据“互联网+教育”的需要增加教育的功能，方便人们进行更加系统、专业的学习活动。而就目前情况来说，教师单纯使用非正式网络学习平台，或混合使用正式、非正式两种平台即可满足课程教学的大部分需要。

三、“互联网+背景”下五种经典教学方法创新运用

（一）直接教学法

直接教学法（direct instruction）的精髓在于追求从教学（学习）到教学成果（学习成果）所使用的“连接两点之间距离最短的是直线”式的高效、直接的思维形式。直接教学法适用于细节清楚明确、组织结构严密、内在逻辑性强的概念、公式、知识，以及可以被纸笔测试所准确策略的技能等教学内容。摒弃一切与教学目的（学习目的）不直接相关的课堂步骤、教学材料等因素，直接教学法直奔主题，以学生学习为中心，突出强调教师高水平的指导和控制，意图以最短的时间、最少的精力来帮助学生掌握大量的知识及技能。

在正式网络学习平台上，直接教学法的优势能够得到充分地发挥，具体可以通过将“教”与“练”的过程分解为以下四个步骤来实现。

步骤 1：教学内容呈现。教师可将教学内容以微课、视频、音频、课件、本

文等一种或多种形式在网络平台上呈现。需要注意的是，在此步骤中教学内容呈现不宜过多，一般以一个主题下的不超过两三个知识重点或一两个技能目标为宜。将学生在步骤 1 中进行学习的时间控制在 20 分钟以内，方便其更好地理解、消化及吸收。

步骤 2：易题练。在此步骤中，紧紧围绕步骤 1 中的内容，教师预先设置好由学生个人完成的题目 5～8 题，难度为容易，主要目的在于考察学生对知识本身的理解和掌握程度，形式宜使用判断题、单项选择题等。每道题目后设置正确答案以及必要的一句话的解释。当学生完成全部问题后提交即可以看到答案及解释。此外，教师可以设置要求，只有当学生全部回答正确之后才能进入下一个步骤，以督促学生在做错的情况下返回到上一个步骤进行再学习，指导完全掌握基础知识为止。

步骤 3：中题练。与步骤 2 类似，围绕步骤 1 中呈现的教学内容，可以做适当拓展，教师预先设置 3～5 道难度中等的题目，供学生单独完成，形式可采用连线题、多项选择题、简答题等。每道题目后设置正确答案以及必要的解释，当学生完成全部问题后提交即可以看到。在此步骤中，教师或助教可以适当地进行抽查，以更好地了解学生的学习情况。

步骤 4：难题练。以步骤 1 所呈现的教学内容为出发点，教师可以将范围拓宽，或联系之前学习过的内容或联系实际生活中的场景、问题，设置几道有一定难度的题目供学生练习。题目的形式不限，教师可以根据学科特点自行设置。也可是开一个讨论区供学生提交自己的答案以及阅读回复其他同学的回答。教师可以在平台上设置学生必须先提交答案才能回复他人的功能，也可以规定学生必须在若干同学的答案之下进行多少字数以上的回答才算是完成练习。教师及助教可以积极参与此步骤的讨论，分析点评学生的回答，促进学生积极思考、认真学习。

此外，教师应在四个步骤之外开设一个任意提问的讨论区，答疑解难，或者利用非正式的网络平台（如 QQ 群）及时回答学生的各种疑问。

总之，直接教学法的“讲”“练”智慧完全可以通过网络学习平台体现出来，能够促使学生就特定的知识点或技能目标进行全方位、多角度、各层次的练习，直到扎实地理解和掌握为止。

（二）差异教学法

差异教学法（Differentiated instruction）是教师在教学中通过使用不同的教

学内容、变化不同的教学过程、要求不同的教学成果从而实现适应不同学生需要目的的一种教学方法。即使在同一专业、同一年级、同一个班级中，学生也会表现出兴趣爱好、能力水平、学习风格等各方面的区别。如果教师由于自身能力、水平所限，不能够或不愿意承认及面对学生之间的差别对教学的影响，那么就容易导致教学效率不高、课堂缺乏吸引力等问题。另外，从学生的角度上来看，在越来越重视教育公平的 21 世纪，教师坚持给不同基础、不同需要的学生以同样的对待，表面上是一视同仁、一律平等，而实际上却犯了不顾人高矮胖瘦一概发给同样大小衣服的错误，与追求教育平等的理念背道而驰。因此，课堂教师需要学习差异教学，不仅是为了提高课堂效率，更重要的是保证先在自己课堂这个小环境中实现能看得见、摸得着的教育公平。

在传统的面授课堂中，教师很难顾及众多学生对学习内容、学习形式、学习难度、学习成果方面不同的需求，差异教学法也多停留在理论层面上。但是在网络学习平台上，只要教师做好一定的前期投入，完全可以完美地实现差异教学法的终极追求——因材施教。教师可以通过以下三个方面在网络平台上进行差异教学：①教学资源差异；②学习形式差异；③ 学习成果差异。

首先，在同一个教学主题下，教师提供各种难度不同、方向各异的教学资源，以视频、音频、课件、文本等各种形式出现。在每个教学资源的题目上用关键词标注其方向，用不同的星级标注其难度，供学生按照自身现有水平进行选择。如在英语课中，在“科学家”这一主题下，提供题为“化学家★★★”的文本或“生物学家★”的视频或“数学家★★★★★”的音频等，不同类型、难度的教学资源供学生自主学习。其次，允许及鼓励学生采用不同的学习形式，如个人学习、开放讨论区进行合作学习等。同时，网络自身的优势也已经帮助教师打破了学习时间、空间的限制，学生可以在自己选择的时间段、自己感觉放松的场所内学习。最后，教师应允许及鼓励学生采用不同的形式提交学习成果。教师可以提示学生选择用文本、课件、录制音频、视频等各种形式完成教师布置的作业，规定一个截止时间让学生集中上传学习成果并且必须至少了解若干份由其他同学完成的学习成果并做出相应的回复。

相比其他各种教学法，追求在课程之内实现教育公平的差异教学法最能够受益于网络。教师自此不再感到分身乏术，不必担忧不能同时满足众多学生的不同需要；学生也可以不必顾及同伴压力，放心地在自己现有的程度上进行自主选择、完成难度适当的学习，最终获得提高和相应的成就感。

（三）讨论法

无论是在正式还是非正式的网络平台上，无论是在完全在线、混合教学或“互联网+”的课程中，讨论法都是被运用最广泛、最频繁的教学法。甚至在其他教学法中（如直接教学法、协作学习法），讨论也是学生完成任务、教师用来促进学生思考进步的重要形式之一。讨论法在网络学习平台上运用的最重要的优势就是打破了时间、空间对学习活动的限制，教师和学生可以在任何地点上线、在自己方便的时间里参与讨论。

讨论在正式的网络学习平台中一般以以下几种形式出现：①主题讨论式，就某一主题或问题、一段材料、案例等进行集中讨论。复杂主题下可以划分为若干个小主题，开放不同的讨论区进行讨论。②辩论讨论式，类似于辩论赛的正反方，教师可以在开放两个不同的讨论区，一个从正方的立场上出发，一个从反方的立场上出发进行观点阐释、错误批驳等。③自由讨论式，在某课程领域内容开放一个自由讨论区，供学生自主提问、发帖、回复等。在非正式的平台中，讨论一般以自由讨论的形式出现，虽然很难进行系统、全面的讨论，但方便、快捷，能够绑定手机应用，经常以一种更加开放、充满活力的方式补充正式网络学习平台或面授课堂当中的教学。

在网络平台上使用讨论法，看似简单，实则不易。教师要做好方方面面的准备工作，并且要设立规则、角色，让学生带着目的、遵循规则地进行讨论学习，才能完成高质量的讨论。具体要着重注意以下几个方面。

1）在开放讨论区之前做好充分的准备：教师应准备好充分的学习资源，为讨论提供明确的材料、问题背景等，杜绝无的放矢、泛泛而论情况的发生。

2）设置讨论区的相关规则：教师应在课程开始的第一天就向学生明确提出讨论区的相关规则、公布评定学生发帖及回复质量的标准等。一个讨论区的开放应在教师发布学习资源之后，而且在一定的时间内予以关闭，促使学生抓紧时间提高效率。教师应明确地要求学生在讨论区内进行发帖和回复。例如，就某问题或某案例，每人在周五晚 12 点之前发布不少于 200 字的回答，并且在周日晚 12 点之前点评不少于 4 位同学的回答，每份点评不少于 50 字。

3）设置学生在讨论中扮演的角色：一般来说，学生是以个人的身份参加讨论，但为了效率起见，教师可以安排不同的学生担任每周或每个讨论区的“总结者”一职，负责在讨论结束后提交讨论要点的汇报，便于师生回顾讨论学习的全过程，进行阶段性的反思，提高教学效率。还可以设置“监督”一职，邀请不同的学生在一定的时间段或讨论区内监督讨论的正常进行，对于偏离主题的讨论、使用语言暴力等行为予以坚决制止。

4）采用各种指导讨论的技巧：安排学生进行讨论只是讨论法的一部分，教师要适时采用各种指导讨论的技巧才能最终达到教学目的。教师应根据学生的讨论情况进行思维引导，采用追问、反问、假设、要求出示证据等形式激励学生进一步进行思考讨论。另外，教师应及时提炼学生讨论中的精华，协助学生联系以前出现过或以后将要出现的学习内容，点明学生思考方式的正确或错误之处，帮助学生不仅学会具体的知识点，更要学会本课程本科目的思维方式。

讨论法在网络学习平台上已经得到了广泛的应用，适用于各个年龄、水平阶段、各个科目的学习。但想要达到高质量的讨论，教师一定要做好相应的教学准备、规则设置、行为训练、思维引导等工作，决不能认为开放几个讨论区就可以达成最终的教学效果了。

（四）协作学习法

协作学习法（Cooperative Learning）经常被称为合作学习，自20世纪70年代初兴起于美国。其由于在改善课堂内的气氛、大面积提高学生学业成绩、促进学生形成良好品质方面的效果显著，很快引起了世界各国教育者的关注，并成为当代主流教学理论与策略之一，被誉为“近十几年来最重要和最成功的教学改革”。协作学习法的成功实施离不开以下五个基本要素。

1）形成积极互赖的学习共同体：合作学习中的成功有赖于每一个成员独特的贡献及有效的相互合作。教师可以通过在合作小组内设定“主持人”“记录员”等角色，并且要求学生定期进行角色轮换，来避免在学习活动中“搭便车”或部分成员对学习任务的“大包大揽”。

2）明确成员个体责任：每次活动之前根据成员的角色，明确其责任、强调其作为个体在小组任务中不可或缺的地位；在活动过程中小组成员要优先完成属于自己负责的学习或活动的部分，以确保整体学习任务的顺利完成；活动之后要根据相应的角色对其进行考察评估。

3）开展促进性的互动：小组成员之间要互通有无，分享资源信息，共同面对困难、分担挑战，形成情感上的共同体。

4）培养学生的交际能力：教师要定期向学生传授合作学习技巧，包括如何提问、如何交换意见、如何面对分歧和争执等。

5）不断反思提高小组合作能力：成员要定期对本小组合作情况进行反思，

总结经验，吸取教训，以便下次开展更高效的小组合作。

从保障协作学习法得以实现的五个基本要素来看，在完全在线的课程中运用协作学习法会遇到相当的困难。尤其是在课程学习即协作小组成立的初期，缺乏面对面的交流往往导致小组成员间难以形成感情上的归属感，影响积极互赖的学习共同体之形成。然而，当课程形式为混合教学或"互联网+"时，网络学习平台会对教师运用协作学习法起有效的辅助作用。协作学习法在网络平台运用的前提是教师必须在面授课堂中进行好分组、小组角色引入、交流规则及技巧指导、明确个体责任和小组集体责任、解读学习成果评价标准等工作。一旦协作小组成立，在完成初期若干次的面对面交流的基础上，教师可以引入正式及非正式网络学习平台作为辅助教学的工具。

在混合教学的课程中，教师可以要求学生以小组而不是以个人为单位参加正式网络平台的学习。例如，在某主题下的讨论区，一组成员必须要先单独进行组内讨论、形成共识（通过课堂内外的面对面交流或利用 QQ 群进行小组内部交流），再派一个学生作为代表在全班讨论区中展示学习成果或进行分享。另外也可以在正式网络平台上为每个小组开辟独立的空间，进行组内的讨论学习、展示学习成果等。教师应将参与在线学习的频率及发言的质量与对小组的评价结果挂钩，规定学生必须对若干个其他小组的学习成果进行分析和点评，以促进小组之间的交流。

在"互联网+"的课程中，如果教师采用协作学习法，那么非正式的网络学习平台可以很好地发挥辅助作用，如可以作为各种学习资源分析的平台、师生及生生之间即时交流的平台等。另外，这种非正式的在线交流可以帮助解决学生组内交流频繁但缺乏小组间、全班交流机会的问题。并且由于"互联网+"课程中的在线交流并不在最终的学业评价中占主要位置，学生因此可以有更多的自主学习、自主参与讨论的权利，能够以放松的心态畅所欲言。

总之，协作学习法与网络学习平台的关系不同于直接教学法、差异教学法及讨论法与网络学习平台的紧密关系，教师应注意通过指导面授课堂中的小组交流达到协助学习的目的，并使用网络作为辅助教学的工具，而非依赖网络交流或完全放手小组成员进行自发的在线的学习活动。

（五）任务驱动法

任务驱动法（Task-based Learning）是指在学习过程中，学生在教师的指导下，紧紧围绕着某个任务开展学习活动，在强烈的任务导向和问题驱动下，通过对学习资源的积极主动应用，进行自主探索和互动、协作的学习。任务驱动法即指教师通过为学生设置任务的方式，设计、开展相应的教学活动，最终达到特定的教学目的的方法。任务驱动法源自建构主义的学习观，强调知识不是单纯通过教师传授得到的，而是学生在一定的社会文化背景下，借助教师和学习伙伴等的帮助，利用必要的学习资料，通过有意义的建构方式所获得的。这种建构既是对新知识的建构，同时又包含对原有经验的改造和重组。在任务驱动法的运用中，任务必须具有清楚的目的和适宜的教学情境，使学生能够带着真实的责任感在探索中学习。在这个过程中，学生获得的成就感会不断激发他们的求知欲望，逐步形成一个良性循环，并且能够培养出学生独立探索、勇于开拓、积极进取的精神。任务驱动法适用于各类科目、各种课程、不同层次水平学生的知识和技能学习。在实施过程中，教师必须转换角色，由讲授式课堂中的“主角”转变为学生学习的“配角”，主要起指导、辅助、顾问的作用；学生摆脱死记硬背的传统学习方式，由被动地接受知识向主动地寻求知识转变。

在网络平台上运用任务驱动法时，教师应首先决定学生应通过哪种方式完成任务：个人独立完成或小组合作完成。接下来，教师可以结合三种“互联网+”课程及两种网络学习平台自身的特点做出决定。

当课程目标为学习者独立完成一个大型的任务时，教师可以设计完全在线课程，将任务拆解为若干个部分，在正式网络学习平台上开展教学活动。举例来说，在研究方法类课程、论文写作类的课程中，课程目标即学习任务往往要求学生在一学期内独立完成一份开题报告或研究报告。教师应使用正式的网络学习平台，按照教学及任务完成的顺序设置若干个相互联系又彼此独立的学习单元，如提出研究问题、撰写文献综述、分析研究资料等。学生可以根据自己的能力水平，按照顺序逐一进行学习、讨论、实践，步步推进，直到最终完成任务。

当课程要求学生以小组为单位完成任务时，适宜采用混合教学或“互联网+”的课程形式。教师必须先在面授课堂上做好分组及小组建设的工作，然后再向学生布置学习任务。这时，正式网络学习平台的作用主要在于展示任务完成情况、分享学习成果，并为小组间的相互学习和交流提供便利。而非正式的网络学习平台的主要作用在于帮助小组成员进行方便快捷的交流，提高任务完成的效率；也能够促进师生之间的交流，为学生完成任务进行及时的答疑、指导等。

“互联网+”时代呼唤的是既能继承优秀教学传统，又能够对接互联网思维的课堂；“互联网+”时代需要的是以注重“学生主动参与课堂学习、保持有效的师生互动、关注学生的情感体验以及注意培养学生思辨创新能力”为特征的生本课堂，能够培养学生学习能力、互助协作精神、帮助形成良好学风的课堂；“互联网+”时代要求的是可以高效利用网络提供的海量教育资源及方便快捷的网络社交平台的课堂，最终可以保质保量地完成国家人才培养的要求，满足学生学习需要的课堂。然而，目前我国众多高校课堂尚未完成从以宣讲和面授为教学手段的传统课堂到灵活运用各种教学法的现代生本课堂的转型，又不得不面对互联网时代各种教育新形态的挑战。我国高校课堂教学只有以发展、创新、协调的理念引领教育质量的提高，才能实现跨越式发展，一跃两步，实现从传统课堂到“互联网+”时代的新型课堂的彻底转变，从而提升教学品质，实现教育教学质量的提升。

第四节 “大班小组”课堂组织模式

一、“大班小组”课堂组织模式的背景

当前“90 后”大学生绝大部分是随着我国近十年基础教育改革与发展成长起来的一代，是经过不断备考和高考洗礼的一代。不可否认，由于我国的基础教育整体水平尚有待提高，在以高考为导向的应试教育的大背景下，中小学教师不得不强调学生的读写能力、应试能力。因此，当今大学生的学习习惯往往偏向于死记硬背，缺乏活学活用，偏重于个人学习、强调竞争性学习、忽视合作学习，侧重于知识记忆、缺乏实践能力，并且缺乏思辨力、想象力、创造力的锻炼机会。另外，当前大学生还必须同时面对未来严峻的就业压力，以及网络信息时代电子产品、娱乐设备的诱惑。这就导致多数学生一方面想做“学霸”，以背诵、做题的方式应对考证、考研；另一方面抵制不了自身的拖延习惯，摆脱不了智能手机和社交网络的诱惑。

与此同时，由于当前绝大部分高校教师缺乏长期、系统的教师教育培训，一方面缺少有效的教育教学知识和技能，只能照搬自己教师的教法教自己的学生，一方面迫于职称晋升的压力只好专心做科研，很难分出精力提高教学质量，所以我国高校课堂多是传统的、以讲授为主的教师一言堂。经常出现教师在讲台上或照本宣科、或侃侃而谈，而学生在下面玩手机、刷微信的情景，形成了平时课堂学习效率低下、期末应考之前拼命背题的恶性循环。这种以知识灌输为主的、以教师为中心的教学方式既不符合“90 后”大学生的特点，也很难引起他们的学习兴趣，更谈不上培养适应 21 世纪发展需要的高素质人才。

面临着如此严峻的教学现状，作为研究课堂教学方面的高校教师及教育研究

者，我们必须接受时代的挑战，根据当前高校课堂教学弊端与当代大学生的特点，积极开发新颖、实用的教学方法。“大班小组”教学法就是紧贴课堂教学实际、以服务于学生为己任、充分利用各种先进的教育教学理论与策略，从教学实践出发而形成一种以学生学习为本的新一代课堂教学方法。接下来本书将从理论基础、内涵与特色，以及实践成果三大方面介绍“大班小组”教学法。

二、“大班小组”的理论基础

当设计者主动适应“90 后”大学生的特点和需要，积极构建新一代高校课堂教学法的时候，一方面坦诚面对当前我国高校课堂教学的严峻形势，另一方面也主动借鉴各种已成熟的教育教学理论，博采众长、开拓创新，搭建了坚实的理论基础。“大班小组”教学法的理论基础主要由教育观、教学观、学生观构成，三方面各有侧重又互为补充，共同构成了强调人本、生本、高效的理论框架，为“大班小组”在教学实践中的不断创新、完善提供了无限可能。

1. 教育观

“大班小组”的教育观是结合杜威、罗杰斯的人本主义教育思想与桑代克、斯金纳的行为主义理论而形成的，既包括对学生主体性的尊重、对其潜能的充分开发，又强调教师要对学生进行适当的行为控制，以减少干扰学生学习活动的因素。“大班小组”以学生为主体、发挥教师的主导作用，着重激活学生学习的内动力、努力设计各种课堂活动激发学生学习兴趣、鼓励学生主动思考、自主学习。另外，针对当代大学生普遍缺乏学习精神、拖延行为泛滥、对手机和网络成瘾的现象，“大班小组”中包括行为控制、时间控制的策略，促使学生在课堂上集中精力，培养他们养成良好的学习习惯。

2. 教学观

“大班小组”的教学观认为教学设计应该是丰富多彩、变化莫测的，是能够充分吸引“90 后”大学生注意力的；是建立在广泛吸收各种成熟的教学方法的基础上，同时不断开发新的教学策略的。不拘泥于任何一种单一的教学方法，“大班小组”包含了诸如合作学习、任务驱动、问题导向、情景设置、讨论教学等多种元素。同时，注重学生元认知能力的开发，持续向其提供如合作学习技巧、有效学习策略百宝箱等帮助，从根本上提高学生的学习能力。

3. 学生观

在“大班小组”教学法的设置中，学生始终是独具特色的独立存在，是有情感需求的年轻人。以加德纳的“多元智能理论”和马斯洛的“需求金字塔”为导向，允许和鼓励学生发挥自己的特长，在小组内进行组员之间互补合作，以小组合作与教师互动为基本形式，同时为每位学生提供“头脑风暴”的小天地和展示自我的大舞台。努力创造一个师生、生生关系和谐愉快，学习气氛浓厚又不失人情味儿的课堂环境，促使学生学习的顺利开展。

总之，“大班小组”的教育观、教学观、学生观既吸收了前人的经典思想，又以适应时代的方式进行了组合创新，为其在教学实践中的顺利实施提供了良好的理论基础。

三、“大班小组”的内涵与特色

1. “大班小组”的内涵

“大班小组”的内涵可以简略地概括为：一个中心、两种关系、三个阶段、四项保障。

“一个中心”指的是一切教学设计、教学活动都以学生学习为中心。一是排除一切不利于学生学习的因素，二是大胆加入一切可能促进学生学习的因素。这种“排除”与“加入”并不受传统教学观与教学方法的束缚。与传统的以教师为中心的课堂、以讲授法为主的课堂相比，“大班小组”教学法的设计者首要考虑的是学生而非教学进度或教师。如果学生对于教学内容不理解、跟不上教学进度的话，无论教师的教案准备得如何周详、讲授时如何妙语连珠，对于学生学习依旧毫无意义。同样，如果学生对于教师“满堂灌”的讲授已经非常厌烦与疲惫，对于被动消化课堂内容毫无兴趣，那么教师辛苦地授课事实上做的也是无用功。以学生学习为中心的教学可以随时按照学生学习的实际情况灵活调整教学进度，也可以根据学生特点与兴趣爱好适时加入与教学内容配合的活动来激发学生的学习动力。然而，“大班小组”强调的是以“学生学习”而非单纯的以“学生”为中心，澄清有效的课堂教学或“把课堂还给学生”，不是单纯的“放羊”或让学生不受限制。课堂教学不能直接等同于学生自学，课堂教学有明确的教学目标与教学进度。在学生完全明确学习目的、具有强烈的学习动力，以及具有强大的自控能力之前，教师仅仅为学生提供大段的自由时间却无其他措施是不负责任的表现。总之，“大班小组”教学法的一切设计都是以学生学习为中心来开展的，这个中心深刻影响着其一切内涵的构建与特色的形成。

“两种关系”包括课堂教学中逐步变化的师生关系与灵活、重叠的生生关系。首先，在任何科目的学习中，学生的自我导向能力是随着学习的深入而不断变化的。因此，教师有必要随之不断调整自己在学生学习过程中扮演的角色来适应学生的进步，而不能固守一个角色到底。在学生刚开始某一课程的学习时，往往不能准确把握学科精髓，也不能准确理解课程内容，所以很难靠自己完成学习任务，多属于“服从学习者”。教师在这个阶段要扮演“权威”的角色，偏重于将学生“领进门”，需要用明确的讲解来阐释学生的问题与疑惑。当学习进行到一定的程度，学生对于本科目有了越来越多的理解和把握，变成正常的“学习者”时，教师要及时改变，减少灌输与讲授，逐渐增加学生在学习上的自由度，同时牢牢把握教学过程的大方向，扮演“指导者”的角色。最终，学生经过长期的学习掌握了基础知识、基本技能，往往对课程与学科有了更深的理解，同时也形成了自己特有的兴趣与偏好，成为自主学习者。教师在这时要继续调整自己的角色，变成学生学习的“顾问”，鼓励学生开展探究型学习，只在学生需要的时候提供帮助、不需要的时候“隐身”，不过度干涉学生学习或随意打断学生的注意力。

其次，生生关系的两个方面——合作与竞争，在“大班小组”的课堂上既是灵活又是重叠的。在小组这个课堂学习的基本单位中，组员之间的关系以合作为主、竞争为辅。组员每周轮流扮演“主持”“书记”“监督”的角色，合作完成小组内领导、任务分配、记录、整理、纪律维持、责任分担等具体的工作。组内成员互为忠实的学习伙伴，将小组全体圆满完成学习任务当成每个人的责任，同时提供情感上的支持，减少面对学习新内容、完成学习活动时的紧张和不安。在期中与期末时，小组成员间开展互评互查，以此强调小组合作精神、统计个人对小组及组员的贡献程度。在一个班里往往有几个到十几个小组，小组与小组之间的关系侧重于竞争，辅以合作。当教师向小组抛出问题、任务、布置作业时，多数情况下都是相同的，因此小组之间便会形成竞争关系，或是为了争取更高的分数，或是为了争夺教师的注意，或是为了增加自己小组的成就感。这种组间的竞争实际上又是组内成员合作关系形成的最强有力的催化剂。另外，教师应适当地设计全班合作的机会，如让各小组分解复杂的项目、各负责完成一部分再分别向其他组做报告，又如让整个班排演情景剧，为此每个小组要承担不同的任务并且与其他小组开展有效的合作。总之，“大班小组”教学法使生生关系在合作与竞争中动态组合、不断深化。

就教师执行“大班小组”教学法的具体步骤而言，“三个阶段”指的是课堂教学活动的前、中、后三个阶段，分别突出强调计划、控制、反思。

在教学活动之前，教师需要充分了解学生的实际情况，包括知识储备、已有能力、学习兴趣、风格偏好等。同时，根据学科要求、课程内容进行详细的教学计划。不仅要写教案、制作课件，还要安排设计课堂活动，使一次课堂时间段内形成一次或几次的学习“兴奋点”，激活学生状态，促使其及时动脑、动口、动手。例如，在“班级经营”课程中的“如何对学生进行学习指导”一节中，可以设计三次找关键词的头脑风暴活动，让学生思考、讨论：①什么是有动力的学习；②什么是有效率的学习；③什么是有乐趣的学习。将小组讨论、学生发言、全班讨论、教师讲解有节奏地结合起来，由浅入深、层层递进、步步完善，最终完成完整的学习过程。另外，教师还需要对课程内容和课堂活动模块做出时间方面的计划，精确到分钟，合理、有效地利用好课堂时间。

在教学活动之中，教师严格按照制订好的教学计划进行，同时对课堂节奏、学生行为进行一定程度的控制。教师需要密切注意学生的反应，根据学生当堂的理解程度，随时做好增加讲解内容或减少细节的准备，使每次课堂上的学习目标变成学生“跳一跳就能摘到桃子”，给学生必须付出一些努力才能完成任务、但是目标又不是遥不可及的心理暗示。另外，教师在实施教学活动时，必须用精确到分钟的时间限制加随机提问的方式来控制学生的课堂活动，使其必须全身心投入课堂、做好随时站起来发言的准备，减少学生在课堂上开小差、玩手机等偏差行为。最常用的手段就是限时讨论，如在上面例子中的“头脑风暴”活动中，一个环节中一般只安排三分钟左右的时间供学生在小组内部进行讨论，并告知学生讨论结束后教师将随机抽取小组在全班面前进行分享。

在教学活动之后，必然会有相应的反思行为。对于学生来说，反思以课后作业的形式出现，一是为了学生总结在课堂上已经学到的东西，二是鼓励学生课下进行自主的探究式学习。课后作业是教学活动不可缺少的组成部分，也是培养学生进行自我导向学习、探究学习、坚持不懈学习精神的绝好机会。作业量不宜过大，但是作业形式可以安排得丰富多彩，如写感想、画海报、录视频、查资料、做项目等，每周尽量安排不同形式的作业。在期末的时候可以安排一次全班的总结活动，让每个小组对本学期的作业进行梳理，选出自己的闪光点和优秀片段在全班面前进行展示。对于教师来说，反思可以以做笔记、写日记或在原教学计划上加备注等不同方式进行，目的是总结经验教训，进一步提高教学水平和课堂教学质量。另外，教师还可以采用问卷调查、学生小组访谈等形式收集学生对自己教学的感受，真正做到以学生学习为中心。

“四项保障”指的是保障“大班小组”教学法顺利进行的四个因素：学生激

励、学习评价、时间管理、资源利用。

一堂成功的课不仅要有饱满的内容、精彩的课堂活动，还得有良好的学习氛围。教师必须学会适时、适当地激励学生，为学生创造各种成功的机会，使学生取得成就感，从而激发学生的内在学习动力。激励学生的方式多种多样，在大学课堂中常用的包括使用正面的言语激励、整理展示学生的优秀作品加以点评、对表现优秀的小组奖励以优先选择任务的特权等形式。另外，可以把每学期的最后一堂课变成“庆功会”，让每个小组分享自己本学期取得的成就，形成快乐学习的良好气氛。

“大班小组”课堂的最终成功必须有合理的学生学习评价作为保障。这里的学习评价不再仅仅侧重于读、写两个方面，而是通过形式多样的任务和作业，测量学生的基础知识、思辨能力、合作能力、应用能力、表现能力、动手能力等。通常采用的是“积分制”的形成性评价，侧重课堂表现、每周作业的成绩积累，大幅度减轻期末纸笔考试的比重，甚至取消期末考试而以学生的项目设计、论文等代替，并且在学期初就向学生解释评价制度，使其明白成绩的取得在于平日的努力而不能靠期末的突击背诵。

时间是最宝贵的教学资源，必须对其进行合理的分配和使用。“大班小组”教学法充分借鉴管理学中时间管理的智慧，整理出一套行之有效的课堂教学时间管理手段，如教师给所有任务，包括课堂活动、小组讨论、作业完成等都设置从几分钟到几天的时限，手机上的定时器、小组内的监督角色都是杜绝浪费时间的有效保障。通过反复训练，学生逐步养成高效率完成任务的习惯。同时，教师也要以身作则，合理安排教学内容，高效完成教学任务，杜绝拖堂等不良行为。

另外，积极将网络、科技产品等转化为服务于课堂教学和学生学习的有效资源。一方面，放手鼓励学生就当次所学的主题进行自主的探究学习，促使其课后主动通过学术资料数据库或百度等搜索引擎寻找材料；另一方面，正视手机进课堂的现实，让学生使用智能手机中的计时器给小组活动计时，或是用照相机功能对课件、学生课堂作品进行拍照保存等，让学生转变手机只用于娱乐的错误认识，将科技产品给教学带来的不利因素转化为有利因素。

2.“大班小组”的特色

与其他教学方法（如合作学习）相比，“大班小组”教学法具有其明显的特色，可以用四个“多”来概括：多面、多变、多彩、多元。

"大班小组"教学法的出发点和设计考虑是多面的。一是从学生与教师两个方面出发，在以学生学习为中心的思想下安排课堂内容与教学活动，照顾了教学双方的需要，构建彼此都能获得成功和满足的双赢课堂。二是在教学设计时融合学科特点、考虑学生特点、反映时代特点，不拘泥于传统的讲授式课堂或单一的合作学习、任务驱动等教学思想，积极融合各种有利因素为教学服务。

从外在形式上看，"大班小组"是教学策略多变的教学法。学生每次上课都可以参与各种形式丰富的学习活动，接受不同种类问题、任务和作业的挑战。用学生自己的话来说就是"上课可以是惊喜或者惊吓"，使其感到常变常新，让"90后"都能热爱课堂、乐于投入学习。

从激发师生的想象力和创造力上来看，"大班小组"的课堂是多彩的课堂。成功的一堂课既需要教师发挥能动性来设计课堂活动、安排课程内容，又需要学生发挥自主性来做好任务、完成作业。课堂不再拘泥于书本或教师的一家之言，而是时时处处充满精彩的观点、奇妙的创意，闪耀着教与学的智慧火花。

从教学价值观与激发学生思维的角度来看，"大班小组"的课堂是多元的课堂。教师与学生始终处于平等的关系，教师绝不给学生强制灌输自己的观点，学生也必须坚持自主思考、拒绝不加思索地被动接受知识，形成一种尊重多元思想、尊重思考者努力的课堂学习气氛。小组内部也不需要强制形成统一意见，可以采用民主评议或同时保留几个版本的方式为多元思想保留生存的空间。

多面、多变、多彩、多元的特色使"大班小组"成为一种具有独特价值、充满21世纪时代精神、符合"90后"学生需要的教学方法。该教学方法在高校成功实施的经验已充分表明其推广价值。"大班小组"教学法的时代性、适应性，其内容的丰富性、完整性，以及对学生的吸引性、对教师的帮助性都值得向各级各类学校进行推广，引导所在层面的教育教学组织方式，引起一线教师对课堂教学改革、提高课堂教学质量的思考与讨论。许多参加培训和课堂观看的教师表示已将看到的部分教学策略在自己的课堂上做了尝试，取得了明显的成果。相信通过理论提升与进一步的教学实践，"大班小组"教学法可以走得更远、为更多的高校师生服务。

但是，"大班小组"教学法在实施过程中依然面对着阻力。首先，教学法本身不够成熟，需要进一步改进。其次，由于项目成员自身的教学经验、教学水平所限，"大班小组"教学法尚未达到完美的程度。而且，学生长期以来形成的以背诵知识为主的学习习惯及上课就是单纯听讲、考个高分就是学到东西等消极的学习观念都严重阻碍着"大班小组"教学法的实施。因此，如何进一步完善"大班小组”教学法的内涵、提高教师的自身水平、改变学生的学习态度都成为下一步要努力的方向。

思考问题

1. 有效课堂经营的基本组织与实施原则、策略是什么？请举例说明。
2. “互联网+”环境下对课堂经营提出了怎样的挑战？
3. 做为新时代的教师，我们应具备怎样的课堂经营理念？

第六章　智慧教育环境下的教与学

第一节　融合还是颠覆

随着现代信息技术的发展，“互联网+”已经被纳入世界各国发展战略并以催化剂的功能孕育、催生新行业，挑战、倒逼传统行业。“互联网+教育”必然影响着教与学领域内相关变革，教师如何在这场变革中认清自己的地位将决定教师自身的发展和教育教学事业的质量。教师只有反思“互联网+”，分析其给教与学带来的形变及神不变的基本规律，有效应用互联网技术给教育教学带来的发展机遇，稳中求变，主动求变，在变革中求发展、求创新，处理好变革与坚守、坚守与创新的关系，才能搭建与开发属于自己的“互联网+”地位，实现身份认同与自身完整的有机结合，从而成为学生学习和成长、教育发展的有效助力因素。

《国家中长期教育改革与发展规划纲要（2010—2020 年）》指出，“信息技术对教育的发展具有革命性影响”。党和国家的十三五规划部署中，进一步提出以教育信息化带动教育现代化，推进我国教育事业改革和发展的战略。“互联网+教育”是深化教育领域改革的重要组成部分，是促进教育公平、提升教育质量的有效途径，也是促进优质教育资源共享、创新人才培养模式与转变教育发展方式的重要路径。“互联网+教育”模式的快速发展在给教师教育注入活力和革新的同时，也引起了各界关于教育与教师的大讨论。一时间，学校“消失论”、教师“失业论”等论调此起彼伏。“互联网+教育”必然引起教师教育的相关变革，如何在这场变革中认清自己的地位将决定教师教育自身的发展和教育教学事业的质量。教师只有在“互联网+”中，主动求变，在变革中坚守，在坚守中创新，才能搭建与开发优质的教育策略，构建属于自己的“互联网+”地位，实现教师身份认同与教师教育自身完整的有机结合，从而赢得课堂，成为学生学习和成长、教育发展的有效助力因素。

一、“互联网+”环境下的教师与学生

“互联网+”与教育的结合给教与学带来形式上的转变，使智能教育成为教

与学的新常态，为教师的教和学生的学提供了丰富、多元、可选择的教育资源、教育环境和教育教学模式。教师应当结合“互联网+”所带来的技术支持，全面考虑教育教学领域所发生的变革，顺势而为，主动求变，从学生学习方式、教学环境、教学资源、教学手段、有效学习等方面，了解“互联网+教育”时代教师教育的“形变”，构建有效、适时的教育教学路径和线上、线下相结合的学习性社区。

“互联网+”进入教育领域后，人们运用技术来影响教育的兴趣越来越浓厚，而不同技术的运用也在引起教与学的深刻转变。学习者的学习方式、教育者的教学方式已经由过去单一的方式转变为以转换模式、弹性模式、菜单模式、增强型虚拟模式为特点，具备个性化、便利性及低成本等优势的混合式教学与学习方式。教与学不再拘泥于单一的方式，而是学习理论、学习资源在不同的学习环境下，由不同的教育者采用不同的教学方式，呈现在采用不同学习方式的学习者面前。教师教育不应当再纠结哪种教学方式应当是中心，哪种学习方式更为有效，而应该在认真审视课程、学习、教师及学习者等基本教育学概念和特征的基础上，实现知识、技能以系统、完整、有效的方式传递。

从当前学生群体的特征来看，他们成长于互联网和大数据时代大背景下，其获取知识和技能的途径和速度远远超出以前的任何一代。慕课、微课、翻转课堂等已经成为他们普遍采用的学习方式。如何过滤、筛选、剔除无关内容，优化学习资源和学习方式，成为当下教育者应当思考和进行创新的落脚点。

“互联网+教育”的课堂是由学习者和教育者共同构建的、存在于实体和虚拟二元世界的学习化社区中。教师和学生在两个世界里穿梭、交替变换，提问、答疑。教师和学生都应熟练地掌握相应的网络技能和多媒体交流平台，共同构建一个交互性、趣味性、互助性和个性化的学习化社区。在这个社区里，教师、学生、家长可以进行单一或多层的交流、分享互动，共同解决学生在学习、生活中遇到的问题；在这个社区里，学生之间可以相互学习、交互评价，在互助、友好的氛围中共同成长；在这个社区里，教师可以对学生的作业及疑问进行有效的、直接的、及时的、个性化的反馈，从而促进学生的学习。

“互联网+教育”背景下的教师不应再是单一理论的实施者，而是多元理论的践行者。教育者在正确认识和评价自己在“互联网+教育”方面的知识和技能的基础上，对自己已掌握的混合学习理论基础和实践手段有清醒的认识，并做出客观的评价，从而在现有的基础上，根据具体的教学环境和教学实践，寻找适合自身能力和所教学生的最佳理论和实践手段，为学生营造好学、乐学、向学的环境。同时，教育者要树立终身学习的理念，通过阅读、参加培训等各种形式提升自身的理论水平，并以学以致用的态度，将所学的理论和案例处理方案与自身的教育教学活动紧密结合，打造适合学生学习的激励方案。最后，教育者要活学活用，敢于创新。教育者要对互联网的理论和实践进行反思，对一些现象进行深入的观察，由表及里、去伪存真，根据理论和实践形成自己的“互联网+教育”观，搭建整体良好的教学生态环境，促进学生的学习、反思和行为的转化及发展，从而优化教学效果。

二、“互联网+”时代教与学地位的思考

“互联网+教育”的到来，从本质上说并不意味着教师和教育的分离及教师课堂地位的下降。相反，在教育教学领域，教师教育的价值取向、学生的学习动力、学生学习能力的培养、学习效果的评价都是教师教育应当持续思考的问题。当下，教师应当将“互联网+教育”环境融入到相关问题的思考与反思中，探究课堂的有效治理，研究能够促使教学及教学实践、学生知识和能力提升的路径，以更有效的理念、思维和模式经营“互联网+教育”时代的教师教育，促进学生的学习和成长，提升教育发展的质量。那种“互联网+教育”背景下，不需要教师教育的理论只是一种幻境。

首先，教师教育的目的并未因“互联网+教育”的到来而改变。“互联网+”时代的教育，其核心问题不是技术问题，而是教师如何充分利用先进的教学手段、丰富的教学资源、便利的交流平台以更好地实现教育目的的问题。其核心仍然是教育者自身作为“人”的问题。教育者切不可把“人”的问题错误地理解为“技术”问题，盲目地迷信教育技术带来的便利，认为只要使用了如微课、慕课、智慧教室等“互联网+”时代的衍生品就可以达到教育目的，忽视有效激发学生动力、规范学生学习习惯和行为等教学策略的学习和研究。

教师仍然担任着传道、授业、解惑的职责，学生仍然要学习知识、技能及解决问题的方法。“互联网+”时代的衍生体，如微课、慕课的优点非常明确，内容适度、直奔主题，但是质量较高的慕课及微课都有相应的过程性或终结性的考评方式及考评标准，学生只有达标，才能进入下一阶段的学习。以网络为依托的课程在实现学生知识和技能能力的培养方面独具优势，然而在培养学生其他能力尤其是思考能力方面却稍显逊色。思维的培养及发展需要通过教与学的互动，不断发现学生思考的方式从而提高学生思考的能力和水平。例如，在学生的互动回

答之后，教师给予及时准确的反馈，指出学生发现、解决问题的优势及不足，挑战学生的思考，并通过师生间不断的及时、快捷的反馈，提升学生的思维能力。教学即教思维、学习即学能力的取向并未因为知识载体的不同而呈现本质变化。

其次，学生的学习动力仍然是教师教育要解决的关键问题。“互联网+教育”给教与学提供了一个多元、有效的平台，但并不意味着学生学习兴趣和学习动力的有效提升。从学习的观点来看，有关学习参与者的学习动机或驱动力，以及学习障碍问题在“互联网+教育”时代已经成为教育的中心问题，并且优先于有关教育的内容和结构等更为传统的教育学问题应当得到教师教育的广泛关注。

美国前教育部长泰洛尔·贝尔（Teller Bell）曾经说过：“关于教育，有三件事情要牢记——一是动机，二是动机，三还是动机。”学生学习动力的高低是学生取得学业成功与否的动力源泉和基本前提。真正意义上的高效学习是以强大的学习动力为支撑的。没有学习动力，学生的学习是低效的，甚至是无效的。学习动力得到激发的学生在学业上总会成功并将继续取得成功。虽然在现实的教育教学实践中，很难分清学生的学习动力是否得到全力的激发，但是如果学生的学习动力不足，那么他们的学习效果肯定会大打折扣。作为学生学习和成长的助力者和指导者，教师和家长如果真正关心学生的健康成长、学有所成，就不能想当然地放任学生自生自灭，而应与教学理论和实践的实际发展同行，关注、探讨、学习与学习动力问题相关的理论和方法，以最大限度地激发学生学习的动力，促进学生的发展。虽然教育领域内关于学生学习动力的研究在不断取得新的进展，一线的教师、家长和校长却往往关注有效学习的外部条件。例如，在学习工具和学习资源的载体上，对如何激励学生缺少必要的思想认识，对激发学生学习动力必需的范式及方法缺少研究及关注。在很多教室里，我们发现学生学习动力低下：无明确的学习目标和学习计划，上课走神、注意力不集中、不做笔记、迷恋玩手机等各种电子产品；课后不复习、不预习，时间观念不强，单位时间内学习效率不高。如何帮助教师在“互联网+教育”时代提高学生学习动力的研究和具体的实践操作还远远未能满足一线教师、家长和校长的需要。例如，在具体的学校环境中，教师用来激发学生动力的策略，如提高中考和高考的试题分析和题海战术能力，从根本上说未能解决学生学习动力不足的问题；家长激发孩子的学习动力，除了物质奖励，似乎也没有其他更好的策略；在具体的教育教学实践中，一些家长和教师在经历长时间的说教及购买了大量的网络资源后，往往会给出“很难调动学生的学习积极性”“这些学生就这样了，没办法”等评价。这样用心用力但方法不对的家长和教师应当接受更好的关于学生学习动力方面知识和技能的培训，使自己的努力以正确的方式进行，以产生更有效的教育成果。

再次，学生学习能力的培养仍然是教师教育的重心。学会学习、掌握技能在“互联网+”时代变得尤为重要。传统教育在教学上以知识点的传授为基本教学目标，课程的实施和组织也大都以讲授法为主，评价方式也是重知轻能。能力本位教学理念和教学观点的提出是以知识、智力和创新能力为基础的现代知识经济时代的必然要求，是对传统教育弊端的矫正，也是对教育本意的回归，是“互联网+”时代和社会由重知识向重能力和素质转变的必然要求。例如，由美国和亚太一些国家的教育部门及英特尔、戴尔、苹果等公司合作成立的“21 世纪技能联盟”指出，21 世纪需要学生学习包括全球意识、经济商业素养、公民素养、健康素养、环境素养在内的核心课程，以及具备三种重要的技能：学习和创新技能，信息、媒体与技术技能，生活和职业生涯技能。这种核心课程与三种技能构成了 21 世纪人才核心能力框架（表 6-1）。

表 6-1　21 世纪人才核心能力框架内容

学习和创新技能	信息、媒体与技术技能	生活和职业生涯技能
帮助学生做好将要在未来生活和工作中面对复杂问题的准备，创新能力、问题解决能力、交流协作能力	帮助学生应对未来生活中信息技术和媒体环境下多样化的技术工具使用，信息素养、媒介素养、信息与通信技术素养	帮助学生在未来社会适应社会发展，主动寻求职业生涯发展，自我导向、跨文化交流高效能工作、领导能力

而著名的普利斯顿大学在研究和改革中提出了十二项能力目标：①清楚的思维、表达与协作能力；②以批评的方式系统推理的能力；③形成概念和解决问题的能力；④独立思考的能力；⑤敢于创新及独立工作的能力；⑥与他人合作的能力；⑦判断、彻底理解某种事物的能力；⑧辨识重要与琐碎、持久与短暂的事物的能力；⑨熟悉不同思维方式的能力；⑩掌握某一领域深度知识的能力；⑪观察不同学科、文化、理念相关之处的能力；⑫一生求学不止的能力。从思考力、学习力和创新力等方面明确了“互联网+”时代教师教育的重心及价值取向。

上述联合国教科文组织、“21 世纪技能联盟”和普利斯顿大学的培养目标虽然具体内容有所不同，但是他们的每一项指标都在强调某方面能力的学习和培养，而非简单的知识灌输；他们的共同指向是学生学习能力的养成而非学生做题、解题的方式和方法。如果用上述框架和能力培养方式审视当下的教师教育，那么培养出具有思考力、创新能力、问题解决能力、交流协作能力的学生，仍然是当下教师教育的努力方向和目标。我国用人单位对创新能力人才的极度渴求、国家间人力资源质量之激烈的国际竞争、面对未来世界发展方向的惴惴不安，各种问题交织在一起，要求教师教育对当下教育的人才培养方式和目标提出新的思考和挑战，而并非对知识和技能载体的深度关注。

最后，教师作为课堂有效治理者的地位没有发生变化。教师仍然是而且必须是互联网教与学的规则及课堂有效治理的制定者、实施者及掌控者。诚然，“互联网+”带来了实体课堂和虚拟课堂并存的二元移动学习时代，但是“互联网+”时代，学生的有效学习取决于良好教学环境的创建，依赖于信息技术化的教学设计，得益于互助共赢的学习氛围，促进着学生自我探索、自我能力的养成。而这一切离不开教师对学生学习行为和习惯的规范，对思维发展和突破的引导，对平等、多向互动学习环境的构建，探索、探究精神的激励。在互联网时代，即使学生可以通过网络简单快捷地获得丰富的教育资源，但为了成功达到学习目标，学习者必须具有自我导向、自主学习、自身约束等能力，这离不开正规学校的培养与合格教师的引导，更离不开常规的教与学环境日复一日的浸润。课堂教学传授的不仅仅是知识本身，还包括学习者应如何正确学习的终极手段。教师必须秉承终身学习的理念，借助于信息化和网络化的相关技术，探究“互联网+”时代的教学规律，以实现线上和线下课堂混合学习的有效治理。制定相应的制度机制激励学生想学、乐学及积极主动学习习惯的养成，训练强化学生会学习和善思考的行为，从而促进学生的成长，实现教学质量和效果的效益回报。

三、“互联网+”时代教与学的深度探究

（一）“互联网+教育”是传统教育的延伸和拓展，而非颠覆

“互联网+教育”实现了教育与信息技术的融合，改变了教育的运作模式，通过公共服务领域为线上线下教育的延伸和拓展构架了虚拟的桥梁，使教育材料、教学过程、学习方式逐渐走向数字化、网络化、无纸化。同时，对于世界各国来说，互联网与教育信息技术的融合，可以很大程度上缩减因为地域、种族、城乡、校际等因素造成的在教育投入、教学质量、师资水平等诸多方面的巨大差异，从而以更加灵活的方式提升教育供给，实现教与学的机会均等，为解决教育公平和教育均衡等问题提供了重要的路径。

诚如联合国教科文组织在 2015 年成立 70 周年大会上发布的研究报告《反思

教育：向“全球共同利益”的理念转变？》中指出，学习模式在过去的 20 多年里发生了巨大的变化，知识来源改变了，我们与知识间的交流互动模式也改变了，但学校教育的重要性并没有因此而削弱。学习不应只是个人的事情，而是作为一种社会经验，需要与他人共同学习，或者通过与同伴和教师进行讨论及辩论的方式来学习。移动学习和大规模的在线课程等新模式的出现对现行教育提出挑战，但是实体教师教育不会消亡。即便技术再发展，教师这一职业也不会消失。信息量和知识量激增，要求个体和集体采取定性方法来处理信息和知识的传送、传播和获取。考虑到信息和通信技术的潜力，教师现在应成为向导，引导学习者通过不断扩大知识库来实现发展和进步。

（二）“互联网+教育”是对传统教育模式的挑战，而非顺从

互联网与教育的融合打破了传统的教育生态，对传统教与学模式提出了挑战。“互联网+教育”通过慕课、网络学习、翻转课堂等模式构建出一个开放、互动、富于变化的教育新生态，对传统的教与学提出了挑战。

首先，“互联网+教育”要求教师与学生改变传统的教与学的思维方式，用互联网思维引导教学与学习。互联网技术促进学习者知识、技能形成和提升的基本逻辑前提是学习者以“学习力、思辨力和创造力”为核心形成自我导向、自主学习、自我约束、自我发展、自我创新的能力，在进入课堂之前，对所学的知识和技能、对所探讨的课题已经进行过有质量的学习和探究。离开这一基本逻辑前提而强行推进不同形式的在线学习，都是“晕轮效应”下的伪教育。教师教育应当了解这一前提，分析“互联网+教育”环境的基本规律，有效运用互联网技术给有效教学带来的发展机遇，分析学情，了解学生新态势下的学习兴趣和动力，激发学生学习，从而实现课堂的有效治理，成为学生能力养成的有效助力因素。

其次，“互联网+教育”为教与学提供了新的角色体验，一线教育实践者要顺势而为，用创新发展的理念构建信息技术的教育教学生态圈。一方面，要用创新发展的理念引领教育教学创新，发挥教育与科技创新在教与学中的引领作用，拓展教学管理与领导方式，不断探究互联网环境下的师生关系，革新教学内容和教学方式，拓宽教师专业成长和学生成才的道路；另一方面，要在理论联系实践的原则下进行“互联网+教育”的实践探究，具体分析当地的教育教学实践，探求如何将互联网的理念转化为具体的教与学的行为，根据学生、教师、家长的需求，打造以人为本的、融合现代信息技术的新的教育教学理念和教育模式，从而改善教育教学，促进学生发展。

移动互联网、大数据、云计算等互联网信息技术与教育的深度跨界融合，赋予了教学和学习的多样化；慕课、微课等在线学习资源的日益丰富，满足了学习者对个性化教育的需求。然而，这些根据不同学生的能力、兴趣、学习风格等因素编排的课程资源，只有学习者采取积极使用的态度，才能发挥其促进个体发展和终身学习理念养成的作用。在日常的学习生活中，要为创新和改变创造文化氛围，引导学习者以积极使用者的心态学会使用信息技术带来的各种资源和便捷交流渠道，利用智慧教育环境促进个体发展，促进个体认知与非认知能力的发展。

第二节　“互联网+教学”的国际启示：以美国为例

美国政府于 2016 年出台的《国家教育技术规划（2016）》（*National Education Technology Plan* 2016，NETP 2016）是其基础教育在“互联网+”背景下进行转型的积极尝试。美国政府希望通过“互联网+教育”的战略带来教育领域内教学模式的持续更新，以及学生学习方式和学习环境的多元发展，进而带动教与学的制度和模式创新，推动教育资源和教育机会的公平性，发挥互联网在教育公平和教育均衡中的作用，最终加强基础教育供给，改善教育教学，促进学生的发展。我国随着慕课、微课、在线教育等以网络信息技术应用为支撑的新教育模式在教育领域的运用及政府“互联网+教育”战略的提出，智慧教育成为教育发展阶段的新常态。如何借助互联网和信息技术有效实施教学和学习活动，推动教育教学的高水平、高品质发展，也应当成为教师教育的新常态。剖析美国最新国家教育技术规划的内容框架及特点，不仅可以为持续提高教师、学生利用信息技术的能力，还可以为我国教育领域全面制定、实施“互联网+教育”的发展战略起到借鉴作用。

一、美国《国家教育技术规划（2016）》教与学的构建

如何利用信息技术特别是现代信息技术的发展和应用，促进教育的改革和发展、创新教与学的方式、提升教育质量是美国历届政府的工作重心。因此，2016 年的国家教育技术规划对教学与学习的目标、内容以“互联网+”为背景，进行了深入、详尽的描述，并对不同机构作出相对具体的要求，形成了以“‘互联网+’为思维导向”，以“联邦州专业机构”共同合作的支撑联盟体制，集合各方资源和优势，共同促进美国基础教育阶段教学及学习与信息技术的融合。

（一）美国《国家教育技术规划（2016）》学习与教学的技术目标

1. 学习的技术目标

美国《国家教育技术规划（2016）》的终极目标是信息技术与教育融合，学生通过技术参与学习，进而改善学习。因此，《国家教育技术规划（2016）》对信息技术下的学习提出总体要求，即所有的学习者通过正式和非正式的学习环境参与学习过程，从而具备相应的知识和能力，以积极的、创新的、博学的、道德的姿态参与到全球一体化的进程中去。

《国家教育技术规划（2016）》从三个方面探讨了上述学习技术目标实现的可能性。

首先，现代学习科学的研究与发展为当下学生如何学习提供了新的证据，而建立在这些新证据基础上的信息技术与教育的融合将会进一步激发学生参与学习的兴趣，从而改善学习效果，提升学习质量。

其次，信息技术与教育的融合使学生的学习不再局限于实体课堂，而是可以随时随地发生。学生也可以从自己的社区网络开始，通过互联网访问世界各地的教学资源、与世界各地的教育专家进行交流，从而拓展学习途径和学习方式，具体体现在以下几个方面。

第一，随着网速的提升，对计算机技术感兴趣的学生可以通过网络课程学习相应的知识和技能，突破因学校师资、经费不足而不能学习相应课程的局限。

第二，有计划进入大学学习或者为就业做准备的学习者，可以通过高质量的网络课程享受学习和咨询服务，从而突破了因学习资源或地理位置而不能亲临现场的局限。

第三，通过移动终端及网络学习平台的搭建，来自世界各地、具有共同兴趣的学习者可以协同合作。

第四，对于教学设施匮乏的学校，只要提供网络接入服务，就可以为学生提供化学、生物学、动物学、物理学实验室的影像及视频资料，从而为他们提供与其同伴相似的学习经历。

第五，在世界任何角落从事创造性写作、音乐或影视作品的学生可以将自己的作品借助于互联网向全世界的观众展示。

第六，互联网技术的快速发展迎合了不同阶段学生的学习能力。学习个性化教育，即学习内容、学习方法、学习进度的个性化实现成为可能。

最后，信息技术及网络技术的发展以更加便捷、灵活、多元多样的方式增加了教育资源的供给，为所有人提供了学习机会，在学生学习层面为所有学习者提供了学习机会，从而为解决教育均衡和教育公平问题提供了路径，进而缩小了基于种族、民族、性别、语言、宗教、社会地位、地理因素等而形成的教育不公平鸿沟，从而实现教育正义。

2. 教学的技术目标

除了学习的技术目标之外，美国《国家教育技术规划（2016）》明确指出了利用技术开展教学的目标，即该规划要为广大教育者提供信息技术支持，使他们能够通过网络技术与人、数据、教材内容、网络资源、教育教学专家、学习经历相连接，激发并赋予其向所有学习者提供有效教学的能力。为达到该教学目标，《国家教育技术规划（2016）》对教师，学校，教师职前、职中、职后培养培训机构都做出了具体的要求（表 6-2）。

表 6-2　实施教学目标的机构及具体要求

对象	具体要求
教师培养、培训机构（职前、职后）	确保相应的教师具备筛选、评估、选取合适的信息技术和资源，以及提高学生学习参与度、改善学生学习效果的能力； 确保相应的教师了解教育技术所带来的隐私及安全问题； 确保教师在相应的教育和培训中有了解、使用教育技术进行学习和教学的经历
教师	教师要明白信息技术为其提供了一个更加开阔的合作交流平台，并打破了传统课堂学习的界限，为学习的无限延伸创造了新机遇； 教师能够利用信息技术创建一个包括学生、校内外同事及同行（图书管理员、博物馆工作人员、第二课堂项目负责人）、来自世界各地不同学科的教育专家、社区工作人员、学生家长在内的学习社区，实现协同工作、资源共享、教学评估，从而提升其教学质量和教学效率
教师任教机构（各类学校）	为教师使用相应的信息技术提供必要的硬、软件设备及宽带接入服务； 为教师提供如何有效使用上述设备及信息技术融合教育教学的培训机会，确保教师掌握持续的、及时的技术和能力，从而利用互联网技术及时对授课内容和教学方式进行调整，提供个性化学习支持服务
其他机构（师范院校、教育部门、社区）	转变思维，以“互联网+”为背景重新思考教育教学的有效转型； 实施培养、培训项目支撑教育与技术的有效融合

（二）美国《国家教育技术规划（2016）》教与学的框架内容

1. 《国家教育技术规划（2016）》学习的框架内容

在学习者的学习领域，《国家教育技术规划（2016）》以信息技术为背景，提出了学什么、怎么学的问题，并从未来信息技术与学习的融合前景、信息技术在解决教育公平及教育均衡问题中的作用、混合学习对教师的挑战进行了有效论述，并在论述的基础上从教师、学生、教育体系的完善等三个维度提出了让每个学习者都能通过信息技术参与学习体验，从而改善个体学习的建议。

首先，学什么。《国家教育技术规划（2016）》指出，美国的学生必须成为互联网时代的积极参与者，进而保持全球竞争力。为此，美国的学校教育在帮助学生通过学习构建面向 21 世纪的能力要素和知识结构之外，还要帮助学习者成为自主学习的主体并相信自己可以取得学业上的成功。同时，除了学业能力之外，《国家教育技术规划（2016）》通过引用相应的研究成果指出了非认知能力在学习过程中的重要性（图 6-1）。

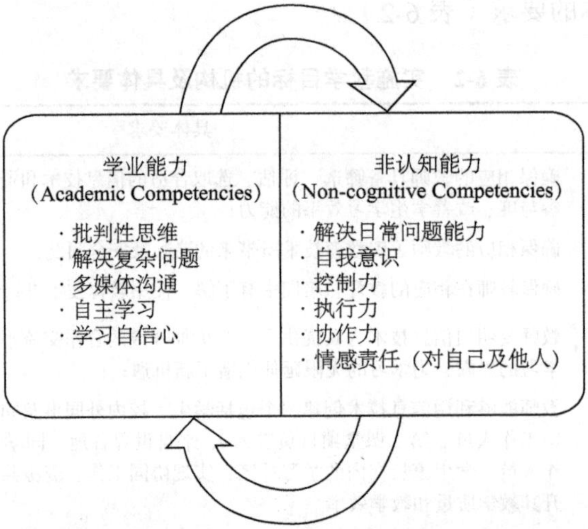

图 6-1 《国家教育技术规划（2016）》学生知识及能力素养结构图

其次，在解决了学什么的问题之后，《国家教育技术规划（2016）》提供了五种途径将学习理念、规则及原则与信息技术相融合，帮助学习者通过信息技术最大限度地提升其学习潜力和空间：①通过信息技术开发并打造适应个性化的学习设计，让每个学习者都能参与到学习过程中来，这包括办学的个性化、教育内容的个性化、教学法的个性化、教学形式的个性化、教学进度的个性化及考评方式的个性化；②通过信息技术对学习者在学习中遇到的挑战和任务导向中的任务进行规划,利用各式各样的数字电子产品和软件对复杂的问题和学习内容进行及时辅助讲解，从而使学习更加有效；③通过信息技术与教育的融合，拓展学习空间，学习及学习机会由教室拓展到科技馆、图书馆等任何可能促进学习者学习的地点；④信息技术与教育的融合能够帮助学习者开发自身的学习兴趣和学习热情，从而促进学习的发生，学生可以通过网络终身探究自己感兴趣的话题，终身学习的机会和理念得以实现；⑤信息技术与教育融合后，网络链接使得所有的学生都有机会接触到不同的教学资源和学习形式，从而通过缩小数字鸿沟来解决教育公平和教育均衡问题。

最后，美国《国家教育技术规划（2016）》还对未来信息技术与学习的融合前景、信息技术在解决教育公平及教育均衡问题的作用、混合学习对教师的挑战进行了预测和有效论述，并提出了与学习相关的建议。规划中指出，随着信息技术的发展，教育将继续转型。"互联网+教育"将带来学习内容、学习方式和学习空间的持续更新。例如，美国国家科学基金会正在探究如何将最新的学习理论与实践的研究成果与信息技术的发展进一步融合。该基金会正在研究、开发通过游戏等激发学生学习兴趣，实现线下学习和网络学习瞬时互动的方法、三维视频效果的互动软件等项目。基于这些预判和行动，《国家教育技术规划（2016）》做出如下建议：①州政府、社区、高校要相互协作，利用信息技术和网络资源发展，研发并实施为每一个学习者提供公平、均衡、机会均等的教育信息网络生态系统，为学习的随时随地发生提供支持；②州政府、社区、高校要相互协作，利用信息技术和网络资源的发展，研发并实施反映最新信息技术发展和学习科学研究成果的学习资源，从而促进和改善学习；③州政府、社区、高校要相互协作，盘点和整合所有的教育技术资源，以实现预期的教育效果，同时要利用这些资源，开发并实施不同的学习方式，如正式和非正式学习途径的结合、线上和线下的混合学习方式、远程学习方式等；④教育的利益相关者应当出台评估学习资源的标准，用该标准确保信息技术为载体的学习资源的可及性和公平性。

2.《国家教育技术规划（2016）》教学的框架内容

在教学领域，美国《国家教育技术规划（2016）》提出了教师要将信息技术嵌入其教学设计和教学实施的全过程，要善于利用信息技术来提升教学、改善学习。《国家教育技术规划（2016）》由教师在以信息技术为支撑的学习环境下的角色转化、师范教育的重新定位、教师信息技术素养提升项目的培育、国家教育技术计划在教学领域的建议等四部分组成，分别从师范教育、教学、培训、案例及建议等五个层面对"互联网+教育"的智慧教育环境下，教学模式、教学走向提出指导性的建议，为教师更好地支撑学生学习提供了国家层面的运作模式。

首先，明确“互联网+”背景下教师的角色转化及对教学的进一步定位。《国家教育技术规划（2016）》指出，在“互联网+”背景下，教师的角色出现了多元化的倾向，教师与学生的角色出现了重叠。教师既是知识和技能的传授者，学习体验的参与者、设计者，同时还是学生和同行学习的同行者。教学的重心也由“教什么”转变为“如何教”。为此，美国的《国家教育技术规划（2016）》指出了教育技术支撑下，教师角色六个层面的转化：①在技术设备的支持下，教师教学实践的空间将突破实体学校的地域，协作的对象不再局限于自己学校的同事，而是通过网络扩大至社区、州、全国乃至全世界的同行专家；②教师可以通过信息技术，设计极具吸引力和符合学生学习特点的课程及教学环境，从而实现教学目标；③教师将成为新教育技术的评估者和使用者，教师可以在小范围进行教学实验评估，并最终为大范围内的技术推广提供指导和培训；④教师将成为学生学习的引导者、促进者及激励者，教学更侧重于学生利用网络技术和资源解决问题的能力培养；⑤教学由师生构建，学习环境由师生共建，教师不再是知识和技能的权威，而是引导学生如何借助于网络技术设备及网络链接进行网络合作学习，探究如何解决问题，进而提升学生的认知与非认知能力；⑥教育者将成为解决实现教育公平和教育均衡问题的催化剂，教育技术和网络链接使教育者设计、开发的高质量网络教学资源可以传递到任何需要的地方。同时，通过网络，不同学习能力的学生可以将自己的需求及兴趣传递给相应的教育者，从而实现师生互动。

其次，重新思考和定位师范教育。《国家教育技术规划（2016）》明确指出，教育者在进入具体的教育领域之前，要具备互联网思维，学习和掌握如何运用教育技术促进学生学习的知识和技能储备。作为培养教师的教育机构不能想当然地认为教师可以将现代信息技术与其教学融合，从而提升教学质量。因此，联邦政府、各州政府、师范教育机构在教师教育的培养计划中，必须制定相应的知识和技能能力考核标准，提供相应的课程，确保教师在进入教室之前，掌握了有效驾驭信息技术与教学相融合的相关能力。通过提升教育的技术门槛，提升教师的教育技能，从而确保教师能够利用现代信息技术帮助学生改善学习，提升教学教育质量，为学生就业或进入大学提供保障。

除了提升教师的教育技术门槛，美国国家教育技术规划以帮助教师实现对教育技术的熟练应用、利用教育技术通过协作创新解决教学问题、打造教育技术终身学习者为目标，通过三个不同层面的培训项目为美国的在职教师提供教育技术专业发展和提升机会，帮助教师实现与教育技术发展同步与升级：①美国教育部的“每月一聚”项目。通过该项目将全国的教育者结合在一起，每月定期举行网上培训项目，为其提供信息技术与教育相融合的资源，并对教师利用教育技术开发的课程进行论坛式或者讨论式的研讨，从而满足不同教师对不同信息技术的兴趣和需求。目前，该项目已经吸引了超过 125 个国家的教育者以不同的形式参与。②地方性的教育信息技术培训项目的发展进一步促进教育者利用信息技术的能力。例如，丹佛地区的 Project Cam Opener 项目通过创建网上学习社区，教师可以将自己上课的实况通过不同的设备录制并上传到网上社区，这样不同学科、不同地区的教师可以通过同伴教师间的相互探讨、分享及反思，提升自己运用信息技术开发课程和创新教学方式的能力。③利用云技术打造新学术会议（如 Education Camp）。学术会议通过云技术以教育者、研究者不同的研究兴趣为基点，形成了不同的学术会议分会。这样的线上、线下同时进行的学术会议可以满足不同教师和学者的需求。EdCamp 自费城第一届创办以来，已经先后组织了 750 场次，满足了不同地区、不同兴趣爱好教育者的需求，从而提升了教师教育技术的专业发展水平。

最后，美国《国家教育技术规划（2016）》针对教师教学领域提出了四点建议，以引导、规范教育技术的发展。①师范院校、教师教育培训机构、学校、州及地方的政策制定者、教师应当通力协作，为准教师、在职的教师提供教育技术方面的专业发展机会，提升他们数字技术素养及利用信息技术创新教学的能力，从而提高其在教、学、评等各方面的能力；②通过教育技术为所有的学习者搭建网络学习平台，如 LearningRegistry.org，提供公平有效的教学资源及平等的网络教育机会，缩减网络教育鸿沟；③注重信息技术与教育的融合，打造一批擅长线上、线下混合教学的强大师资队伍；④教师资格证认证机构、政策的制定者、教师及其他教育机构应当通力协作，制定、出台相应的教育技术能力认证标准，确保所有的教师（义务教育及大学教育）都具备教育技术的知识和能力，以更好地实现技术对教育教学质量提升和改善的功能。

二、美国《国家教育技术规划（2016）》教与学的启示

教育部《教育信息化十年发展规划（2011—2020 年）》提出“探索现代信息技术与教育的全面深度融合，以信息化引领教育理念和教育模式创新，充分发挥教育信息化在教育改革和发展中的支撑与引领作用，充分发挥现代信息技术的

独特优势，使信息化环境下学生自主学习能力明显增强，教学方式与教育模式创新不断深入”的工作方针和发展目标。《国家教育技术规划（2016）》从发展理念、实践运行及技术融合等三个方面重新界定了美国当下及未来教师教学与学生学习的大趋势，强调了教育技术在学习者参与学习及教育者改善教学中要发挥的重要作用。其教与学的理念创新、运作模式对我国目前的“互联网+教育”战略中教与学转型和改革起到借鉴作用。

（一）与信息技术同行，引领教与学理念创新

美国《国家教育技术规划（2016）》是美国政府利用最新信息技术的改革与发展来引领教育教与学理念、制度创新，实现教与学优质转型的重要举措。在教师教学与学生学习层面，该规划阐述了教师地位的转变，提出了数字使用鸿沟的理念并在此基础上阐述了网络教与学质量体系建立的重要性和必然性。

1. 教师地位的转变

《国家教育技术规划（2016）》中对于教师地位的转变主要通过以下两个层面体现出来。首先是教师角色的转变，即教师是学生学习的同行者的理念的提出。教师的角色由原来的知识和技能的权威或者是学生知识、技能学习的引导者转变为学生学习的同行者。信息技术的发展及与教育的融合使学生随时随地利用世界各地数字资源和人力资源（教育者或者教育专家）进行探究学习成为可能，因此教师与学生成为学习共同体协同构建知识和技能体系成为可能。其次是教师对自身教学定位的转变，即教师由原来注重“教什么”转变为“如何引导”学生借助于信息技术和网络资源进行合作或个体学习，学习如何解决问题，提升学生的认知与非认知能力。

目前，我国的教育技术得以快速发展。然而，传统的教与学的观念已经成为信息技术与教育深度融合的羁绊，主要表现在很多教师还将自己视为知识和技能的权威，实施灌输式教育；中小学生乃至大学生的自学和自控能力还比较差。这就要求教师与学生转变思维，形成智慧教育环境下的新理念，进而发展自我导向、自主学习、自我约束、自我发展、自我创新的能力。

2. 数字使用鸿沟理念的提出

《国家教育技术规划（2016）》基于人们对网络终端电子产品使用的有效性提出了数字设备及资源的使用鸿沟理念（图 6-2）。

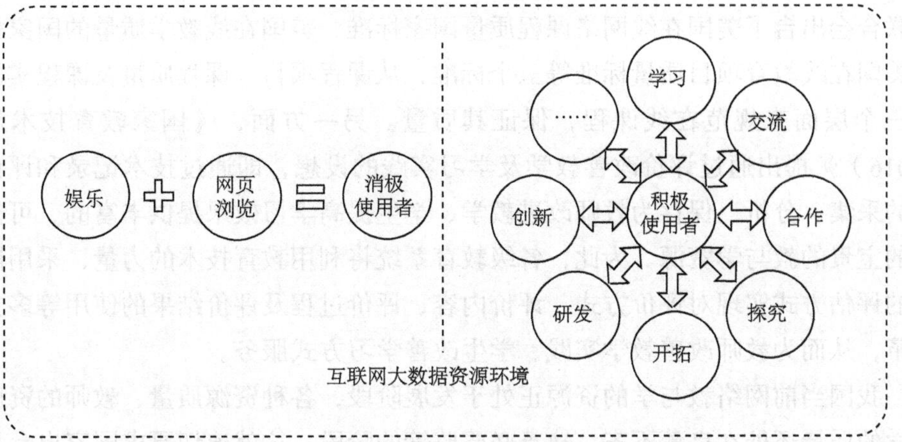

图 6-2 电子设备终端及其数字资源的使用鸿沟

从图 6-2 可以看出，基于对数字设备和数字资源的使用效果，可以将互联网大数据环境中的人们分为消极使用者和积极使用者两类。消极使用者对于网络资源的使用仅仅表现为娱乐、网页浏览等消遣活动；而积极的使用者却可以通过信息技术设备创建学习平台、分享学习成果，与自己社区乃至全世界范围内领域的专家、学者进行互动交流，从而提升学习的深度和广度，促进个体知识和技能的发展，进而实现学习、探究、开拓、研发、创新的良性循环。

移动互联网、大数据、云计算等互联网信息技术与教育的深度跨界融合，赋予了教学和学习方式的多样化；慕课、微课等在线学习资源的日益丰富满足着学习者对个性化教育的需求。然而，这些根据不同学生能力、兴趣、学习风格等因素编排的课程资源，只有学习者采用积极使用的态度，才能促进个体发展和终身学习理念的养成。在日常学习生活中，要为创新和改变创造文化氛围，引导学习者以积极使用者的心态学会使用信息技术带来的各种资源和便捷交流渠道，利用智慧教育环境提升学习者个体发展，促进个体认知与非认知能力的发展。

3. 网络教与学质量体系的建立

“互联网+教育”背景下，教学与学习的有效运行离不开教与学质量的保障与提升。《国家教育技术规划（2016）》中明确指出，信息技术与教育融合的目的是通过教育技术改善教学，学生参与学习，进而提升教育质量。为了达到这一目标，一方面，通过设立高标准，提升在线资源及教学的质量。美国政府意识到网络资源的开发及在线教育质量的高低将会影响信息技术与教育的融合程度，从而对《国家教育技术规划（2016）》的成功实施起决定作用。美国的在线学习国际联合会出台了美国在线网络课程质量国家标准、美国在线教学质量的国家标准及美国在线教育项目质量标准等三个标准，从课程项目、课程质量及课程实施过程三个层面来规范在线课程，保证其质量。另一方面，《国家教育技术规划（2016）》提出通过评价改善教学及学习实践的设想，即通过技术记录和评价数据的采集、分析、保存为教师改进教学、学生提高学习效果提供丰富的、可供借鉴的宝贵的教与学资源。为此，各级教育系统将利用教育技术的力量，采用嵌入式的评估方式实现对评价方式、评价内容、评价过程及评价结果的使用等多方面改革，从而为教师改善教学实践、学生改善学习方式服务。

我国当前网络教与学的资源正处于发展阶段，各种资源质量、教师的资质、教学的质量还处在良莠不齐、缺乏必要监管的阶段。这就迫切要求国家出台相应的网络课程评价标准及网络教师准入标准，保障在线课程的质量，打造一支线上、线下的高素质教师队伍，促进教育技术与教学的进一步融合。同时，还要加强对教师教育技术的职前培养和职后培训的有机结合，实现教师教育技术知识和技能培养培育的一体化，充分挖掘互联网技术的潜能，全面提升互联网时代教师教育的专业化。

（二）以政策为导向，调动教与学的各方利益

美国历次“国家教育技术规划”都充分发挥市场对资源的引导及配置作用，强调联邦—州—地方—公司的战略协作，形成信息技术与教育融合的政策共同体和行动者群体，为教育技术计划的顺利实施提供政策、技术、资金等各层面的支撑，《国家教育技术规划（2016）》也不例外。

首先，从政府和市场的关系来说，美国联邦政府从 1996 年第一次《国家教育技术规划》颁布时就已经意识到仅仅靠政府的投资无法实现教育与信息技术的深度融合。因此，美国在政策引导的同时，充分发挥市场对资源的配置作用，建立完善的市场开拓机制来实现资金与技术向教育流动，这样在保证教与学质量的同时，还为信息技术与教学的深度融合提供了资金保障。以美国最大的在线教育集团（K12 Inc.）为例，作为美国基础教育领域规模最大、实力最强的在线课程和教学服务提供商，在美国 33 个州建立的合作社区已经超过 2000 个，累计课程开发费用已超过 3.5 亿美元，2014 年，该教育集团再次投入 9.19 亿美元用于在线教育的开发和发展。

其次，联邦、州、地方、教师、学生、家长等各利益共同体的参与也是《国家教育技术规划（2016）》的另一大特点。教育技术发展计划的研制与出台是一

项涉及诸多利益群体的复杂工程，需要多方主体的共同参与才能保障其有效实施。而作为其核心内容教学与学习，更离不开各级教育机构的工作人员、校长、教师、课程主管、其他教育者、专家、学生、家长的参与。通过教育技术，向各利益者提供学生学习进展的动态信息，可以指导教师进行教学改进，为教师的教学、家长的辅导、学生的学习提供系统完整的信息，从而改善教与学生态环境，提升教与学质量。

我国"十三五"规划中提出，教育技术信息化要继续推进"三通两平台"建设与应用，开展"一师一优课、一课一名师"活动，坚持应用驱动，持续提升教师信息技术应用能力，充分利用现代信息技术推动教学模式、学习方式的深度变革。中国移动与教育签署的战略合作框架协议中也提出了"政企联动、优势互补、支持教育、战略共赢"的政策原则。这些政策已经推动了我国教育技术的发展，但是在具体的发展过程中，还存在着政府或者政府主导国有企业作为教育资源投资主体的局面，今后要进一步探究通过政策导向，发挥市场对资源配置的作用，实现教育技术的协调、均衡、多元、可持续发展，实现教育技术的全民共享。同时，通过比照我国教育信息技术发展的过程，忽视了对家长信息化教育的支持和重视。家长或监护人在学生成长中的角色和地位是不可替代的，也是学生在线学习的重要监督者和协助者，应当通过相应的政策引导，将民间资本引向家庭信息化教育，开发相应的资源和培训机会，提升家长信息化教育的参与度和实施能力。

（三）基础平台互通，促进教与学协调发展

美国《国家技术教育规划（2016）》在教学与学习平台上在基础设施方面提出的目标是让美国所有的教师和学生都可以随时、随地、随需求使用完善的设施，通过教育技术来实现教育资源与教育机会的公平。让美国的每一个学生，无论种族、民族、语言背景、地理位置、家庭收入或身体状况，都能从教育技术的发展和使用中受益。同时，该规划还指出，基础设施建设是对教学和学习提供综合性的、全方位的服务，不仅包括硬、软件的管理与接入，还包括人员、流程、学习资源、政策和可持续发展模式，以更好地服务于教学的创新性和学习的个性化。

我国教育技术与教育教学的融合尚处于初期阶段，支撑教学与学习的基础设施的开发和使用还面临着区域、城乡、学校、社区之间的不均衡分布状况，数字鸿沟有进一步扩大的趋势。因此，我国要进一步开拓、完善教育信息技术的资源服务体系，通过政策引导，向农村地区、偏远地区、民族地区推送优质的基础设

施，实现平台互通和资源共享共建，使我国的所有教师和学生都能享受信息技术带来的便利，利用教育技术的发展来改变教育公平和教育均衡问题。

第三节 “+互联网”课程的构建探究

一、研究背景

“+互联网”课程指的是在目前学校教育面授课程的基础上，融入互联网元素，以互联网及其相关的软件、网页等辅助教学为特征的一类课程。与慕课、微课等形式不同，“+互联网”课程并不以互联网作为主要的教学平台，而是经常利用 QQ 群、微信群、云盘、网页、博客等网络产品拓展课程内容及辅助开展教学活动。使用“+互联网”作为修饰词，意在强调互联网对于课程的辅助作用。在当前“互联网+教育”、智慧教育等理念兴盛的时代背景下，“+互联网”课程的出现是高校课堂教师坚持应用驱动，持续提升自身信息技术应用能力，充分利用现代信息技术推动教学模式、学习方式的深度变革的努力与尝试。研究“+互联网”课程对于促进高等教育更好地适应互联网时代、推动高校教学改革有积极意义。

一直以来，教育教学课堂上存在的问题集中表现为：教学内容偏重理论、与实践脱钩，教学方式与学生需求不符，教师采用的教学方法单一，教学过程缺乏学生的参与，教与学的双方缺少高质量的交流互动。上述课堂现状严重影响高等教育教学对人才的培养质量，也是高校课堂教学研究者始终致力解决的问题。互联网时代的到来从一定程度上加剧了高校课堂中出现的问题，如学生可以通过互联网方便快捷地获取自己感兴趣的知识，甚至经常以从网上得来的信息质疑教师，教师难以保持作为知识权威的课堂角色；又如，作为互联网终端的智能手机的普及使学生容易分心，难以抵制上课刷微博、聊微信的诱惑。可以说，互联网已经给传统的教育教学观念、传统的教学方式及课堂教学模式乃至传统的人才培养模式和管理体制带来了强烈的冲击。

互联网对于高校教学来说不仅是挑战，更是机遇。目前，许多高校教师与课堂教学研究者正从理论及实践两个层面上探讨课堂教学适应互联网时代、利用互联网资源的新模式、新策略等。十多年之前，信息技术初步被运用于高校课堂中，教师刚刚习惯于用多媒体、课件、投影实物等展示教学内容，进行简单的教学辅助活动。随着计算机和网络技术的飞速发展与普及，目前各行各业已经纷纷进入了“互联网+”时代，慕课、微课、网校、云平台、博客、QQ、微信等各种互联网产品也为课堂教学的内容拓展及方式进步提供了新的可能。我国众多学者纷纷指出，学校教育及课堂教学不仅应当应对互联网带来的挑战，更应主动与互联网进行深度融合，创新教学模式，提升教学设计。课堂教师也应主动适应互联网时代，转变教学理念、更新知识结构，改变教学模式，增强利用网络及信息技术的能力，以提高适应新时代需要的教学能力。互联网已经逐渐成为与高校课堂教学相关的、不可或缺的元素，然而在互联网与高校课堂不断融合的过程中，不可避免地出现了一系列问题。如何正确、适当、恰到好处地在教与学的过程中利用互联网，如何加入互联网元素提高学生学习兴趣又不分散其注意力，网络及信息技术水平不高的教师如何找到容易的切入点来辅助教学，等等，都是亟待解决的现实问题。

相比众多对慕课、微课、翻转课堂等教育新形态的研究，专门针对我国高校课堂（包括教师教育类课程）教学中使用非专业的网络产品，拓展课程内容及辅助开展教学的研究尚不多见。然而，就目前高校教学的实际情况而言，无论是全面普及慕课还是大规模地要求教师将课程与正式的网络学习平台（如 Moodle 平台）相结合都不现实，无法在短时间内跨越资源与技术的阻碍。而越来越多的教师自发地运用一些已经大众化、普及化的网络产品（如 QQ 群）来实现内容拓展和教学辅助，是教师以自己最适应、最习惯、最自然的方式来迎接互联网时代的表现。对“+互联网”课程及教学进行研究，既可以为学者提供最新的高校课堂现状，又能够分析教师在实践过程中遇到的问题，为进一步提高高校课堂教学质量提供新动力、新手段。

本研究将在以下两个总的研究问题及子问题的导向下展开。

研究问题 1：教师教育类课程中使用“+互联网”辅助教学的现状是什么？（“+互联网”课程的实际功能和作用是什么？其取得的进步和成效有哪些？其产生的弊端和问题有哪些？）

研究问题 2：在教师教育类课程中使用“+互联网”辅助教学能否有助于提高教学质量？（“+互联网”课程能够拓展教学内容吗？能够带来教学方式的进步吗？能够增加学生的参与度，促进学生主动学习吗？）

二、研究设计

本研究使用质性案例研究的方法，在某省属师范高校教师教育系列课程中选取四门利用“+互联网”策略辅助教学的课程进行分析和比较，以期客观、全面、彻底地回答上述两个研究问题及其子问题。本研究采用了多案例研究的设计方案，在教师教育课程群中选取了四门最为典型的课程作为案例，在对彼此独立的案例进行分析的基础上，归纳、总结了所有案例的特点，得出相较单个案例分析更为全面的结论。

本研究所依托的四门“+互联网”课程，都是在教育部 2011 年《教师教育课程标准（试行）》指导下所设立的、面向中学各学科职前教师开设的公共基础课。四门课程内容涵盖班级经营、教育政策与法规、教育科学研究方法及课程与教学论，由四位不同的教师分别教授。授课对象包括全校各个师范专业大二、大三的学生。授课班级的学生人数 50～84 人不等。教师所教授的班级，以及班级中的学生都是由学校统一、随机安排的。为了保护研究对象教师与学生的个人信息，研究者用 A、B、C、D 分别指代四门课程及其任课教师和学生。四门课程的基本情况见表 6-3。与其他同类教师教育公共课相比，研究选取的这四门课程所融入的互联网元素更多，使用互联网的频率更高，更具有研究价值。

表 6-3　四门课程的基本情况

课程	班级人数	网络平台	平台管理员	所分享的资源类型（按类型出现的频率排序）
A	84	QQ 群	教师及学生志愿者	音频、小组作业、学习资源链接、课件、文本、视频
B	50	QQ 群	教师及课代表	课件、学生作业、学习资源链接、视频
C	72	微信群	教师	课件、优秀学生作业、视频、学习资源链接
D	65	QQ 群	学习委员	课件、网课链接、云盘资源

本研究使用了以下四种收集资料的方法：①课堂观察。研究者对四门课程进行了共计 20 次的非参与式观察，每次观察持续两节课共一个半小时的时间。②学生访谈。研究者对来自四门课程的 12 名学生做了个别访谈，其中 8 次是通过 QQ 平台进行的网上访谈。另外，研究者根据任课教师的推荐和介绍，在每个班分别邀请了一个学习小组进行面对面的集体访谈，共计 4 次，每次持续 40～50 分钟。③教师访谈。研究者对四门课程的任课教师做了 4 次个人访谈，其中两次是通过电话进行的，两次是面对面的访谈，每次访谈持续 30～50 分钟。④实物分析。研究者收集分析了来自四门课程的教师课件和学生作业，并且得到了教师的允许进入了课程的 QQ 及微信群，对网上的交流和资源分享情况进行了分析。

研究者使用了《构建质的研究——理论、教学与实践》一书中处理质性原始资料的“六步法”来处理和分析原始资料。第一步，命名，通读所有的原始资料（包括课堂观察记录、访谈稿、集体访谈稿、实物分析结果等），给每一份资料进行命名，表明其类型、属性等（如“访 09-小组 04”，意为第 9 份访谈稿，也是第 4 次对学生小组进行的集体访谈）。第二步，细化，对研究者所获得的原始资料进行查漏补缺，补充由于工作仓促而遗漏的细节，为研究提供更加丰富、完整的信息。第三步，提炼，指的是从文本中提炼精华的意思。研究者在这一步从资料中提取文字的中心意思，用 2～8 个字进行概括，即核心词。第四步，编码，对提炼出的核心词进行分门别类，并且给每一类起一个特别的名字，如“课内资源”“课堂延展”等，本研究共得出了 8 个编码。第五步，归类，在完成编码的基础上建立更高一级的类属。本研究最终归纳了“资源”和“交流”两个类属。第六步，架构，研究者用图表的形式整理了所有的资料分析工作（表 6-4）。

表 6-4　资料分析结果架构图

类属	编码	文本举例
资源	1 课内资源	教师在课堂上播放了一段网络公开课
		每周六教师在群里分享几段音频，基本上都是来自实际的案例，下节课上课时会有相关的问题需要回答
	2 学习成果	小组作业需要在规定时间之前上传
		可以在群里下载其他人的作业或者是教师上传的以前的优秀作业作为参考
	3 课外延伸	教师和学生经常分享从新闻、朋友圈、豆瓣上看到的教育事件、教育案例等链接
		教师分享了一个云盘的地址和密码，里面有许多种学习资料
交流	4 活动辅助	教师将需要预习的内容（文本、图片等）提前通过网络发给学生，省去了打印发放的麻烦，学生下载到手机里带到课堂上使用
		虽然教室里没有投影仪，但每个小组可以给画好的图拍照，直接上传到群里，这样教师和其他小组也能立即看到
		在两个小组的辩论结束后，用“群投票”的功能匿名支持自己认为的胜者
	5 课堂延展	班里的人数太多，上课的时间有限，课上没有来得及回答问题的人可以将自己的回答放到群里，教师也记为课堂表现的分数
	6 通知通告	管理员会提醒交作业、上课要带的东西等
	7 答疑解惑	教师在网上统一解释大家不明白的问题
		有时候晚上睡觉之前忽然想起一个问题，就发群里再提醒教师一下，早上起来的时候就可以看到回答了
	8 讨论交流	教师在群里抛出问题，学生可以任意发表自己的观点
		经常会有几个同学在群里就某个案例进行争论，教师也时不时地加入讨论

三、研究发现

本研究发现，互联网元素的融入打破了时间和空间对传统课堂教学的限制，在学习资源分享及教学双方交流互动方面产生了显著的影响。然而，“互联网+”课程形式的逐渐普及，暴露了教师在课堂教学中的短板及学生自主学习能力严重不足的现状，同时也导致了与网络信息技术使用相关的一系列新问题。

（一）资源分享

1. 互联网为学习资源分享提供了极大的便利，客观上拓展了课程内容

与传统课堂上通过教师口头推荐、复印发放等学习资源分享的方式相比，“互联网+”课程中教师与学生习惯于通过网络平台进行资源分享，具有无需复印打印、不怕丢失、人人通过手机或电脑触手可及的优势。所分享的资源形式也从文本扩展到课件、视频、音频等。研究者观察发现，所有四门课程中教师都在课上课下分享过大量的、形式各异的学习资源。

“互联网+”课程的内容普遍与实践紧密结合，能够随时跟踪学科的最新发展和教育界发生的新问题、出现的新案例等。例如，“教师在上午刚讲过关于校园暴力的问题，下午就在群里分享了一个刚刚发生的案例的新闻链接”，B 课程学生 3 说。又如，“我会在课堂上放一些公开课的视频片段，引导学生关注新出现的知识点”，C 课程教师说。相比单纯的理论知识，学生更容易被与实际联系紧密的问题所吸引。

但是，在海量学习资源得到便利分享的情况下，学生不会主动学习的问题却日渐突出。学生承认，“教师给的云盘里有很多资料，但是不到期末考试的时候大家都想不到要去看”。教师也感到困惑，“放到群里的资料下载率很低，班里八十多名学生，经常只有不到十个人去下载”。同时，研究者发现，学生在利用网络资源的时候经常受到形式的限制，大多数学生更愿意看视频、Flash 课件，并承认“是否有趣”是自己选择看与不看的重要原因。针对学生主动学习的态度不佳、探究精神薄弱的情况，A 教师与 B 教师会经常在网上进行督促。研究者注意到，如果教师说明下节课会对所分享的资源进行提问的话，资源的下载率会极大地提升。很明显，方便快捷的资源分享需要有教师的引导才能真正地影响学生的学习。

2. 学生借助互联网成为资源提供者，积极地参与到知识构建的过程中

在“互联网+”课程中，网络的出现使学生作为资源提供者成为可能。由传

统课堂上教师“一言堂”的局面变成师生共同分享资源、共同构建新知识的情况。学生自己发现的资源及对资源的理解、学生的学习成果、学生的观点都成为其他学生的学习资源，如 A 课程学生小组所说，“我们有一次在群里发了个话题，没想到那么多其他小组的同学也来讨论，感觉很棒，所以从那以后我们时不时地发起一个讨论什么的，看别人讨论也能学到很多啊，我们班××和××同学的观点总是特别有意思，做作业的时候如果没有思路，我们会去下载其他小组先交的作业来参考”。而且，四门课程的教师都不同程度上意识到了这一点，并加以利用。例如，C 课程教师指出，“不用解释太多，只要把以前优秀的学生作业上传给学生看，他们就知道自己该怎么做了”。A 课程教师说，“习惯了之后，学生也会经常自发地就某个事情进行讨论，诉说观点。一时没有注意 QQ 群里就刷了几十条消息，这种情况也经常出现，有的时候他们辩论得还相当激烈呢”。

与此同时，学生扮演资源分享者的角色也会引起很多问题，如对资源进行简单搬运，不加思考，所分享的资源偏离课程内容，甚至出现一份资源在几个课程里使用，或不向其他学生打招呼就借鉴其学习成果的情况。对此，教师要监督、引导学生的资源分享行为向正确的方向进行。

（二）交流互动

课程的互联网平台深刻地影响了师生、生生之间的交流互动，增加了交流的频率，提供了互动的新渠道，但同时也引发了一些新的问题。

1. 互联网为日常交流提供了方便快捷的途径，促进了师生、生生之间的交流

“互联网+”课程中所发布的通知通告、教师进行的答疑解惑等经常是通过互联网平台来实现的。与课程相关的师生日常交流不再受制于时间或空间的限制，教师可以随时随地发送通知、发出提醒。智能手机与手机应用软件的普及也保证了信息能够第一时间被送达到每位学生那里。另外，互联网平台也帮助降低了师生交流的门槛。“大学的老师不像高中老师，一般都是下课就走了，也不好意思总是去拦住老师问问题。我更愿意在网上给老师留言，老师喜欢直接用语音回答我。虽然有的时候要等好几天，但是一般老师都会回复我的”，D 课程学生 4 说。D 课程老师说，“作为教师，我的时间都安排得很满，要是学生课后留下问问题都没法讲清楚，就让他们在网上留言，有空的时候我就集中处理一批”。研究者还注意到，四位教师都倾向于在课程交流群里为学生回答问题，这样除了个别学生特殊的问题，统一进行解释说明能够节省时间提高效率。

2. 互联网要求教师有更多的时间和精力的投入

目前，高校教师教育类的课程大多是每周一次，每次两节连上，但除此之外师生之间往往缺乏交流。在“互联网+”课程中，师生之间缺乏交流的问题在互联网平台上得到了较好的解决。除了日常的答疑解惑之外，教师越来越倾向使用互联网辅助课堂活动。例如，研究者观察到，A课程教师的一次课程活动是布置每个小组画图展示。由于高校课堂中一般不配备投影设备，在活动之后的分享环节中，教师要求每小组将自己的图画即时拍照上传到QQ群里，如此一来，每个学生都可以立即看到他人的作品。又例如，D教师在课堂上展示了几个选择题，同时让学生利用“群投票”的功能进行选择，这样教师可以第一时间掌握学生的答案，随即根据学生回答的情况进行讲解。此外，互联网平台可以帮助延伸课堂提问的环节。“老师说过，课堂上提问的问题，凡是在当天晚上9：00之前在群里发布自己的答案的，算课堂表现的成绩。我们班有15个小组，老师也不可能都提问到，我们组好几次都是下课以后才发的回答，也能得到加分的”，A课程学生2说。

在帮助增加师生交流的同时，网上的互动也引起了一些新问题。研究者采访的几位教师都提到过自己必须投入更多的时间和精力。B课程教师说，“有时候饭也不能好好吃，学生那边一提出问题我就忍不住要给他们回答，因为我知道学生越早得到反馈效果越好。其实这样也不好，最好还是拿出单独的时间跟学生交流”。D课程的教师也承认，“自从有了这个课程群，我也成了‘低头族’，基本上每天都会跟学生进行交流”。遗憾的是，这种师生的“隐形”交流并不能算到教师的工作量当中，所以几位教师都表示，如果有其他的事情要做就不会参与网上互动，同时研究者也观察到，教师一旦因事情不能经动参与，群里的交流会变少甚至陷入长时间的停滞。

3. 网上讨论日渐成为一种新的学习互动形式，其优势及引起的问题也日益明显

在网络平台上进行随时随地、人人平等的讨论，是“互联网+”课程的特色之一。相比课堂上教师主宰话语权的情况，网上的讨论更能够展现每一个愿意参与讨论的声音。然而，网上讨论也引起了许多新的值得深思的问题。研究者注意到，网上讨论并不限于发生在教师和学生的休息时间，很多学生被讨论主题所吸引，在上其他课的时候参加讨论，造成了由于一门课破坏了另一门课学习的情况。对此，有学生直言不讳，“说实话，上某些课相当无趣，老师就一直在上面

讲，也不看我们，也不管我们。大家都在下面玩手机。我宁愿参加 B 课的讨论，起码还能学点东西”，B 课程学生 3 说。另外，由于“互联网+”课程使用的是 QQ 群等非正式学习平台，热烈的讨论会引起“刷屏”的情况。很多教师和学生都向研究者诉说由于“刷屏”而找不到想要的信息的问题。甚至还有的 QQ 群由于经常“刷屏”，被许多不愿意参与讨论也不愿意受打扰的学生屏蔽，妨碍了课程的正常交流互动。

值得警醒的是，看似便捷的网上交流互动并不能吸引全体学生，仍然有很多学生不愿意参与网上讨论，原因包括以下几种：网上交流属于学生自愿参与，不影响成绩，所以部分学生不肯拿出时间和精力参加互动；有些学生认为自己不擅长文字表达，怕说错了或说不好引起嘲笑，索性就只围观不参与；有在群里参加讨论被人攻击的不愉快经历，或是看到其他学生受到攻击因此决定自己也不参与，等等。针对学生参与不积极的情况，A 教师与 B 教师在期中时表扬了积极参加网上互动的学生，并发放了一些小奖品。此后，研究者观察到 A 课程与 B 课程学生参与网络互动的积极性的得到了相当大的提高。与此相反，由于 C 课程群里发生的事件，“群里面有一个同学特别固执，还喜欢说一些怪话，总是讽刺挖苦什么的。那天我和他说来说去就吵了起来。后来我就请老师评理，可是老师竟然把我们两个人都否定了，说一定要按照书上的意思去理解。反正从那以后我再也没有进过那个 QQ 群”，C 课程学生 1 说。网上的互动陷入停滞状态。

除资源分享及交流互动之外，研究者还发现了“互联网+”课程对师范生形成自己的教育教学观念产生了一定的影响。尤其是那些乐于使用网络帮助自己学习、交流的学生，普遍表现出更加开放、包容、创新的思维，愿意在使用网络帮助自己和未来学生学习方面有所尝试。“经过这个学期我们都意识到了原来 QQ 群、手机都可以帮我们学习，查找资料，跟同学们讨论什么的。感觉以前就只拿来消磨时间是不太好的（D 课程学生小组）”，一名学生说。“以后我肯定也要用互联网这个工具教我的学生的，现在学校都不让高中生带手机，其实像我们这个学科（思想政治）和时事结合得很紧密，老师应该让学生自己去网上搜一搜，学习一下，比单纯听老师讲课效果好，我想我去学校实习的时候会试试”，A 课程学生说。教师教育类课程中发生的新变化、引入的新思维等往往会激发未来教师的思考，浸润到他们正在形成的教育理念中，从长远角度来看，终将会对我国的中小学教育产生一定的影响。

四、讨论及建议

综上所述，有越来越多的教师教育类课程融入了互联网元素，“互联网+”性质的课程及教学逐步在高校中普及。这种普及是由教师和学生共同推动的，绝大多数情况下也是由师生自发推动的，并非出于学校的要求。互联网元素在课程中的广泛存在及蓬勃发展的状态，主要得益于网络能够帮助师生完成高效率的资源分享及为教学双方的互动交流提供方便快捷的平台。与传统的课程相比，“互联网+”课程的内容更容易得到拓展，实现理论紧密联系实际，达成书本知识与教育时事的对接；“互联网+”课程教学中越来越多地使用网络软件及其中的各种功能辅助教学，为教师创新及实施各种课堂活动增添了无限可能；同时，“互联网+”课程中使用的网络交流平台也大幅度降低了师生、生生交流的门槛，增加了师生互动、学生间互助合作的机会。上述丰富的功能和作用也预示着“+互联网”课程在未来一段时间内会在高校中得到进一步普及。

与此同时，“互联网+”课程发展所暴露出来的问题也日益增多。例如，一些教师没有为资源分享及互动交流设置明确的目标，也没有主动训练学生的行为使之能够积极地利用网络，导致学习效果事倍功半。又如，大多数学生仍然缺乏探究学习的精神及能力，面对海量信息茫然无措，导致资源利用率低；有些学生缺少网络交流的基本素养，不适应网上人人平等畅所欲言的环境，缺乏包容的精神，导致交流失败等。此外，由于“互联网+”课程使用的是非正式的学习平台，教师亦缺乏相应的培训及专业人员的指导等原因，出现了投入时间多但教学收效难以保障及使用者不能合理安排时间影响了其他正常的教学活动等弊端。总之，“互联网+”课程发展的现状整体较好，但其中的问题和弊端也需要教育者正视。

为了判断在教师教育类课程中使用“互联网+”辅助教学能否有助于提高教学质量，研究者借鉴了崔允漷《有效教学》中的课堂教学评价的理念、内容及主体作为本研究的理论框架，从不同的维度和视角审视研究所涉及的四门“互联网+”课程。由互联网元素在课程中辅助地位所决定，“互联网+”课程只在课外资源利用及师生、生生互动两个方面表现出显著优势。在教学环节设计、教学内容呈示等其他重要的方面，起决定作用的仍然是几位课程任课教师的教学理念和教学行为。换言之，对一个一直是以学生为中心、秉承生本课堂理念的教师来说，互联网元素可以是锦上添花，为教学双方提供了更加广阔的施展空间；但对另一个已经习惯于以教师为中心的课堂，以讲授、灌输为主的教师而言，互联网元素只能些许帮助提升一下学生的课堂注意力，很难从真正意义上激发学生参与到知识建构的过程中来。虽然多数学生表示乐见教师在课程中融入互联网元素，但同时也承认自己学习方式没有因此发生根本性的变化。真正能够促使学生进行理论联系实际、对教育案例进行深入思考的，并非海量的网络资源本身，而是教师对学生提出明确的指示、将学生回答的次数和质量记入最终评价结果的行为。想要真正诱导学生时常参与互动交流，不仅要有一个免费、开放、便利的网络讨论平台，教师还要经常抛出话题、对学生发言进行及时反馈、对表现积极的学生加以表扬奖励等。所以说，高校课堂教师不能停留在“在课程中加入一些互联网元素就可以提高教学质量”的片面认识层面上，必须要全面彻底地分析自己的教学理念和教学策略，抛弃依然落后于时代的、教师讲学生听的灌输式教学，实施生本课堂、互动课堂、师生共同构建知识的课堂。

以教师向学生单向传递知识为主的传统课堂已然落后于社会发展的需要，而学生学习的需要与国家人才培养的要求也绝非单纯依靠“互联网+教育”、网校、在线课程等模式即可完全满足。教育者应清醒地认识到，即使学生可以通过网络简单快捷地获得丰富的教育资源，但为了成功达到学习目标而必须具有的学习者自我导向、自主学习、自身约束等能力，离不开正规学校的培养与合格教师的引导，更离不开常规的教与学环境日复一日的浸润。课堂教学传授的不仅仅包含知识本身，更有学习者应如何正确学习的终极手段。课堂教学改革是教育发展的永恒主题之一，是时代进步的必然。“互联网+”时代呼唤的是既能继承优秀教学传统，又能够对接互联网思维的课堂。互联网时代的教师既应具有互联网思维，以及不断提升自己使用互联网工具辅助教学的能力，也应沿着课堂教学由以教师为中心向生本课堂转变这一发展方向，营造开放、共建、互动的教学环境，不断提升自己的教学水平，从根本上提升课堂教学质量。

联合国教科文组织在 2015 年发布的研究报告《反思教育：向“全球共同利益”的理念转变？》中指出，“学习模式过去的 20 多年里发生了巨大的变化，知识来源改变了，人们与知识间的交流互动模式也改变了，但学校教育的重要性并没有因此而削弱，移动学习和大规模的在线课程等新模式的出现对现行教育提出挑战，但是不会消亡实体教育。即便技术再发展，教师这一职业也不会消失，考虑到信息和通信技术的潜力，教师现在应成为向导，引导学习者通过不断扩大知识库来实现发展和进步”。在这样的时代背景下，“互联网+”课程的出现和发展，体现了当前我国教育教学尤其是一线课堂教师应对互联网时代、适应学生学习新需要而主动进行变革的努力。

参考文献

毕冉. 2015. “互联网+课堂”背景下高校教师职业能力面临的挑战及对策. 现代教育管理,（12）: 50-55.

陈殿兵, 杨新晓. 2016. 解码学习动力. 北京: 科学出版社.

陈殿兵, 杨新晓. 2017. 美国卓越教师资格申请与认定的经验及启示. 中小学教师培训,（6）: 75-78.

崔允漷. 2014. 有效教学. 上海: 华东师范大学出版社.

登特. 1988. 教师的个人品质. 经柏龙译. 外国中小学教育,（4）: 9.

邓涛. 2016. 美国教师教育认证改革: 机构重建和标准再构. 教师教育研究, 28（1）: 110-115.

董艳, 丁明明. 2015. 信息技术在高校课堂教学中的应用现状及模式研究. 电化教育研究,（12）: 27-31.

龚孝华. 2007. 变: 学校教育评价观探索之旅. 北京: 教育科学出版社.

何倩. 2009. 芬兰中小学教师职前培养制度的特点及启示——以赫尔辛基大学为例. 外国教育研究,（36）: 45-49.

和学新, 岳辉. 2016. 数字化时代的教学设计探讨. 教育研究与实验,（1）: 54-58.

胡德海. 2013. 教育学原理. 北京: 人民教育出版社.

荆全忠, 邢鹏. 2015. “互联网+”背景下高校教学模式创新研究. 教育探索,（9）: 98-100.

李茂. 2015. 在与众不同的教室里. 上海: 华东师范大学出版社.

李爽, 陈丽. 2011. 以学生为中心的教育原理与实践指南. 北京: 中央广播电视大学出版社.

马云多. 2011. 中小学英语游戏教学设计的五大原则. 教育与教学研究,（6）: 122-124.

托马斯·戈登. 2015. T. E. T. 教师效能训练. 李明霞译. 北京: 中国青年出版社.

杨新晓, 陈殿兵. 2016. 构建质的研究——理论、教学与实践. 北京: 科学出版社, 131-135.

杨新晓, 陈殿兵. 2017. 有效课堂游戏设计误区及对策. 现代中小学教育,（1）: 28-33.

张晓光. 2016. 研究取向的中小学教师职前教育探析——以芬兰为例. 教育研究,（10）: 143-149.

钟秉林. 2015. 互联网教学与高校人才培养. 中国大学教学,（9）: 4-8.

庄玉昆, 褚远辉. 2013. 高校课堂教学问题及改革之道. 中国高等教育,（7）: 39-41.

2015. National board for professional teaching standards. http://www.boardcertificateteachers.org/[2017-02-01].

2016. Building a high-quality teaching profession: Lessons from around the world. http://www.oecd.org/site/eduistp13/building%20a%20high-quality%20%20teaching%20profession.pdf[2017-03-05].

2016. Common European principles for teacher competences and qualifications. http://www.helsinki.fi/vokke/Tyoryhmat/Liite%205_Principles-Version_151204_EU_suosituksia.pdf[2017-03-05].

Belson S I, Husted T A. 2015. Impact of National Board for the Professional Teaching Standard Certification on Student Achievement. Education Policy Analysis Archives, 23（91）: 1-18.

Kansanen P. 2016. Teacher education in Finland: current models and new development. http://www.helsinki.fi/～pkansane/Cepes.pdf[2017-05-20].

Maslow A H. 1943. A theory of human motivation. Psychological Review, 50（4）: 370-396.

Ministry of Education and Culture, Finland. 2016. Teacher Education in Finland. http://www.minedu.fi/export/sites/default/OPM/Julkaisut/2016/liitteet/teatcher_education_Finland.pdf?lang=en[2017-05-01].

Morrison G R, Ross S M, Kemp J E. 2006. Designing effective instruction（5ed.）. London: Wiley.

Niemi H. 2016. Teacher education in Finland: current trends and future scenarios. http://wenku.baidu.com/link?url=O0uqjKAJp1DM48C574BqB1ajwgxSYXU1vcbXZHr3TXGgZqfK5DZ0WU9O8DhbGSXWl5H2lAe8OSg9LdUOwCfmapd3Z4iE9F6HGNdnXeWqKiy[2017-06-02].

Schleicher A. 2012. Preparing teachers and developing school leaders for the 21st century: lessons from around the world. OECD Publishing. http: //dx. doi. org/10. 1787/9789264174559-en.

Shrunk D H. 2010. Learning theories: an educational perspective. USA: Pearson.

Smith P L, Ragan T J. 2004. Instructional design. USA: Wiley.

UNESCO. 2015. Rethinking education: towards a global common good//Wlodkowski R J. 2008. Enhancing Adult Motivation To Learn. USA: Jossey-bass.

Zemliansky P, Wilcox D. 2010. Design and implementation of educational games: theoretical and practical perspectives. USA: Hersey.

后　记

“大兵，你为什么要当老师？”

“当老师有两个原因：热爱教育本身，保持对教育的敬畏；享受教育的过程。”

“您能具体跟我们说一下吗？”

“热爱教育本身，保持对教育的敬畏，可能我要这样来解释。我是教育的虔诚信徒。教育的本质和目的都要求教师是一个自由的、虔诚的、忠实的拥护者。作为一个自由的信徒，我更多的情况下追求的境界是超越一些诱惑和束缚的东西，把教与学的过程视为我倾其所有的过程。我可能更多地去思考什么样的教育才能使学生成长、帮助受教育者（包括我自己）幸福，教师究竟应当成为怎样的人。当然，作为教育的虔诚和忠实的信徒，我知道教育要实现其真正的目的，定然会有曲折，改善教育的路程不会一马平川。但是我会一如既往地投入这个过程中，因为这是我的兴奋点，也是自己的价值所在。保持对教育敬畏的心态让我时时刻刻告诫自己：教育没有捷径，依靠的是实实在在、一步一个脚印的努力。或许需要的不是多数情况下的侃侃而谈，而是更多情况下的实实在在的深耕。也就是在美国的时候，我们经常讨论的 talk the talk, and walk the walk。”

“享受教育的过程是我现在仍然做教师，尤其是课堂一线教学型教师的重要原因。我相信教育领域内存在大量这样的教师。我们喜欢跟学生在一起，愿意按照学生的心理特点和成长规律，遵循教育教学的基本规律，尽力帮助学生慢慢地成长，成长为一个对自己、对家庭、对社会负责任、有益的个体。我们享受着这个过程，在帮助学生成长的同时，我们自身也感到了幸福。学生不成功时，我们会着急（有时候学生不急）。于是我们会去研究相应的问题，提出解决方案，在教育教学过程中实施我们的方案，从学生反馈的信息中反思自己的行为。这个过程是一个痛并快乐的过程。”

“那么您希望您的学生成为怎样的教师？”

“这个问题也是我经常问自己的。我希望他们能热爱教学，喜欢跟孩子们在一起，喜欢看孩子脸上不断涌起的笑容，尽情享受教育教学本身的乐趣；我还希望他们具有独立的思考能力，能去思考教育教学过程中出现的问题，并把解决这些问题当作本分和职责来做好、做扎实；我还希望他们能引导他们的学生共同学习，引导学生形成思考的能力和解决实际问题的能力；我更希望他们能不断地去反思不同时期教育教学的真实存在，思考‘教师究竟应该成为怎样的教师’这一亘古不变的问题。最后分享一句作为在职教师的我和未来教师的他们共勉的话，‘在教育的路上，让我们有充分的情怀和内心的平静去担当，有充分单纯的心去信仰’。”

是为后记。

陈殿兵

2017 年 6 月于浙江师范大学